普通高等教育“十二五”规划教材

科技文献信息检索与利用

主编　刘湘萍

副主编　李建波　赵春玲　赵袁唯嘉　王文南

北京

冶金工业出版社

2016

内容提要

全书共分八章。分别介绍了科技文献检索的基础知识，文献信息检索的基本理论和方法，中文手工检索工具概况、结构体系、中文检索工具的使用方法；国外文献主要手工检索工具，专利文献及其检索，标准文献及其检索，计算机信息检索以及信息的利用等。

本书为高等教育科技类专业的教材，也可供工程技术人员参考。

图书在版编目(CIP)数据

科技文献信息检索与利用/刘湘萍主编．—北京：冶金工业出版社，2014.3（2016.1 重印）

普通高等教育“十二五”规划教材

ISBN 978-7-5024-6500-1

Ⅰ.①科…　Ⅱ.①刘…　Ⅲ.①科技情报—情报检索—高等学校—教材　Ⅳ.①G252.7

中国版本图书馆 CIP 数据核字(2014)第 015798 号

出 版 人　谭学余
地　　址　北京市东城区嵩祝院北巷 39 号　邮编　100009　电话　(010)64027926
网　　址　www.cnmip.com.cn　电子信箱　yjcbs@cnmip.com.cn
责任编辑　郭冬艳　美术编辑　吕欣童　版式设计　孙跃红
责任校对　卿文春　责任印制　牛晓波
ISBN 978-7-5024-6500-1
冶金工业出版社出版发行；各地新华书店经销；三河市双峰印刷装订有限公司印刷
2014 年 3 月第 1 版，2016 年 1 月第 2 次印刷
787mm×1092mm　1/16；11 印张；265 千字；164 页
25.00 元

冶金工业出版社　投稿电话　(010)64027932　投稿信箱　tougao@cnmip.com.cn
冶金工业出版社营销中心　电话　(010)64044283　传真　(010)64027893
冶金书店　地址　北京市东四西大街 46 号(100010)　电话　(010)65289081(兼传真)
冶金工业出版社天猫旗舰店　yjgycbs.tmall.com

前　言

检索和利用科技文献信息资源，是一门学问，是现代人才的必备技能，也是一个人知识和能力可持续发展的重要条件。教育部早在1984年就要求各高校开设文献检索课，并作为必修课，目的就是培养大学生的信息意识和获取文献信息的技能。近几年，随着计算机和通信技术的发展，社会信息进程加快，信息、物质、能源成为人类社会的三大财富，谁拥有信息谁就拥有财富，信息对于经济和社会的发展、科技文化的进步都起着重要的作用，谁掌握了最新信息，谁就掌握了主动权。

科技文献信息检索教育能够培养人们获取最新信息和进行自我知识更新的能力，对在校大学生进行科技文献信息检索教育是培养其独立学习能力的途径之一。

目前，许多高校开设了“科技文献检索”课程，这对于培养大学生的信息素质，提高大学生的信息获取能力具有不可替代的积极作用。但是各种版本的“科技文献检索”教材在编写中存在不同的问题，主要表现在以下几个方面：

（1）一些教材偏重理论而轻实践。

（2）有的教材过于偏重于介绍国外文献检索工具，侧重于国际联机检索，难度太大，实用性不强。

（3）有的教材只介绍计算机检索、网络信息检索的使用方法，忽略对手工检索工具使用方法的介绍。虽然随着计算机网络技术的高速发展，信息检索的工具、方法和检索内容也发生了变化，但手检是基础，这部分内容不可忽视。

（4）有的教材内容过多，受学时限制往往不能全面讲述。

本书吸收国内同类教材的优点并结合作者多年教学经验的实际编写而成。在编写过程中，从高等教育的特点出发，在保证教材科学性、系统性、适用性的基础上，充分体现了高等教育特色，严格遵循了“理论与实践相结合、内容与实用相结合”的原则，注重以应用为目的，以能用为度，以实用为本。全书共分八章，第一章介绍了科技文献检索的基础知识，内容包括信息、知识、情报、文献的概念及关系，文献信息源的基本类型等；第二章介绍了文献信息检索的基本理论和方法，内容包括文献信息检索的概念、原理，文献信息检索的类型、检索方法，检索工具概述等；第三章介绍了中文手工检索工具概况、结构体系、中文检索工具的使用方法等；第四章介绍了国外文献主要手工检索工具，包括SCI、EI、SA等；第五章介绍了专利文献及检索，内容包括专利的基础知识、国际专利分类法、中国专利文献及检索等；第六章介绍了标准文献及其检索；第七章介绍了计算机信息检索，内容包括计算机信息检索及其原理、计算机联机检索与光盘检索、网络信息检索等；第八章介绍了信息的利用。

本书由刘湘萍担任主编，其中绪论、第一～四章由刘湘萍编写，第五章由赵袁唯嘉、王文南编写，第六、八章由李建波编写，第七章由赵春玲、刘湘萍编写。

本书可作为高等院校文献信息检索课程的教材，也可供图书馆工作人员学习参考。

本书编写过程中得到了徐彩花、李胜良等同志的协助，并参考了同行和专家的著述，在此一并表示衷心的感谢。由于编者学识水平有限，尽管编写过程中作出了极大努力，但难免存在不足之处，恳请同行和读者指正。

编 者

2013年11月

目　录

绪 论

随着科学技术的迅猛发展，研究规模的迅速扩大，各种研究成果大量涌现。一方面，文献信息数量激增。科技期刊和其他非公开出版的文献的数量迅速增加，出版物的篇幅也在增加，各学科的文献愈来愈分散，而且学科之间互相渗透。另一方面，文献信息老化加速。由于条件的限制，人们吸收和利用信息的能力并未得到相应的提高，人们对汹涌而至、川流不息的文献洪流感到难以应付，而信息的实效性极强，许多有用的信息还未来得及进入交流系统就已成为垃圾，自生自灭了。据有关专家估计，20 世纪 40 年代以来产生和积累的信息量已经大大超过了在这之前人类有史以来的所有信息量之和。自 19 世纪以来，人类知识信息每 50 年增长一倍，20 世纪中叶每 10 年增长一倍，20 世纪 70 年代以后每 5 年增长一倍。进入 20 世纪 90 年代以来，人们在社会上实际面对的正式出版物和各种非正式渠道传播的文献信息几乎每过一年就要翻一番，进入 21 世纪的我们正处在一个科技文献信息爆炸的年代。

一、科技文献的含义

什么是科技文献？凡是用文字、图形、符号、声像等手段记录下来的科技活动或科技知识，都被称为科技文献。

科技文献既然是科技活动的忠实记录，因此当代科技的主要特点，如高速度、高集成度、大规模，边缘学科、交叉学科、横断学科层出不穷，新陈代谢迅速，新的成果从出现到应用的时间间隔越来越短等，无不对记录和传播科技信息或知识的科技文献产生巨大的影响。这些构成现代科技文献的特点。

二、科技文献的特点

科技文献具有以下特点：

（1）数量急剧增长。

（2）内容交叉重复。

（3）文献出版分散。

（4）文献失效加快。例如计算机的应用软件层出不穷，更新很快，常常令人产生这样的感觉：一个软件往往还没有充分熟悉和使用，新的软件或功能更强的版本又产生了，令人目不暇接、穷于应付。

（5）文献类型增多。现代文献的生产早已突破了传统的纸张印刷方式，声、光、电、磁等技术手段和新的化学材料的使用，使文献载体发生了重大变化，缩微、声像、光盘、机读文档等新型文献载体使用越来越广泛。这些非印刷型的知识载体，各以高速传输、海量存储、声音图像并茂、动画或蒙太奇、高速全方位检索等特点使几千年来的印刷物品黯然失色，人们接受知识的方式大为改观，可以说是既轻松又愉快。尤其是作为信息高速公路核心的多媒体技术把除书本形式之外的信息载体的优点全部集成在计算机光纤通信网络上，更给每个人带来梦幻般的未来。是不是我们将抛弃纸质印刷，进入“无纸社会”？从情感方面看，人类不会随意地抛弃从蛮荒时代起伴随着人类一直走到了高度文明并做出巨大贡献的书本；从客观来看，印刷型文献可靠、永久的特点绝非其他载体所能匹敌。“无纸社会”只是一种比喻，大多数流通的易变的数据最适合电子处理。也许在信息社会中电子数据会变得又多又滥，而只有那些货真价实、最有保存价值的东西才可能有幸印在纸上，进入书本。

（6）文献语种增多。科技文献语种繁多。全世界约有3000种语言，在200多个国家或地区中，使用英语的达70多个。有关研究认为科技文献所使用的语种与世界科学活动分不开，16世纪，世界科学活动的中心最早在意大利形成，17世纪转移到英国，18世纪转移到法国，19世纪转移到德国，20世纪起转移到美国。现在，全世界科技期刊上采用的语种有70多种，常见的也有七八种，其中英语占50%左右，德语、俄语各占10%以上，法语占7%，日语占3%，中文和其他文字共占约8%。语种增多和各国科技交流的频繁促使大量的翻译文献产生，既为文献量的骤增“火上浇油”，同时也带来科技交流和获取科技文献上的语言障碍问题。

三、科技文献信息检索的意义及作用

人们对文献信息的渴望从来没有像今天这样强烈，人们学习、工作和生活都离不开信息的参与。面对信息的汪洋大海，如果不掌握文献信息检索技术、方法与途径，人们就会陷入找不到、读不完的困境。科技文献信息检索技术就是从信息的集合中识别和获取信息的技术。利用这种技术人们可以有效地开发和利用各种信息资源，更广泛、更快捷、更全面地吸收和获取信息。因此，文献信息检索是开发文献信息资源的有效途径。人们掌握信息检索技术的重要意义日益显现。

（一）文献信息检索是信息素质教育的主要内容

21世纪是经济信息化、社会信息化的时代。终身教育、开放教育、能力导向学习成为教育理念的重要内涵。为满足知识创新和终身学习的需求，培养适应21世纪现代化建设需要的新型人才，经济发达国家和地区纷纷将信息素质或信息能力教育作为21世纪人才能力培养的重要内容。

信息素质（Information Literacy）一词，由原美国信息工业协会主席 Paul Zurkowski 于1974年首次提出，是指“利用大量的信息工具及主要信息源使问题得到解答的技术和技能”。在信息时代，信息素质的内涵有了新的变化，它不再仅仅是一种利用信息的技术和技能，而是人对信息及其特点、价值的认识和获得、利用、开发信息等方面的能力。信息素质既是一种能力素质，又是一种基础素质。它包含信息意识、信息知识、信息能力和信息道德四个方面的基本内容。信息意识是指人对各种信息的认识、态度和自觉反应；信息知识，即计算机网络应用、文献信息学等基础知识及相关学科知识；信息能力包括信息技术应用能力，信息查询、获取能力，信息组织加工和分析能力；信息道德是指整个信息活动中的道德，是调节信息生产者、信息加工者、信息传递者及信息使用者之间相互关系的行为规范的总和。通过对信息检索知识的系统学习，人们对自身的信息需求将具有良好的自我意识素质，能意识自身潜在的信息需求，并将其转化为显在的信息需求，进而能充分、正确地表达出来，对特定信息具有敏感的心理反应，而且具有对信息的查询、获取、分析和应用能力，对信息进行去伪存真、去粗取精，提炼、吸取符合自身需要的信息。可见，信息检索是当代大学生必须具备的能力，是大学生信息素质教育的重要内容。

我国以文献信息检索及其相关知识为主要内容的国民信息素质教育开始于1984年。1984年2月底，教育部以文件形式向全国各高校印发了《关于在高等学校开设〈信息检索与利用〉课的意见》，明确了以图书馆为基地开展信息检索教学。1985年9月底，国家教育部以文件形式向全国各高校印发了《关于改进和发展文献课教学的几点意见》，对信息检索课的课程安排、教材建设等问题作了进一步的说明。1992年5月初，原国家教委又以文件形式向全国各高校印发了《信息检索课基本要求》，进一步明确了信息检索课是"培养学生的情报意识，掌握用手工方式和计算机方式从文献中获取知识和情报的一门科学方法课"，其任务是"使学生了解各自专业及相关专业文献的基本知识，学会常用检索工具与参考工具的使用方法，懂得如何获取与利用文献情报，增强自学能力和独立研究能力"。1994年和1995年，原国家教委分别编发了《科技信息检索教学大纲》和《社科信息检索教学大纲》。至此，信息检索课被正式列入国民高等教育体系。我国在1999年国务院召开的第三次全国教育工作会议上，做出了"深化教育改革全面推进素质教育的决定"。在素质教育中，信息素质是一种综合的、在未来社会具有重要独特作用的基本素质，是当代大学生素质结构的基本内容之一。

（二）信息检索是创新人才应具备的基本技能

"知识经济是建立在知识和信息的生产、分配和使用之上的经济"。知识经济中的知识不再是传统意义上承袭前人成果，通过教育手段"传递"而获得的科学文化与技能，而是特指在知识创新、科技创新基础上，一系列科研领域重大成果的诞生和知识群的同时崛起。科学技术的发现、发明与创造，实质上是一整套的创新过程。科学的发现是科学家的创新思维和实验手段相结合的成果，把科学定理、定律转化为技术的发明也是一种创新，把新的科学技术运用到生产过程，形成现实的生产力，当然离不开创新。所以，知识经济是以知识创新、科技创新、市场创新以及体制创新推动的经济。江泽民同志指出，"创新是一个民族进步的灵魂，是国家兴旺发达的不竭动力"，"要迎接科学技术的突飞猛进和知识经济迅速兴起的挑战，最重要的是创新"。国家创新能力是决定一个国家在国际竞争和世界格局中地位的决定因素。

不言而喻，创新既是人类的一种社会实践活动，又是人类的一种思维活动。创新人才是创新活动的根本，知识经济呼唤创新人才，21世纪需要大批创新人才。所谓创新就是创新主体运用新思想、新方法进行开拓性劳动，并取得成果的过程。这是对前人的一种超越，是思想认识的升华。创新思维或创造性思维是实现创新的关键，在创新活动中起着主动作用。所谓创新思维是指人们在创造性活动中所特有的思维过程，它是以独特的思维方式发现、提出、解决疑难问题，创造出新观点、新理论、新知识、新方法的一系列心理过程。只有掌握大量的信息资料，在自由想象中创造灵感，在此基础上，才能在前人不曾涉及的领域有所建树和突破。只有培养学生自立和创新精神，日后其才能成为创新人才。而自立和创新精神的培养，离不开对信息的搜集、整理、分析与利用。只有掌握信息检索技术与方法，才能高效获取、正确评价和善于利用信息。所以说，信息检索是创新人才应具备的基本技能。

（三）信息检索是科学研究的重要环节

一个科技工作者创新成果的多少，一个科研项目科技水平的高低，都与其开发、占有和利用人类信息资源息息相关。因为科学研究具有连续性和继承性，没有继承就没有创新。正如伟大的科学家牛顿所说："如果我比别人看得远些的话，那是因为我站在巨人的肩膀上。"这句名言极其深刻地概括了科学研究的连续性和继承性的道理。《孙子兵法》中说："知己知彼，百战不殆。"这也是古代人们对获取和利用信息重要性深刻认识的总结。

信息检索是科学研究的重要环节。科技工作者在科学研究中，从选题、立项、试验、撰写研究报告、研究成果鉴定到申报奖项，每一环节都离不开信息检索。据统计，科研人员在整个研究过程中，查阅文献信息的时间要占全部科研时间的40%左右。只有大量搜集、整理、分析与利用信息，才能弄清楚古今中外进行过哪些研究，运用什么理论，采用何种方法，取得什么成果，达到何种水平，哪些研究领域还没有涉及，哪些研究项目具有可行性、重要性和发展前景。掌握了这些信息，首先，可以了解国内外科技发展水平与动向，利用已有的科研成果，避免重复他人的劳动，把自己的研究工作建立在一个较高的起点上；其次，通过信息这一智慧的火种，可以使科研人员开阔视野，发展思路，启迪创造力，开拓更新的、更高层次的、更广阔的研究领域；再次，掌握信息检索技术与方法，可以大大提高信息检索效率，为科研工作赢得大量宝贵时间，缩短科研周期，加速科研进程，创造出更多的高附加值的技术成果。总之，在知识经济时代，信息检索对科学研究工作的重要作用日趋明显。

（四）信息检索是开发信息资源的有效途径

在人类漫长的发展历程中，物质、能源和信息三种资源支配着人类最基本的生产活动。在不同的历史时期，这三种资源有着不同的地位和作用。由于信息技术的推动，促使人类经济模式的转换，人类从工业经济时代进入信息经济时代，信息成为社会生产所需要的中心资源。正如美国未来学家奈斯比特所言："在我们的新社会里，战略资源已是信息。它不是唯一的资源，但确是最重要的资源。"因为物质资源提供的是各种各样的材料，能源提供的是形形色色的动力，而信息资源提供的是知识和智慧。人们越来越清楚地认识到，知识就是力量，信息就是财富，信息资源在社会生产和人类生活中将发挥日益重要的作用。邓小平曾指出："开发信息资源，服务四化建设。"江泽民同志一再强调："四个现代化哪一个也离不开信息化。"人们通过开发信息资源促进了科学技术的进步和社会的发展。信息的占有和使用已成为国家兴衰和个人成败的关键。谁优先掌握了有价值的信息，谁就能在激烈的竞争中立于不败之地。

（五）信息检索是科学决策的前提

在日常工作和生活中，人们经常要作决策，一些重大决策关系到国家的兴衰、团体的成败和个人的前途，为此，必须进行科学决策。信息在决策中起重要作用，它是决策的前提和基础。正确的决策受多种因素的影响和制约，其决定因素在于决策者对决策对象有确切的了解和把握，对未来的行动和后果有正确的判断，这就取决于及时、准确、全面地掌握信息。信息的重要性在于消除不确定性，做到知己知彼，只有情况明，才能决心大。而且信息的作用贯穿于决策的全过程，从提出问题到选择方案，从确定目标到具体实施，每一步都离不开信息。生产关系与生产力之间的矛盾，在一定程度上是信息模糊、不畅与失真所致，通过信息生产力的作用，有助于缓解和消除矛盾，减少冲突，使生产关系更加适应生产力的发展。知识经济是以知识决策为导向的经济。知识和信息对社会各生产要素的作用，就如同人的大脑与其他器官一样，居于支配地位，发挥主导作用。信息既是资本经营的指挥棒，也是有限资本的倍增器，它可以通过杠杆的作用，对国家的经济运行产生巨大的影响。信息化使以市场为导向的生产经营的盲目性大大降低。高效的信息传递，不但在很大程度上避免了不必要的浪费，而且通过信息的导向为宏观政策制定灵活的发展战略，并根据实际情况不断调整自身的经营方针。把握了瞬息万变的信息，就意味着把握了稍纵即逝的商机。在知识经济时代，科学技术及信息将超越土地、人才和资源等生产要素，成为第一生产力。科技的迅猛发展不仅提高了劳动生产率，而且日益成为拉动消费，推动社会发展，实现经济增长的动力。无论是国家、部门还是企业都将更多地依赖于数据等信息的迅速交流、传播和利用。智能技术日益成为制定政策的手段。知识和信息日益成为科学、民主、合理决策之源泉。信息检索则是获取信息的重要途径，是科学决策的必要前提。

综上所述，在经济信息化和社会信息化的21世纪，无论是素质教育的实施，创新人才的培养，科学研究的开展，信息资源的开发，还是科学决策的进行，都离不开文献信息检索技术的普及与应用。文献信息检索的重要作用及意义在未来的社会中将日益显现。

思考题

1. 什么是科技文献?
2. 现代科技文献的特点有哪些?
3. 学习科技文献信息检索课的意义是什么?

第一章　科技文献信息检索基础知识

第一节　信息、知识、情报、文献的概念及关系

20世纪末“信息高速公路”计划的实施，“信息2000年”的构想，人类正阔步进入信息社会，而进入21世纪的一个重要特征就是人的信息化和知识化。“信息高速公路”（Information Super - highway）是1991年美国国会议员阿尔·戈尔提出的一个划时代的法案，旨在要求美国联邦政府引导工业界建立以计算机网络通信技术为基础，以光纤为骨干的跨越北美的大容量高速度的电子数据传输系统。信息高速公路称为“国家信息基础设施”（NII），它以光缆作为信息流通的主干线，通过支线光缆和多媒体终端（Multimedia Terminals）传送各种声音、图像、文字和数据。由于多媒体融合电话、电视和电脑这三种主要传媒的功能于一身，因此可以向全国提供教育、医疗、商业、金融、保险、文化、娱乐等广泛的信息服务。信息高速公路的建成将有助于发动一场彻底的信息革命，并将永远地改变人们的生活、工作和相互交往的方式。例如，人们可以生活在他们想生活的几乎所有地方，通过信息高速公路与办公室联网进行工作；所有的学生都可以享用最好的学校、教师和课程，而无须考虑地区、财力或身体残疾等问题，随时随地都可以方便地通过联机方式获得卫生、保健、图书馆信息等各种信息服务。我们所处的时代是一个前所未有的层次上不断产生、传递和利用信息情报的时代。因此，有人称我们的时代为信息时代。那么，究竟什么是信息，什么是情报？它们与本课程大量讨论的文献有着什么关系？这是我们首先需要了解的问题。

一、信息

信息是一个十分广泛的概念，它在自然界、人类社会以及人类思维活动中普遍存在。不同事物有着不同的特征，这些特征通过一定的物质形式（如声波、电磁波、图像等）给人带来某种信息。例如，人的大脑通过感觉器官所接收到的有关外界及其变化的消息，就是一种信息。半个世纪以来，科学界一直在对信息的定义进行积极的探讨。

《辞海》中对信息的定义为：信息是对消息接受者来说预先不知道的报道。

美国学者威尔伯·施拉姆在其所著的《传播学概念》中将信息定义为：信息意为消息、情报、知识、资料、数据等。我国情报专家严怡民在其主编的《情报学概念》一书中说，信息可定义为：生物以及具有自动控制功能的系统的机器，通过感觉器官和相应的设备与外界进行交换的一切内容。哲学家从产生信息的客体来定义信息，认为信息是事物本质、特征、运动规律的反映。经济学家认为，信息是与物质、能量相并列的客观世界的三大要素之一，是为管理和决策提供依据的有效数据。

在新闻界，信息被认为是对事物运动状态的陈述，是物与物、物与人、人与人之间的

特征传输。

图书馆信息领域的专家又把信息视为可以以各种形式进行传播、记录、出版及发行的观念、事实及论著。

以上各学科的学者、专家以及有关领域对信息的这些定义都是从信息的受体、内涵等角度对信息的属性所作的描述。那么，什么是信息呢？“信息是指应用文字、数据或信号等形式通过一定的传递和处理，来表现各种相互联系的客观事物在运动变化中所具有特征的内容的总称。”

信息被看成是物质的一种属性。可以认为，信息是对客观世界中各种事物的变化和特征的反映；是客观事物之间相互作用和联系的表现；是客观事物经过感知或认识后的再现。信息具有价值性、可传递性、可存储性、可加工性、时效性等特征。

二、知识

知识是人类社会实践经验的总结，是人的主观世界对于客观世界的概括和如实反映。知识是人类通过信息对自然界、人类社会以及思维方式与运动规律的认识，是人的大脑通过思维重新组合的系统化的信息的集合。因此，人类不仅要通过信息感知世界、认识和改造世界，而且要根据所获得的信息组成知识。可见，知识是信息的一部分。

现代认知心理学理论认为，知识有广义与狭义之分。广义的知识可以分为两类，即陈述性知识、程序性知识。狭义的知识指的是陈述性知识。

陈述性知识是描述客观事物的特点及关系的知识，也称为描述性知识。陈述性知识主要包括符号表征、概念、命题三种不同水平。符号表征是最简单的陈述性知识。所谓符号表征是指代表一定事物的符号，例如英语单词的词形、数学中的数字、物理公式中的符号、化学元素的符号等都是符号表征。概念是对一类事物本质特征的反映，是较为复杂的陈述性知识。命题是对事物之间关系的陈述，是最复杂的陈述性知识。

程序性知识是关于办事的操作程序和过程控制的知识，也称操作性知识。这类知识主要用来解决“做什么”和“如何做”的问题，和人类的实践活动密切相关，可用来进行操作和实践。信息检索是从文献信息集合中迅速、准确地获取所需情报的一种行为、方法与程序，属于程序性知识范畴。

知识在现代社会中起着巨大的作用，知识是文明程度的标志。衡量一个国家、一个民族文明程度的高低，主要看其创造、吸收、掌握、应用知识的能力。在知识经济时代，知识已经成为一个庞大的、社会化的产业，它渗透于人类活动的各个领域。同时，知识又是建设精神文明的动力，是科学教育的内容，能促进人类智能的改善。

三、情报

情报就是传递并有特定效用的知识。前苏联情报学家米哈依诺夫认为：情报是作为存储、传递和转换对象的知识。我国著名科学家钱学森对情报的定义是：情报就是为了解决一个特定问题而需要的知识。我国情报界近年来提出：情报就是一种信息；情报即为一定目的，具有一定时效和对象，传递着的信息等。综上所述，什么是情报？情报就是人们在一定的时间内为一定的目的而传递着的有使用价值的知识或信息。

知识性、传递性和效用性是情报的三个基本属性。

（1）情报的知识性。人们在生产和生活活动中，通过各种媒介手段（书刊、广播、会议、参观等），随时都在接收、传递和利用大量的感性和理性知识。这些知识中就包含着人们所需要的情报。情报的本质是知识，可以说，没有一定的知识内容，就不能成为情报。知识既是人类文明成果的结晶，也是人类创造新的文明成果必不可少的信息资源。所以，从广义角度说，任何知识都具有情报价值。文献是知识最主要、最普遍的一种"物化"形式。因此，文献中蕴含着极其丰富的情报，文献本身是一种重要的情报资源。

（2）情报的传递性。情报的传递性是说知识要变成情报，还必须经过运动。钱学森说情报是激活的知识，也是指情报的传递性。情报的传递性表现在两个方面：第一，情报依附于一定的物质载体，它可以进行传递。社会生活中广泛存在的各种各样的情报工作，正是利用了情报的这种可传递的特性。第二，获取情报必须经过传递。知识必须经过传递才能成为情报。人的脑海中或任何文献上无论储存或记载着多少丰富的知识，如果不进行传递交流，人们无法知道其是否存在，就不能成为情报。情报的传递性表明情报必须借助一定的物质形式才能传递和被利用。这种物质形式可以是声波、电波、印刷物或其他，其中最主要的是以印刷物等形式出现的文献。信息检索就是在文献中寻找有利用价值的知识，是知识从文献到用户的转移和传递。

（3）情报的效用性。运动着的知识也不都是情报，只有那些能满足特定要求的运动的知识才可称为情报。例如，每天通过广播、电视、网络等传递的大量信息，是典型的运动的知识，但对大多数人来说，这些广播内容只是消息，而只有少数人利用广播的内容增加了知识或解决了问题，这部分人可将其称为情报。效用性是衡量情报价值的重要指标。情报的效用性表现为启迪思想，开阔眼界，增进知识，改善知识结构，提高认识能力，帮助人们解决"难题"。

四、文献

文献一词最早见于《论语·八佾》。孔子在和他的弟子讨论有关礼制的问题时说："夏礼，吾能言之，杞，不足征也；殷礼，吾能言之，宋，不足征也。文献不足故也。足，则吾能征之也。"宋代理学大师朱熹对"文献"作了这样的诠释："文，典籍也；献，贤也。"

由此可见，传统意义上的文献包含"典籍"和"学者"两个基本要素，其外延涵盖了留传后世的图书、档案以及在世的饱学之士和口碑文化中富有文化传承责任的学者。

文献是一个发展变化着的概念。随着时代的不断进步，文献的内涵和外延到现代已经发生了很大变化，前人诠释的传统的文献概念，已经不能完全表征今天的文献的内涵与外延。现代文献学意义上的"文献"概念，《文献著录第1部分：总则》（GB/T 3792.1—2009）作了如此定义，即"文献是记录有知识的一切载体"。

从这一定义描述可以看出，知识、载体和记录是构成文献的三个基本要素。知识决定文献的内容，载体决定文献的形态，记录则是构成文献的手段。

知识是文献最基本的要素，是文献的重要标志。换言之，不含知识元素的东西不属于文献范畴。现代文献对知识的记录方式包括文字、图像、符号、声频、视频等，记录手段已经从传统的以文字为主，拓展到文字、图像、符号、声频、视频等多种方式并驾齐驱。

记录人类知识的载体，即文献的物理表现形式。纵观文献的发展历程，文献载体经历了"甲骨—金石—竹木—绢帛—纸张—磁性材料—光学材料"的历史变迁，记录方式和载体形式都发生了革命性的变化，形成了今天纸质文献、光磁文献共同繁荣的文献生存状态。也就是说，现在的文献外延，涵盖了以甲骨、金石、竹木简、缣帛等为载体的古老文献，以纸张为载体的图书、报刊等印本文献，以胶片为载体的缩微文献，以磁性材料或光学材料为载体的视听文献、机读文献。

由于记录知识、信息的载体以及方式的不同，在世界不同的区域，在不同的时代，产生过不同形式的文献。如古埃及的纸草文献，两河流域的泥板文献，欧洲的羊皮文献，中国古代的甲骨文献、金文文献、简牍文献等。造纸术及印刷术发明以后，纸质文献便逐渐成为了主流的文献形式，至今仍是全世界文献的主要类型。

19 世纪后半期以来，又先后出现视听、缩微、机读等非纸质的新型文献。这些文献以磁性材料、半导体材料、光学材料等代替纸张，以电子技术、光学技术、数字技术等代替印刷。它们的出现使文献的范围进一步扩大，文献的生产和传递更加迅速，知识、信息的存储和利用更加方便快捷。

文献不仅包括各种图书和期刊，还包括会议文献、科技报告、专利文献、学位论文、科技档案等各种类型的出版物。

文献是传递知识的有效工具。文献是知识的一部分，知识的另一部分存在于人脑中或其他实物上。当文献中记录的知识一旦传递到用户并为其所利用时，文献中的知识就转化成情报。当然，文献中的知识不可能全部转化为情报，转化的只是特定的一小部分，这部分知识是用户原来不知道的新知识，而且是能够解决实际问题的知识。

由上述可见，情报是知识中的一部分，文献是情报的一种载体。文献不仅是情报传递的主要物质形式，也是吸收利用情报的主要手段。

五、信息、知识、情报的关系

从信息、知识、情报各自的内涵和外延看，三者之间具有十分密切的逻辑关系。信息是知识的上位概念，信息包含知识；知识是情报的上位概念，知识包含情报。换言之，情报是知识的一部分，知识是信息的一部分，三者在逻辑上属于内涵关联的属种关系（见图 1－1）。

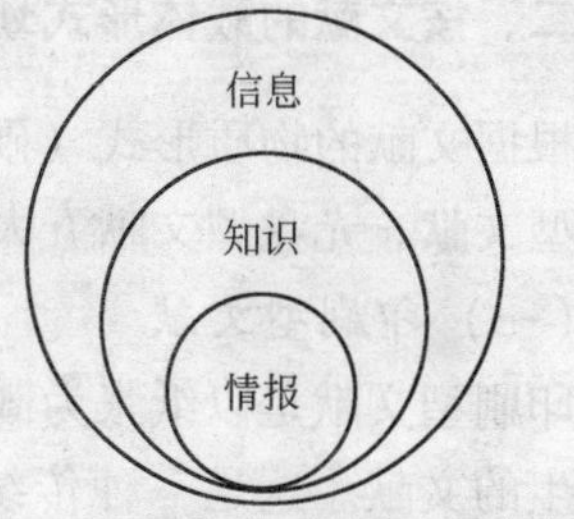

图 1－1　信息、知识、情报逻辑关系图

六、文献与信息、知识、情报的关系

文献是信息、知识、情报的载体，是信息、知识、情报的物化形式，文献与信息、知识、情报互为表里。换言之，不含信息、知识、情报的文献是不存在的；知识、情报依靠文献进行保存和传递，并通过文献的传递对人类的物质生产和精神生产产生深刻影响。所以，文献含有大量的知识、情报。通过信息检索，我们可以从文献中获得有利用价值的知识、情报。

第二节　文献信息源的基本类型

科技文献信息是记载科技知识或科技信息的物质载体，全世界的科技成果都是通过文献来传播的，因此科技文献是正式渠道的信息交流中非常重要的信息源。无论是科技情报学或是其应用实践的科技文献检索，其研究对象都是科技文献。

一、按文献传播渠道划分

根据文献传播渠道，信息源可分为口传信息源、实物信息源、文献信息源。

（一）口传信息源

口传信息指通过交谈、讨论、报告、新闻发布会等方式交流传播的信息。此类交流方式的特点是速度快、直接、高度的选择性、针对性。如各种学术会议上宣读的论文和报告常将某专业技术发展的新水平、新技术、新工艺、新观点、新设想等迅速传播出来。其缺点是极不稳定，信息稍纵即逝。

（二）实物信息源

实物信息指产品样机、样品、展览交流。特点是真实、直观、易仿制，同引进技术相比花钱少，缺点是要经过复杂的分析和研究才能解析出来。如我国最早的 DJS 130 小型计算机就是模仿日本的 NOWA 机，历时八年研制出来的。

（三）文献信息源

文献信息是用文字、图形、符号、声频、视频等手段记录在一定的物质载体上的知识含量较高的信息，这是一种在空间和时间上积累和传递信息的最有效的手段。文献信息是最基本、最重要的情报信息源，它们也是正规渠道传播的信息源。

本书主要介绍文献信息。

二、按文献的载体形式划分

根据文献的物质形式（硬件），可将其划分为印刷型文献、缩微型文献、机读型文献、声像型文献、光盘型文献五大类。

（一）印刷型文献

印刷型文献是以纸张为载体，以印刷（包括油印、铅印、胶印、复印等）为记录手段而产生的文献。这是一种传统的文献形式，其优点是便于阅读和传递；缺点是存储密度低，体积大，分量重，保存期短，难以实现自动化信息检索。尽管如此，印刷型文献目前仍然占主导地位。

（二）缩微型文献

缩微型文献是以感光材料为载体，以缩微照相为记录手段而产生的文献，包括微缩胶卷和微缩胶片。近年来采用激光信息技术，又产生了超级微缩胶卷。这类文献的特点是存储密度高，体积小，节省空间，且不易变质，保存时间长，便于存储珍贵文献。但这类文献不能直接阅读，必须借助复杂、笨重的微缩阅读机，尤其无法同时将多篇文献参照阅读。

（三）机读型文献

机读型文献也称计算机阅读型文献，是以磁性材料为载体，通过编码和程序设计，用计算机可识别的机读语言记录和存储知识的文献。这类文献存储密度很高，存取速度快，可随时更新数据，促使信息实现自动、远程、快速传递和检索。但是该类文献必须借助计算机才能使用。

(四) 声像型文献

声像型文献是以感光材料或磁性材料为载体，以感光或电磁转换为记录手段而产生的文献，有唱片、录音带、幻灯片、录像带、电子胶卷等。它直接记录声音、图像，直观性强，容易接受，便于传播。通常用高速摄影拍摄那些变化快的过程，如原子核的裂变；而用慢拍或间歇拍拍摄零件磨损、植物发芽、星空的变化等，再用常速播放，其原理是利用人眼视觉暂留现象（100ms），即人眼在观察景物时，光信号传入大脑神经，需经过一段短暂的时间，光的作用结束后，视觉形象并不立即消失，人眼仍能继续保留其影像 100 ~ 400ms 左右的图像，这种现象被称为人眼视觉暂留现象。

(五) 光盘型文献

光盘型文献是以高密度激光存储技术为基础产生的文献。它将文献转换成激光信号记录在光盘上，阅读时，需通过光盘驱动器和电子计算机的配合。该类文献的最大特点是存储密度非常大。常见的光盘都是只读的，个人无法复制，厂家复制生产需要先制作母盘，这样成本很高，但如果数量很大，则一张光盘的成本可能低于软盘片。这与图书的出版、印刷特点类似。

在上述五种文献载体中，光盘型尽管也有“缩微”、可作为声像存储等特点，但它的实质是一种机读型。除了印刷型之外，其他几种都在迅速发展，并将在信息高速公路中“一展身手”。而相伴人类达几千年之久的印刷型文献，无论在漫长的岁月里，或是在高科技的今天均未被淘汰，而且也在发展（例如激光照排缩短了文献的出版周期），仍为文献的主流，这说明它自有其存在的价值和发展的动力。

三、按文献被加工处理的深度划分

科技文献按对其加工处理的深度可分为一次文献、二次文献、三次文献三种。

(一) 一次文献

作者以本人的研究成果为素材而创造的原始文献，不论撰写时是否参考或引用了他人的资料，也不论其载体和出版类型如何，都称为一次文献。

一般地说，期刊论文、图书专著、科技报告、会议文献、专利文献、学位论文等，均属一次文献。一次文献论述比较详细而系统，能直接在科研、生产中起参考和借鉴作用，是科技文献的主体，是获得信息的主要来源。一次文献的数量庞大，分布分散，不便于直接查找利用。

(二) 二次文献

二次文献指文献工作者将大量分散的、无序的原始文献加以筛选，留下有价值的文献，再经过加工整理或按文献的内容特征（如主题、分类），或按文献的外表特征（如著者、篇名等），进行提炼、浓缩、简化，编辑成系统的文献，它是查找一次文献的工具，如文摘、索引、书目等检索工具。

(三) 三次文献

三次文献指利用二次文献系统地检索出一批有关文献（一次文献），经过综合研究和归纳分析形成的述评性或综述性文献。三次文献通常是围绕某个特定的课题，在利用二次文献基础上，搜集选用大量的一次文献，系统地综合和分析某学科、专业或专题的发展历史、已取得的科技成就以及发展趋势，内容十分概括，如综述、专题评论、手册、辞典和年鉴等。

三次文献可分为两种形式：(1) 文献型（又叫知识浓缩型），如综述、述评、专著等。(2) 数据型，如字典、词典、数据手册、百科全书等。文献型为三次文献的主要代表。

从文献信息检索的角度看，一次文献是检索的对象，二次文献是检索的手段和工具，三次文献是信息研究的成果。

从人的社会分工情况看，一次文献的生产者是广大的作者（包括出版社编辑人员）；二次文献是图书、情报工作者的产品；三次文献则一般是那些既懂专业又熟悉情报的专家的研究成果。

从哲学、社会学角度看，一次文献是知识积累和社会进步的主要基石（知识宝库）；二次文献是使人类知识得到充分利用的工具（知识宝库的钥匙）；三次文献是在更高层次上系统地再现一次文献（知识宝库的金钥匙）并返回到一次文献，完成一个知识的社会循环。

从知识加工的角度看，一次文献是对知识的第一次加工（创造性）；二次文献是对知识的第二次加工（有序化）；三次文献是对知识的再加工，它既是有序化的又带有一定的创造性，并常常在形式上也返回到一次文献（如专著、综述文章等）。

从一次文献到二次文献再到三次文献，实际上就是一个由分散到集中，由无组织到系统化的加工、整理过程，也是一个把文献逐步浓缩化的过程（在这个过程中信息熵逐渐减少）。

用户在检索应用时，一次文献、二次文献、三次文献之间的关系如图 1-2 所示。

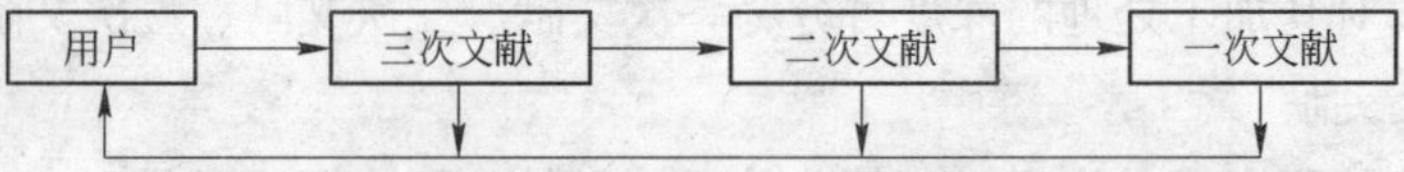

图 1-2 一次文献、二次文献、三次文献之间的关系

由图 1-2 可知，用户可以从任何级别的文献开始进入检索，最终都可能获得满意的结果，这是由于文献系统本身的结构化、网络化的特点所致。但大多数情况下，文献检索是从二次文献开始的。

四、按科技文献的出版类型划分

科技文献按其出版类型可分为科技图书、科技期刊、科技报告等十种。

(一) 科技图书

科技图书是对科研成果、生产技术和经验的概括和总结。科技图书的内容系统、全面、比较成熟和可靠，它是传播科技知识、教育和培养科技人才的主要手段，是综合、积累和传递科技知识的一种重要信息源。科技图书中既有一次文献（如专著），又有三次文献（如评论文集），还有二次文献（如书本式检索目录）。但是从整体上说，科技图书应是一次文献，但又带着三次文献的性质。科技图书的缺点是出版周期长，报道速度慢，新颖性较差。

为了便于管理，每本图书都有一个 ISBN 号，即国际标准书号（International Standard Book Number），其定长原为 10 位数字。它采用弹性存储方法，将全世界的图书都管理起来。ISBN 号是国际标准化组织于 1972 年公布的一项国际通用的出版物统一编号，自 2007 年 1 月 1 日起定长由 10 位扩至 13 位，即在原来 10 位数字的基础上，增加了 3 位数字（EAN、UCC 前缀），这是由国标物品编码协会分配的产品标识编码，由国际 ISBN 中心向 EAN 组织申请，中国的 EAN、UCC 前缀为 978 和 979，目前使用 978。

13 位定长的校验码有一定的算法，即从左到右前 12 位数，奇数位乘 1，偶数位乘 3，将 12 个乘积相加，除以 10（模数），得到余数，再用 10（模数）减去这个余数，所得差就是本书计算机校验码。

【例 1-1】 ISBN 978①—7②—301③—02531④—4⑤

①产品标识编码；②地域代码（国家、地区、语言区）；③出版社代码；④书代码；⑤计算机校验码。

ISBN	9	7	8	7	3	0	1	0	2	5	3	1
×	1	3	1	3	1	3	1	3	1	3	1	3

$$9+21+8+21+3+0+1+0+2+15+3+3=86$$

$$86\div 10=8\cdots\text{余}6$$

$$10-6=4$$

该书的校验码是 4

如果没有余数，校验码用数字“0”表示。

（二）科技期刊

科技期刊属于周期性出版物，具有品种多，数量大，报道速度快、内容新颖，能及时反映当代科技水平等特点，科技期刊是一次文献，是人们传递科技信息、交流学术思想使用的最基本、最广泛的手段。科技期刊一般都是作者研究的最新成果，通过期刊论文可以及时了解学科发展动态和趋势。据调查，科技工作者在科学研究工作中所利用的科技信息有 60% 来自科技期刊。由此可见，科技期刊是最重要的文献信息源，信息质量最高，使用价值最大。科技期刊也是本书介绍的检索的重点。

同图书一样，期刊也有国际标准连续出版物编号，即国际标准期刊号 ISSN（International Series Standard Number），以实现对全世界期刊文献的管理。ISSN 号全长 8 位，前 7 位是刊名代码，末位是计算机校验码（算法同 ISBN，模数是 11，只是加权数用 8，7，…，2 这 7 个数）。例如，《高校图书馆工作》国际标准刊号是 ISSN1003—7845，中间的“—”只是为了便于阅读而设置的。计算机校验码的算法如下：

ISSN	1	0	0	3	7	8	4
×	8	7	6	5	4	3	2

$$8+0+0+15+28+24+8=83$$

$$83\div 11=7\cdots\text{余}6$$

$$11-6=5$$

该期刊计算机校验码为 5

（三）科技报告

科技报告是关于某项科学研究和技术开发最新成果或阶段性进展情况的报告。科技报告分阶段性报告和终结报告。总的特点是每份报告单独成册，有机构名称，有统一编号，内容新颖专深，叙述详尽，其内容常经主管部门审定，故较成熟可靠。科技报告是重要的信息源，它在一定程度上反映一个研究机构乃至一个国家的科研能力和水平。

（四）会议文献

会议文献是指在学术会议上宣读或交流的论文。世界上每年举行上万次的学术会议，交流科研成果，讨论重大的学术问题。会议文献问题集中，针对性强，内容新颖专深，能反映某学科专业的最新进展情况。它是了解各国科技发展水平和动向的重要科技文献。会议文献常以图书、期刊等形式出版。

（五）政府出版物

这是各国政府部门或机构出版的有关科技的政策性文献（文件），它们集中反映了政府各有关部门的观点、方针、政策，对了解某一个国家的科技及经济政策有一定的参考价值。政府出版物的内容十分广泛，既有科学技术方面的，也有社会经济方面的。就文献的性质而言，政府出版物可分为行政性文件（如会议记录、政府法令、方针政策、规章制度以及调查统计资料等）和科学技术文献两部分。

（六）专利文献

专利文献主要是指专利说明书，即专利申请人为取得专利权向专利主管机关提供的该发明创造的详细说明书。专利文献内容详尽、新颖、实用，常常附有发明示意图。因为只有新产品、新技术、新工艺、新材料等的发明创造才有可能获得专利权，所以，专利文献对于工程技术人员来讲，是一种较为切合实际而又具有启发性的最新参考资料和信息源。

（七）标准文献

标准文献是指对工农产品和工程建筑的质量、规格及检验方法等方面所作的技术规定，是从事生产建设所必须遵守的技术法规。标准文献具有一定的法律约束力，标准文献有明确的适用范围及有效期，它是一个国家技术发展水平的具体反映。随着科技的进步，标准文献要不断修订和更新。

（八）学位论文

学位论文是指为了获得各级学位而向学位授予单位递交的学术论文。学位论文分学士论文、硕士论文、博士论文三种。一般来说学位论文论题单一，论述系统、详细，富有独创性，尤其是硕士论文和博士论文，对科技工作有一定的参考价值。学位论文一般不公开发表，由学位授予单位或指定的图书情报机构收藏。

（九）产品样本

它是对定型产品的性能、构造原理、规格、操作规程等的具体说明。由于代表了已投产的产品，故其技术成熟、数据可靠，并附有较多的外观照片，因此对新产品的造型、设计、技术改造、设备引进等都具有重要参考价值。

（十）科技档案

科技档案是科研或生产部门对某项工程项目所作的全部有关技术文件进行归档保存的文献。包括工程图纸、图表、图片、原始记录或其复印件、任务书、协议书、技术合同、审批文件、计划、方案和实施措施等。科技档案的特点是它是某一工程项目的完整、忠实的记录，内容详尽、具体，是科技储备的一种最高、最完善的形式。它一般有密级限制，借阅手续严格。

除上述十大文献信息源外，还有报纸、科技新闻、科技手稿等。报纸具有内容新颖、报道速度快、出版发行量大、影响面宽等特点，阅读报纸，是搜集最新科技信息的有效途径。但报纸受篇幅限制，报道内容不具体，不系统。

此外，文献中常常出现“特种文献”的说法。那么什么叫特种文献？特种文献通常指那些在出版发行方面或获取途径方面比较特殊的文献，或难于搜求（如科技报告），或具有某些解决纠纷的意义（如专利文献和标准）等。在十大文献信息源中，属于特种文献的是会议文献、科技报告、专利文献、标准文献。

第三节 文献的著作方式概述

文献的著作方式，是指文献的作者对文献的著作内容所承担的社会责任形式。常言所谓“文责自负”，指的就是作者要对自己通过文献向社会发布的观点、理念、见解等承担相应的社会责任。从作者的角度看，文献的著作方式即法律赋予他的社会权利和社会义务。从读者角度看，著作方式还是我们判断文献内容学术价值的一个重要指标。常见的著作方式主要有著、编著、编、改编、翻译等。

一、著

著是著作内容和形式富有独创性的一种著作方式，主要见于一次文献中的学术专著、论文、文艺作品等。既有文献成果中“撰”、“写”、“口述”、“创作”、“编剧”等写作形式，也属于“著”的范畴。其中，“撰”主要见于古籍文献，“口述”常见于历史类文献，“创作”、“编剧”多见于文艺作品。

从文献内容来看，“著”的实质在于言人之所未曾言，在于阐述自己独到的见解，贵在开创，重在创新，是对前人所取得成果的突破，其原创性十分突出。所以，著所产生的学术文献，其学术价值一般高于其他著作方式的文献。

二、编著

编著是一种在编纂已有资料的基础上阐述自己独到的见解的著作方式。编著有两个要素，一是创作以既有的其他同类著作为素材，通过整理、叙述已有成果来表达作者自己的立场、观点，这是它同“著”的区别所在；二是在对这些材料的编制整理中融入了自己的一些有别于他人的见解，有独创的成分。编纂、编写也属编著的范畴。

编著工作要求编著者对于自己所从事的专业、研究方向有全面深入的理解，对于资料能分别主次，善于取舍，在文字表达上能做到叙述条理清晰，深入浅出，从体系、方法等方面给读者以启发。所以，编著工作并非轻而易举，它要求编著者具备较高的学术素养和文字修养。

编著所产生的文献成果多为一些知识性、普及性的学科知识读物、专业教科书、参考工具书等，其学术价值总体上稍逊于专著，但在普及和传播科学文化知识方面的作用又远非学术专著所能比。

三、编

编为“编辑”的省称，是一种将零散资料或单篇著作汇编成册，并对内容加以编排、整理的著作方式，包括整理、编订等。有代表性的文献成果类型如辞典、年鉴、教科书等，其中既有一次文献，也有二、三次文献，文献类型比较齐全。

编辑虽然是整理他人的成果，但其并非简单的摘抄罗列，它需要制定出一定的标准、体例，然后对成果进行精心的选择、组织。所以，编辑本身也是一门学问，是学术性比较强的“技术活”。

四、改编

改编是一种运用新的创作技巧，对著作的内容或体裁进行改变的著作方式，如把外国作品的人物、背景移植为本国的人物、背景，或把小说改为电影剧本等。改编多见于社会影响比较大的文艺作品，最常见的是小说改编为影视剧本或影视剧本改编为小说。

改编是在忠实于原著，保持原著的精神和风格不变的前提下，用新的创作思维对原著进行新的创造，是对原著内容以及表现形式的创新，而不是对原著内容的简单移植和体裁的简单转换。改编的目的，主要是为了提升原著的价值，扩大原著的社会影响。所以，成功的改编文献，其文献价值毫不逊于原著。

五、翻译

翻译一般简称“译”，是一种将著作原有语言文字形式转换为其他语言文字形式的著作方式，如将外文或少数民族文字转换为汉语言文字，或将汉语言文字转换成外文。

翻译其实并非简单的语言文字形式的转变，而是一种融入翻译者对原著精髓的深刻理解的再创作。翻译选择的一般都是具有重要影响的非母语或母语的非主流语言形式的文献。所以，译著大都具有较高的文献价值。

思考题

1. 构成文献的基本要素有哪些？
2. 简述文献与信息、知识、情报的关系。
3. 简述是否在今后学习工作中，人类会淘汰印刷型文献，进入一个史无前例的“无纸化社会”？
4. 试述科技文献的类型及使用价值。
5. 利用自己手中的书，记录下定长为 13 位的 ISBN 号，计算它们的计算机校验码。
6. 简述文献的著作方式与区别。

第二章　文献信息检索的基本理论和方法

第一节　文献信息检索概述

一、文献信息检索的含义

文献信息检索或情报检索，是指把文献信息按一定的方法组织和储存起来，并能根据用户的需要取出所需特定信息的过程和技术，所以，它的全称又叫“信息存储与检索”，这是广义的信息检索。狭义的信息检索，是指从信息集合中找出所需要的信息过程，相当于人们通常所说的信息查询。

二、文献信息检索的原理

广义的文献信息检索实际上包括文献的存储和文献的检索两个相互依存的过程，如图2－1所示。

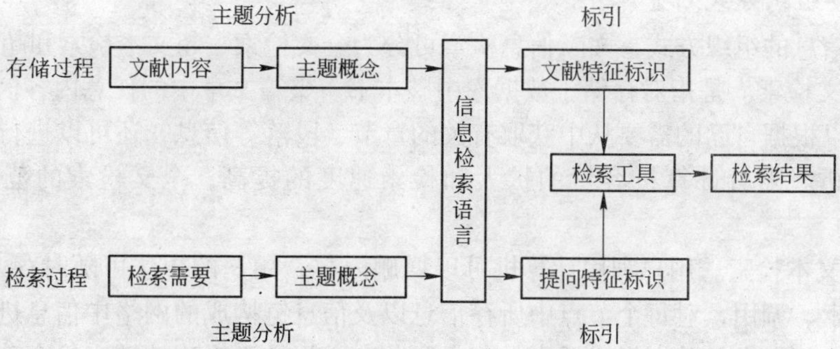

图2－1　文献信息检索原理图

文献存储的第一步是对文献进行主题概念分析，即通过文献的题名、文摘以至原文，分析文献所论及的事物（主题），提出主题概念，然后选用信息检索语言对主题概念进行标引，使主题概念转换成文献特征标识。最后将多篇文献的特征标识排序，形成检索工具。

检索过程的第一步是对用户的检索需要进行主题分析，明确主题概念，然后选用同种信息检索语言对主题概念进行标引。把提问主题概念转换成提问特征标识，最后在检索工具中循序匹配，匹配结果存储文献的特征标识与提问特征标识相同或相近，就是命中文献，即可检索到相应文献线索，阅读分析各条文献线索，决定取舍。

此外，可把众多文献的题名、作者、机构名称、序号等外部特征标识进行排序，组织成检索工具，在检索文献时，根据相应的提问特征可直接利用检索工具，循序匹配，此种检索过程不需进行主题分析，易于实施。

简单地说，文献信息检索的实质就是文献的内容特征标识（主题词、分类号等）或外部特征标识（文献题名、作者姓名等）与提问特征标识的相互匹配。

三、文献信息检索类型及其特点

（一）按内容划分

按照文献信息检索的内容，文献信息检索可划分为数据信息检索、事实信息检索、文献信息检索。

（1）数据信息检索。以文献中的数据为对象的一种检索，例如某个物理对象的临界值、某公式、某化学分子式等，又如查找某种材料的电阻、某种金属的熔点等。

（2）事实信息检索。以文献中的事实为对象，检索某一事件发生的时间、地点或过程。

（3）文献信息检索。是以文献为检索对象，从已存储的文献库中查找出特定的文献的过程。

数据和事实检索是要检索出包含在文献中的具体信息；文献检索则是要检索出包含所需要情报的相关文献信息。文献检索的结果是与某一课题有关的若干篇论文、书刊的来源出处以及收藏地点等。

文献检索是最典型和最重要的，也是最常利用的信息检索。掌握了文献检索的方法，就能以最快的速度，在最短的时间内，以最少的精力了解前人和别人取得的经验和成果。

（二）按组织方式划分

按文献信息的组织方式，文献信息检索可分为全文检索、超文本检索和超媒体检索。

（1）全文检索。是指对存储于数据库中整本书、整篇文章中的任意内容信息的信息检索。用户可以根据自己的需要从中获取有关的章节、段落等信息，还可以进行各种频率统计和内容分析。随着计算机容量的扩大和检索速度的提高，全文检索的范围也在不断扩大。

（2）超文本检索。用户利用计算机可以增删内容，用户的想法可随时存入数据库中，也可随时检索、调用，对每个节点中所存信息以及信息链构成的网络中信息进行检索。从组织结构看，超文本的基本组成元素是节点和节点之间的逻辑连接链，每个节点存在的信息及信息链被连接在一起，构成相互交叉的信息网。超文本检索强调的是中心节点之间的语义连接结构，要靠系统提供工具作图示穿行和网页展示，提供浏览式查询。查阅时，以知识片段及其关系作为追踪、检索的依据。除了处理一般的文字信息外，还包括图片、地图和其他直观信息。

（3）超媒体检索。是对文本、图像、声音等多种媒体信息的检索，是超文本检索的补充。其存储对象超出了文本范畴，融入了静态、动态及声音等多种媒体的信息，信息存储结构也从单维发展成多维，存储空间也在不断扩大。在超媒体信息系统中，不同类型的媒体信息能高度综合和集成，空间上图、文、声并茂，时间上媒体信息同步实现，具有高度的交互性。

（三）按检索目的划分

按文献信息检索的目的，文献信息检索可分为直接检索和间接检索。

（1）直接检索。文献检索的目的即是为了获取所需要的文献，因此，有时往往直接从报刊中通过浏览的方法直接获得所需文献，称为直接检索。直接检索具有快捷、方便的特点，适于浏览新到的书刊资料，有时是一种获得最新情报的方法，但同时又受到各种限制而漏查很多相关文献，它只能作为一种辅助性的检索方法。

（2）间接检索。间接文献检索是一个利用检索工具并从中查出特定文献的过程。间接检索可以比较有系统、全面地获得相关课题的情报。我们需要掌握的就是这种利用检索工具的间接检索的方法。

（四）按检索设备划分

按文献信息检索的检索设备，文献信息检索可分为手工检索和计算机检索。

（1）手工检索（简称"手检"）。手工检索系统由手工检索设备（如书本式目录、文摘、索引、卡片柜等）、检索语言、文献库等构成，具有使用方便、成本低廉等特点，但检索效率和响应时间均较差。

（2）计算机检索。计算机检索是指以计算机技术为手段，通过计算机软件技术、网络和数据库及图书集成管理系统等现代检索方式进行的信息检索。计算机检索系统由计算机检索设备（联机检索设备、光盘检索设备、微机检索设备、缩微品机检设备等）、检索语言、文献库等构成。检索过程是在人、机的协同下完成的。计算机检索系统具有检索效率高，响应速度快等特点，但是成本和检索费用较高。

第二节　文献信息检索方法及检索步骤

一、检索方法

（一）追溯法

追溯法又称"扩展法"，就是从已有的与课题相关的文献后所列的参考文献、夹注、脚注、辅助索引等着手，逐一追查原文，再从这些原文后所附的参考文献逐一检索，获得一批相关文献的方法（见图2－2）。

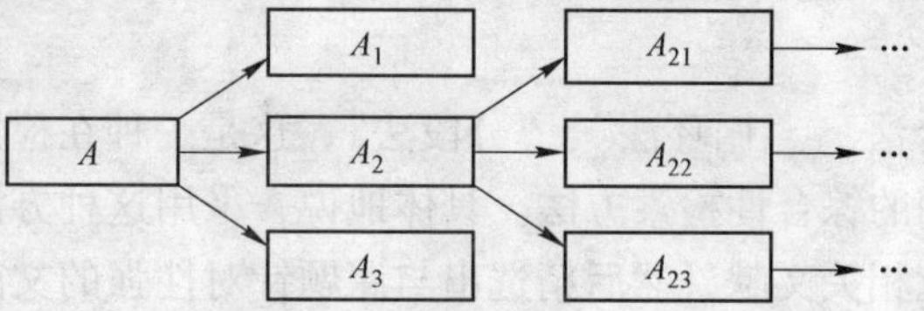

图2－2　追溯法原理图

追溯法是科研人员常喜欢用的一种简便的获得文献的途径。其优点是在没有检索工具或检索工具不齐全的情况下，借助此法可较快地获得一批相关文献。缺点是原文作者所引用的参考文献有一定局限性，也不可能全部列出相关文献，有的参考文献与课题相关性不大，易出现误检和漏检，且比较费时。但追溯法仍不失为一种简便的获得相关文献的方法。

（二）常用法

常用法也称工具法，就是利用文摘或题录等各种文献检索工具查找文献的方法。由于检索工具书刊的种类繁多，一般应根据课题内容特点首先利用综合性的检索工具，然后使用专业性的检索工具，二者结合，才不致造成主要资料的漏检。

常用法根据时间范围又分为顺查法、倒查法和抽查法。

（1）顺查法。顺查法是以所查课题起始年代为起点由远而近地按时间顺序的查找方法。查找前要确定该课题研究的历史背景，从研究开始的年代查起，即从检索对象最先的文献查起（见图2－3）。顺查法的优点是由旧及新，追根溯源，检索到的文献比较系统全面，能反映研究的发展脉络；缺点是比较耗费时间，检索效率低。

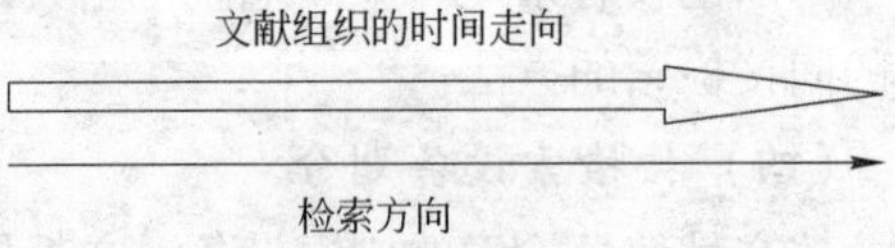

图2－3　顺查法原理图

（2）倒查法。这是一种由近及远逆时间顺序的查找方法（见图2－4）。从近期往远期查找，一般将注意力放在查找近期文献上。因为近期文献不仅反映了现在的研究水平，而且一般都引用、论证和概述了早期的文献资料。因此，查找时不必一年一年地查找完，只要查到基本掌握所需文献即可。与顺差法相比，倒查法比较省时省力，灵活性大，检索效率高。但有可能漏查一些有用的文献。

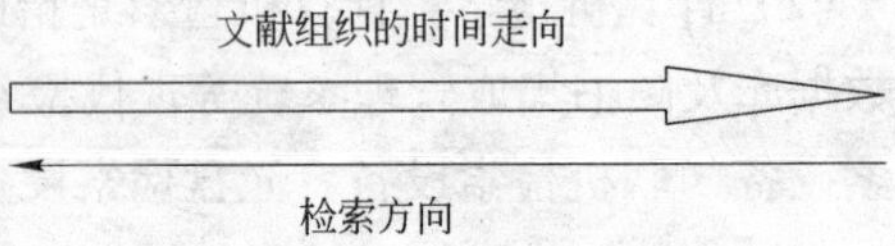

图2－4　倒查法原理图

（3）抽查法。抽查法是根据课题研究的特点，抓住该课题研究发展迅速，出版文献较多的年代，抽取一段时间（几年或十几年）或一段时间内的几个点，再进行顺时查找的检索方法（见图2－5）。使用抽查法，检索时间较少，查得文献较多，但也有漏检文献的可能，并要求检索者对课题研究的历史情况有较多的了解和掌握。

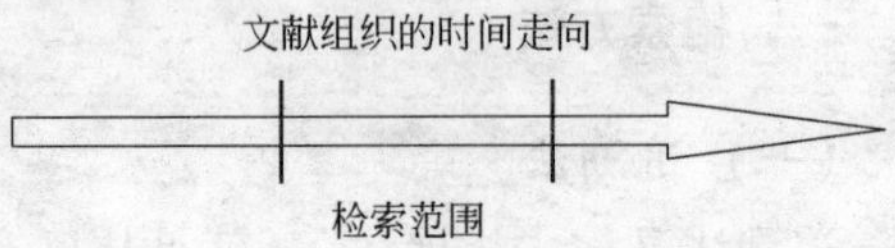

图2－5　抽查法原理图

（三）交替法

交替法也称“综合法”、“循环法”、“分段法”，这是一种在检索过程中将追溯法和常用法结合起来交替使用的综合性检索方法。具体地说，采用这种方法查找文献时，首先利用检索工具检索到一批相关文献，然后精选出与课题针对性强的文献，再按其参考文献等提供的线索进行追溯查找，两种方法交替使用，直到获得满意的相关文献为止。

使用交替法进行检索，其检全率和检准率都比较高。

实际课题的检索选用哪一种方法，要根据具体情况而定。一是根据课题研究的需要；二是视所能利用的检索工具和检索手段。在检索工具书刊比较丰富的条件下，可以利用常用法；在获得针对性很强文献的条件下即可利用追溯法获得相关性较强的文献；获悉研究课题出版文献较多的年代即可利用抽查法。总之，只有视条件的可能和课题的需要选用相应的检索方法，才能迅速地获得相关的文献，完成课题检索的任务。

二、检索途径

文献信息检索途径就是我们检索资料时的“切入点”，即我们检索资料时所依据的文献特征和角度，如题名、著者等。在确定检索途径时，除了考虑检索工具所能够提供的检索途径外，还要考虑待查课题的已知条件和课题检索深度的要求。文献信息检索途径主要有以下几种。

（一）分类途径

分类途径是按照学科体系来编排和检索文献的。利用分类途径检索文献，首先要明确课题的学科属性，然后从检索工具的正文前的“分类表”或“分类目录”中查得与研究课题有关的分类号和类目，然后根据分类号和类目进行查找。分类检索途径在我国具有悠久的历史。许多检索工具大多以分类方法编排，也称为体系分类途径。按分类途径检索文献便于从学科体系的角度获得较系统的文献线索，但由于科学技术的飞速发展，一些新兴学科、交叉学科、边缘学科不断涌现，这些学科不能及时地被列入分类表，因此会给检索带来困难。一般认为，如果需要系统地收集资料，最好选择分类途径，以利于族性检索。

（二）主题途径

主题途径是利用能反映文献内容的主题词来进行检索。主题途径以从文献中抽出的或概括出的、能集中反映文献内容的文字作为检索标识，表达概念直接准确，不受分类表的限制。利用主题途径检索时，只要根据所选用主题词的字顺（字母顺序、音序或笔画顺序等）找到所查主题词，就可查得相关文献。主题途径具有直观、专指、方便并能满足多主题课题和交叉边缘学科检索的需要，具有特性检索的功能等特点。利用主题途径查找文献时，通常需要使用相应的词表确定检索词，以便迅速准确地查阅文献。

（三）著者途径

著者途径是指根据文献的外部特征，利用著者（个人或单位著者）目录和著者索引进行检索的途径。国外比较重视著者途径的利用，许多检索工具和著作都把著者索引作为最基本的辅助索引。它是按著者的姓名字顺，将有关文献排序而成。以著者为线索可以系统、连续地掌握他们的研究水平和研究方向，同一著者的文章往往具有一定的逻辑联系，著者途径能满足一定族性检索功能要求。已知课题相关著者姓名，便可以依著者索引迅速准确地查到特定的资料，因此亦具有特性检索的功能。

（四）题名途径

题名途径是根据文献名称来检索文献的途径。文献题名主要指书名、刊名、篇名等。使用的检索工具主要有各种“图书目录”、“期刊目录”、“篇名索引”等。

（五）号码途径

号码途径是指通过已知的号码（专利号、标准号、报告号等）来检索文献的途径。在已知号码的前提下，利用号码途径检索文献比较方便、快捷。

除了以上所讲的五种途径以外，还有引文途径、分子式途径等。文献检索主要根据文献的外部特征和内容特征的描述，利用各种途径获得所需的相关文献。分类途径和主题途径是从文献的内容特征入手来查找文献，是主要的检索途径。其他检索途径因受前提条件限制，只能作为辅助途径。

三、检索步骤

（一）分析研究课题，明确检索要求

（1）分析检索课题所属的学科范围。信息检索总是围绕某个课题进行的。在着手检索之前，首先要明确检索的目的和意义，并弄清课题的核心含义。特别是对于有复合概念，涉及多学科内容的检索课题，应分析出课题的主要研究对象，涉及哪些概念，从而确定检索课题所属的学科、专业范围。例如，有人需要查找作为首饰用的“变色钻石”，如果从钻石、金刚钻或碳素材料的角度去查，那就会毫无结果，事实上，“变色钻石”是一种刚玉，应从氧化锗或刚玉的角度着手检索。

（2）确定检索的年代范围。根据研究课题的背景信息，确定出检索的时间范围。一般来说，检索的时间范围应根据检索的课题的具体情况而定，如进行查新检索就需要检索最近10年的文献；若纯属掌握动态或解决某个问题，则以满足需要为准，时间可长可短。

（3）分析所需文献类型。现代科技文献种类较多，而且不同类型的文献往往为不同的科技工作所需要。例如，从事一般性的科研、生产技术工作，要掌握学科动态，主要利用期刊论文、会议文献、科技报告、专利文献；定型产品的设计和检验，侧重于利用标准文献；从事发明创造，搞技术革新，主要利用专利文献；产品的外观设计，主要利用产品资料。所以，分析所需文献类型是检索科技文献的重要一环。

（二）选择检索工具

不同类型的科技文献，其检索工具往往也不同。在检索文献信息时，要确定利用哪些检索工具，以哪种检索工具为重点来查找文献。检索工具选择恰当与否，直接影响检索效果。选择检索工具时，要根据具体情况，考虑到以下几个方面的因素：

（1）检索工具报道文献的学科专业范围。

（2）检索工具所报道的文献类型。

（3）检索工具所收录文献的语种。

（4）检索工具提供的检索途径。

同时，还应从本单位本地区现有检索工具的实际情况出发选择检索工具。如果对本学科专业有哪些检索工具，或对检索工具报道文献的专业范围不太熟悉，可借助于介绍检索工具的各种工具书指南。

（三）确定检索途径

在利用检索工具查找科技文献时，主要是利用检索工具的各种索引，即通过各种检索途径来查找文献线索。一般来说，每种检索工具都为检索者提供多条检索途径，这些检索途径归纳起来主要有分类途径、主题途径、题名途径，要从检索课题的已知条件和要求出发，从文献的外部特征和内容特征入手进行检索。如果检索课题要求的是泛指性较强的文献信息，则最好选择分类途径；如果要求专指性较强的文献信息，则最好选用主题途径；如果事先已知文献题名、著者、号码（如专利号、标准号、报告号等）等条件，则利用题名途径、著者途径、号码途径进行检索。

（四）确定检索方法

在检索文献信息时，可以根据检索课题的要求和对课题有关文献线索的掌握情况选择

不同的检索方法，以便达到省时省力，查全的目的。就手工检索而言，检索工具齐全，一般用常用法（工具法）；检索工具少甚至没有，则用追溯法。若要求查全，用顺查法、交替法；若要较快地找到文献而不要求查全，则用倒查法、抽查法。

（五）查找文献线索

根据选定的检索途径和方法，通过检索工具的各种索引查得文献顺序号，继而查阅文摘或题录，并将文献的线索（即文献出处，包括出版物名称、卷期号、出版时间、起讫页码等）记录下来，以便进一步查找原文。检索工具中，文摘、题录所著录的文献来源（文献出处），是索取原始文献的关键部分。在检索工具中，尤其是外文检索工具，出版物名称（刊名）通常采用缩写形式，可根据检索工具中所附的“引用出版物目录”、“来源索引”等来查找出版物的全称。

（六）获取原始文献

根据文献线索，查阅各种馆藏目录或联合目录，即可得到原文。查找原文时，应从本馆到其他馆，从本地到外地进行查找，根据各收藏单位的特点，选择符合要求的馆藏目录、联合目录进行查找。例如，如果查出的文献是科技图书，则利用馆藏图书目录查找；如果查出的文献是期刊论文，则利用馆藏期刊目录查找；如果是专利、科技报告、标准文献等，可以根据专利号、报告号、标准号到收藏此类文献较为齐全的单位查找；如果馆藏目录不能解决问题，可以利用各种联合目录来查找；如果原始文献收藏单位在外地，可委托该单位进行复制；必要时可与出版物的编辑出版单位或检索工具的编辑出版机构联系，请求复印。

第三节　文献信息检索工具概述

一、文献信息检索工具的含义

什么是检索工具？检索工具是用来存储、报道和检索文献线索的工具。人们常说的查字典，实际就是借助于字典检索，字典就是检字的工具。但存储文献并非存储文献的全文，而是把有情报价值的文献先选出，再把其中的某些内容特征或外部特征著录下来，成为一条条文献线索（文献标识），最后将这些文献标识有序化，排列为有条不紊的整体。这样文献标识的有机集合就脱离了文献本身，而单独成为查找文献的一部检索工具（对计算机文献检索而言，则成为一个计算机文献信息检索系统）。

简言之，如果把文献当做“宝库”，那检索工具就是“钥匙”。

如果用信息学的编码理论来研究文献检索工具，可以知道检索工具形成的过程实质上就是文献信息编码，而用户检索的实质就是解码的过程。编码和解码必须要遵循同一个规则，这就是检索语言。这正如无线电通信中的调制和解调需要遵循同一制式一样。例如，世界上彩色电视的制式分为PALD（中国、德国）、NTSC（美国、日本）、SECAM（法国、俄罗斯）三种，因此在国外买的彩色电视，不一定能在我国使用（除非经过改制式）。

信息编码的数学基础之一是映射理论。“映射”一词，在复变函数中指一个集合中的每一个点与另一个集合中的点一一对应，映射可以把一个图形变换为完全不同的另一个图形。因此原则上可以把任意图形“映射”为我们所需的形状，只需构造合适的映射函数即可。在预测学中使用的评估算法（如加权平均）的作用也与此类似。例如只要改变加权系数的值，就可以获得我们所期望的值或更客观的反映真实的值。

文献是知识性的信息，同样存在着多重映射。例如一本书，可以用其藏书号把整本书“映射”为6个字符长度的一串数字；又如数据库中的一个记录，无论其多庞大，都可以用一个记录号来代替，当找到该记录号时，就可以获得其全部信息。由此可见，在编码或“映射”的过程中还往往伴随着信息压缩或数据压缩。

如果把数据或程序采用特殊的人为的规则进行变换或“映射”，这就是“加密”了。其中的规则既可以符合某种特定的计算规则，也可以完全没有规则，只是一张人为规定的代码变换表。

信息编码还与文字学有关。人类的数以千计的文字或符号，发展到今天，竟然只有阿拉伯数字和英文字母两种文字符号才是唯一简洁、方便的字符，这不能不让人吃惊。但有时用数字作代码却不如用字母，例如“李平”这个姓名，如果用“01”代表，尽管“压缩率”高，便于存储，但从“01”无论如何不容易联想到“李平”，而用“LP”则好得多。

一部完善的检索工具必须具备的基本特征如下：

（1）必然有一种检索语言作环境支持（操作系统）；

（2）一般有一部数据字典（词表）作后盾；

（3）必须详细著录文献的外部特征和内容特征；

（4）必须具有各种检索标识；

（5）全部检索标识必须有序化；

（6）能提供多种检索途径。

二、检索工具的类型

检索工具根据不同的划分标准，可分为不同的类型。

（一）按检索方法划分

按检索方法划分，检索工具可以划分为手工检索工具、机械检索工具、缩微文献检索工具与计算机检索工具。

手工检索工具指各种印刷型检索工具；机械检索工具是指运用一定的机器设备来辅助检索文献信息的检索工具，如以穿孔卡片为载体的检索工具，是手工检索到机械检索的过渡；缩微文献检索工具又称光电检索工具，它是以文献缩微品作为文献库，用一定的光电设备从中进行文献信息检索；计算机检索工具是以磁性介质为载体，用计算机来处理和查找文献的一种电子化自动化系统，由计算机、检索软件、文献数据库、检索终端及其他外用设备组成。

（二）按收录文献的范围划分

按收录文献的范围划分，检索工具可分为综合性检索工具、专业性检索工具、单一性检索工具三种。

综合性检索工具收录范围广，涉及多门学科。例如美国的《工程索引》，它包括全部工程学科和工程活动；我国的《全国报刊索引》，它是国内出版的报道国内报纸、期刊的大型综合性检索工具。

专业性检索工具收录的范围仅限于某一学科领域。例如美国《化学文摘》、《金属文摘》等。

综合性、专业性检索工具报道的文献类型常常是多样性的，如期刊论文、图书专著、会议文献、科技报告、专利文献等。

单一性检索工具只收录某一种类型的文献。如专利文献检索工具有英国的《世界专利索引》等；另外还有查找会议文献、科技报告、技术标准、学位论文等的单一性检索工具。

（三）按出版的物质载体形式划分

按出版的物质载体形式划分，检索工具可分为书本式、卡片式、缩微制品、磁带和磁盘、光盘制品等形式。书本式又包括期刊式、单卷式和附录式三种。

（1）期刊式检索工具的形式与期刊一样，有统一刊名，分卷分期，定期连续出版。

（2）单卷式检索工具一般以图书形式出版，如专题目录、专题文摘等。

（3）附录式检索工具一般不单独出版，仅附于图书、期刊论文之后，如“参考文献”、期刊的“年度总目录”等。

（4）卡片式检索工具是文献收藏单位揭示馆藏文献信息的常用检索工具，如传统图书馆使用的卡片目录，是把文献有关项目著录在卡片上，按文献的内容特征标识或外部特征标识排列，如“分类目录”或“著者目录”等。

（5）缩微制品、磁带和磁盘、光盘制品检索工具的存储密度大，一张普通的缩微平片可包含3000多条书目著录，即能代替3000多张卡片。其特点是便于携带和保存，但不能直接阅读，须借助一定设备才能使用。

（四）按收录文献对象和揭示文献方式划分

1. 目录

目录又称书目，是著录一批相关文献并按照一定的次序编排而成的一种揭示与报道文献外部特征的检索工具。目录是图书、期刊或其他出版物外部特征的揭示和报道，它不涉及书中的具体章节或期刊中的具体文章。常见的目录有下列几种类型：

（1）书名目录。对于中文图书，目录按书名字顺排检，常采用笔画法、部首法、汉语拼音法等，例如按书名的笔画数分类，相同笔画的则按“横、竖、撇、捺、折”排检。外文图书也按书名字顺排检，注意冠词不应计入。

（2）著者目录。对于外国著者，按“姓前名后”（即姓在前、名在后）的顺序检索，注意这同实际生活中外国人的姓名次序（名在前）是相反的。

（3）分类目录。这是按《中图法》或《科图法》之类的图书分类法或其他的资料分类法编排的目录。

（4）主题目录。这是按文献的主题内容编排的目录，它使用主题词作为目录的著录项。

国内外常见的几种目录性检索工具如下：

（1）馆藏目录。馆藏目录是由图书馆、信息部门的文献馆和资料室等自编的报道本馆馆藏的目录。其最大特点是该馆藏目录上所有的资料，均是该馆实际收藏的。通过馆藏目录可以了解该馆有无某种资料，此外还能根据馆藏号直接到库中快速查找原始文献。

（2）联合目录。联合目录是若干个图书馆、信息所联合编制的馆藏目录。它有利于扩大原始文献的获取范围及开展馆际互借等。这是一种初级的文献共享方式。

(3) 专题文献目录。这是根据生产、科研的需要，紧紧围绕某些专门课题而组织的目录。其收录范围几乎不受任何形式的限制，只要与课题有关，无论国内国外、图书期刊、科技报告、文摘题录等，均收录。例如重庆大学的“人工智能控制”计算机专题文献数据库就是一种类似的“目录”。

(4) 国家书目。它是一个国家在一定时期内全部出版物的统计性书目，反映了一个国家在一定历史时期内的文化、科技和出版事业的水平。如我国的《全国总书目》、《全国新书目》。

(5) 出版社和书店目录。此类目录的特点是“新”，可以报道书刊的最新出版情况。例如我国的《科技新书目》（半月刊），及时报道我国出版、再版的科技新书，每期达500种。

2. 题录

题录是以单篇文献作为报道单位（按“篇”报道文献），揭示文献外部特征的检索工具。题录出版周期较短，著录较为简单，著录项目通常有文献号（题录号）、文献篇名、作者及工作单位、原文出处（包括刊名、出版年、卷号、期次、起讫页码）等，但没有内容摘要。题录报道信息的深度比目录大，信息检索的功能比目录强。

3. 文摘

文摘是指对一份文献（或称一个文献单元）的内容所做的简略、准确的描述，通常不包含对原文的补充、解释或评论。文摘是描述文献外部特征和内容特征的检索工具。读者通过阅读文摘很快掌握文献的基本内容，从而决定文献的取舍，起到筛选文献的作用。因此文摘是检索工具的主体，是二次文献的核心。其著录内容与题录相比较，增加了内容摘要项，故其检索功能强于题录。根据对文献内容揭示深度或报道详细程度的不同，文摘可分为指示性文摘和报道性文摘两类。

(1) 指示性文摘。又称简介，它是对文献题名所作的补充说明，主要说明文献探讨问题的范围与目的，协助读者判断是否需要阅读原文，其篇幅一般为100字左右。

(2) 报道性文摘。报道性文摘反映原文的主要内容，是对原文中信息的高度浓缩，其篇幅一般为500字左右。报道性文摘能忠实地反映原文的主要内容，因此，有时只阅读文摘而不看原文也能满足检索者需要。

在一般的文摘检索工具中，往往是报道性文摘、指示性文摘、题录三者并存。对于重要文献及难懂语种文献，用报道性文摘；对于次要文献，则用指示性文摘或题录。每条文摘款目由题录和文摘正文两部分组成。

4. 索引

索引是按某种可查顺序排列的，能将某一信息集合中相关的信息（文献、概念或其他事物）指引给读者的一种指南或工具。换句话说，就是将文献中某些重要的，具有检索意义的内容特征标识或外部特征标识按某种顺序排列并注明文献条目线索的检索工具。如按主题词字须排列的主题索引（Subject Index）等。索引常附于检索工具的后部，是检索工具的主要组成部分，它为查找文献提供了多种检索途径。有的检索工具本身全由索引构成，如美国《科学引文索引》（SCI）等。

索引由索引款目和参照系统两大部分构成。索引款目是索引的主要组成部分。每条索引款目通常包括三项内容，即表明文献特征的标目（标识）、说明语、存储地址。

(1) 标目(标识)是用来表达索引款目所指示的主题或事物,并控制款目在索引档中的排档位置的语词符号,它又可以称为索引词。检索者通过它可以迅速找出有关款目,作者姓名、主题词等都可作为标识,采用不同形式的标识,就构成不同类型的索引。

(2) 说明语是指放在标目后面(或下面),指示所查信息的特性,或解释(限制)标目含义的词、词组或短语。文献题名(包括改写或简化的题名)、自编的短语或短句等都可作为说明语。

(3) 存储地址是指索引款目中所指示的主题或事物在特定信息集合中的物理地址,如图书正文中的某页,题录或文摘的顺序号等。

参照系统主要包括各种参照和标识注释。

三、检索工具的结构

检索工具虽然多种多样,但根据文献工作有关的标准规定,检索工具的一般结构由五个部分组成,如图 2-6 所示。

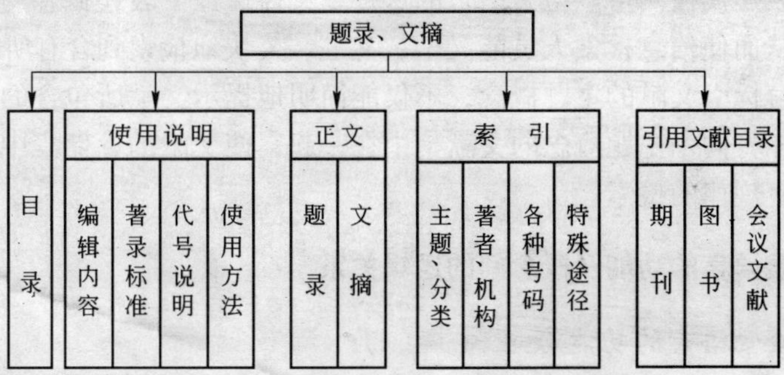

图 2-6 检索工具的一般结构

读者在利用检索工具时,应首先阅读其使用说明,然后根据所需文献所属的学科或专业对照目次即可查检到文献。如果已知所需文献的主题词、著者姓名、机构名称或各种号码(专利号、科技报告号、标准号等),可利用索引部分进行检索。引用文献目录部分可让检索者了解本检索工具所摘用的全部出版物的名称。为了节省检索工具的篇幅,增加信息报道量,大部分国外检索工具的正文条目中都使用略语或缩写语,当其中的刊名使用缩写刊名,检索者无法判断时,可以利用引用文献目录中的文献名称缩写与全称对照表查得全称。

第四节 检索语言和词表概述

一、文献信息检索语言的概念

检索语言是信息检索领域中人们用来描述文献主题(或外部)特征和信息提问的一种专用的人工语言。根据应用的领域不同又可以叫做信息存储与检索语言、索引语言、标引语言、文献语言、情报与检索系统语言等。

文献信息检索的全过程包括文献信息的存储过程和检索过程。当存储文献信息时,文献标引人员首先要对各种文献进行主题分析,通过分析选出若干个能代表文献主题的概念，并用信息检索语言把这些概念标引出来，然后纳入信息检索系统中。当检索信息时，信息检索人员也首先要对检索课题进行分析，通过分析明确其检索范围，选出若干个能代表信息需要的概念，并把这些概念转换成信息检索语言，然后从信息检索系统中查找用该检索语言标引的文献，从而找到用户所需的信息。由此可见，信息检索语言是信息检索系统的主要组成部分，是标引人员与检索人员之间交流信息用的一种工具。

实质上，信息检索语言是表达、概括文献信息内容的概念及相互关系的概念标识系统。它可以是从自然语言中精选出来并加以规范化的一套分类号码，又可以是代表某类事物的某一方面特征的一套代码（如化合物的各种代码），用以对文献内容和信息需要进行主题标引、逻辑分类或特征描述。信息检索语言是由词汇和语法组成的。在这里，词汇指的是登录在分类表和词表中的全部标识，一个标识分类号、检索词、代码就是它的一个语词，而分类表及词表则是它的词典。语法是指如何创造和运用那些标识（单个标识或几个标识的组合）来正确表达文献内容和信息需要，以有效地实现信息检索一整套规则。

检索语言不同于自然语言，它所表述的概念只有一种解释，不允许因一词多义或多词一义而使概念的表述模棱两可。检索语言的这种单义性保证了表述概念的唯一性及标引与检索的一致性，从而使信息检索人员能又全、又准、又快地检索到含有所需信息的文献。

通过检索语言标引文献的主题概念，不仅能简明地提示文献所包含的信息内容及其外表特征，而且还能将同一主题概念的文献集中在一起，使文献的存储集中化、系统化、组织化，便于进行有规律的检索。

二、信息检索语言的功能及概念间的逻辑关系

（一）信息检索语言的功能

信息检索语言的功能有以下三点（见图2－7）：

（1）表达：描述信息内容和信息需求。

（2）组织：将各种信息组织成一种便于检索的信息集合。

（3）控制：对检索系统中的索引词加以规范和控制。

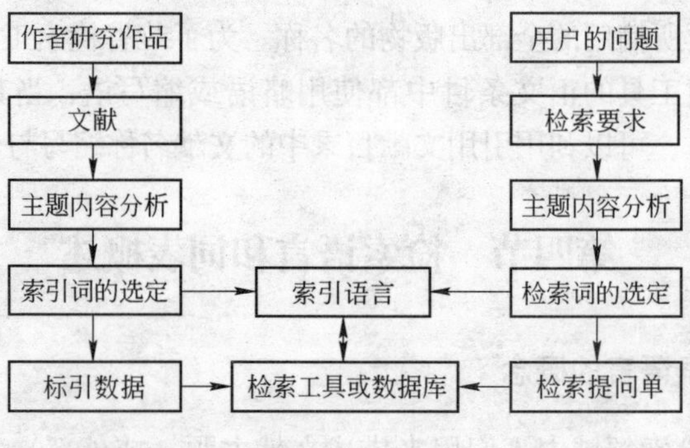

图2－7 信息检索语言功能示意图

（二）信息检索语言概念间的逻辑关系

概念是反映事物本质属性的思维形式，而本质属性就是决定该事物之所以成为该事物并区别于其他事物的属性。

1. 概念的划分

概念有内涵和外延之分。概念的内涵就是指反映在概念中的对象的本质属性，是概念质的方面，也就是通常所说的概念的含义，它说明概念所反映的事物是什么样的。概念的外延就是指具有概念所反映的本质属性的对象，是概念的量的方面，就是通常说的概念的适用范围，它说明概念反映的是哪些事物。

（1）单独概念和普遍概念。根据概念所反映的对象数量的不同，概念分为单独概念和普遍概念。单独概念是指反映一个事物的概念；普遍概念是指反映一类事物的概念。

（2）集合概念和非集合概念。根据概念所反映的对象是否为一类事物的集合体，概念分为集合概念和非集合概念。集合概念是以事物的集合体为反映对象的概念；非集合概念是不以事物的集合体为反映对象的概念。

（3）实体概念和属性概念。根据概念所反映的对象是事物本身还是事物的某种属性，概念分为实体概念和属性概念。实体概念也称具体概念，是以具体事物为反映对象的概念；属性概念也称抽象概念，是以事物的某种属性为反映对象的概念。

（4）正概念和负概念。根据概念所反映的是事物具有某种属性还是不具有某种属性，概念分为正概念和负概念。正概念也称肯定概念，是指反映的对象具有某种属性的概念；负概念也称否定概念，是指反映的对象不具有某种属性的概念。

2. 概念间的关系

根据概念的外延有无重合之处，概念间的关系可分为相关关系和不相关关系。

概念间的相关关系是指两个至少有一部分外延重合的概念之间的关系。根据重合情况又分为同一关系、属种关系、交叉关系三种。概念间的不相关关系是指属于一个属概念中的两个在外延上没有任何部分重合的种概念之间的关系。根据情况又分为矛盾关系和对立关系两种。

（1）同一关系。两个概念的外延完全重合，则这两个概念之间的关系是同一关系（或称全同关系）。也就是通常所说的同义词，“亦此亦彼”。

（2）属种关系。一个概念的外延完全包含在另一个概念的外延之中，且仅成为其外延的一部分，则这两个概念之间的关系是属种关系（或称属分关系）。在属种关系中，外延大的概念称属概念（或上位概念），外延小的概念称种概念（或下位概念）。

（3）交叉关系。两个概念的外延有且只有一部分重合，则这两个概念之间的关系是交叉关系。

（4）矛盾关系。两个概念的外延完全不重合，且它们的外延之和等于其属概念的外延，则这两个概念之间的关系是矛盾关系。也就是通常所说的反义词，即“非此即彼”。

（5）对立关系。两个概念的外延完全不重合，且它们的外延之和小于其属概念的外延，则这两个概念之间的关系是对立关系。

3. 概念的限制和概括

具有属种关系的两个概念，它们的外延和内涵具有反变关系，即一个概念的外延愈大，则其内涵愈少，反之，一个概念的外延愈小，则其内涵愈多。

（1）概念的限制。增加概念的内涵以缩小概念的外延，就是概念的限制。概念的限制必须是对被限制概念的内涵增加属性来缩小其外延，否则就犯了“限制不当”的逻辑错误。如“充分可靠”是对“可靠”的正确的限制，而“稳妥可靠”则限制不当。

（2）概念的概括。减少概念的内涵以扩大概念的外延，就是概念的概括。

这里，只有一个内涵的概念称单一概念，否则称复合概念。

三、文献信息检索语言的类型

（一）按描述文献特征划分

（1）描述文献外部特征的检索语言。是以文献信息上标明的，显而易见的外部特征，如题名、著者姓名、机构名称、文献号和文献出处等作为文献的标识和检索的依据。

（2）描述文献内容特征的检索语言。包括分类语言和主题词语言。

内容特征语言与外部特征语言相比，在揭示文献特征与表达信息提问方面，具有更大的深度，在用来标引与检索信息时，更需要依赖标引人员与检索人员的智力判断。内容特征语言的结构与使用规则，远比外部特征语言复杂，因而，对内容特征语言的研究，成为信息检索语言研究的主体与核心。

（二）按标识组配方式划分

（1）先组式检索语言。所谓先组式检索语言，是指描述文献主题概念的标识在实施检索前，检索词已被（标引者）预先组配固定好了的一种检索语言，如体系分类语言、标题词语言等。检索时，检索人员只能直接利用预先给定的检索词去检索文献。

（2）后组式检索语言。所谓后组式检索语言，是指描述文献主题概念的标识在实施检索前，检索词在检索或检索体系中并未预先组配好，而是以单元词或概念因子的形式出现，直到检索时才将其中某些检索词组配起来使用的一种检索语言，如叙词语言等。后组式检索语言的基本思想是，具体的概念可以通过一般概念的组配而得到。例如，“图书馆自动化”这一概念就可以通过“图书馆”和“自动化”这两个一般概念的组配得到。把这个原理应用到检索或检索系统中，就是不直接使用“图书馆自动化”做检索词，只使用“图书馆”和“自动化”做检索词。检索时，只要把它们加以组配，就可以检出有关“图书馆自动化”的文献。

（三）按检索词的规范程度划分

（1）受控语言。是指检索词来自文献或用户提问并受到信息检索系统控制（规范和管理）的一类检索语言的总称，又称为规范化语言。由于文献用语和用户提问用语非常丰富、复杂和多样化，词与概念之间常常存在一对多或多对一的交混状态（如同义词、近义词和同型异义词问题）。当特定的词脱离上下文以后，它的歧义性会增大，难以准确地指示信息内容。此外，直接来自文献或用户提问的词汇之间的语义关系往往是隐含的，不能为信息检索提供天然良好的知识组织机制。控制检索词汇的目的是消除或减少它们的歧义性，保证信息内容表达的一致性和准确性，使词间语义关系由隐含的转变为显性的，并把全部检索词汇组织成某种知识体系或结构，以便使检索语言具有良好的表达和组织功能。常用的控制方法有建立某种知识分类体系、概念等级结构或参照系统等。

（2）自然语言。是指信息检索系统中使用的直接来自文献或用户提问的一类检索语言，如关键词、文献或用户提问中的语句等。它的主要优点是可以自动生成，节省系统成本，表达自由，避免在作者与用户之间造成不必要的交流障碍，检索词汇可与数据库或信息集合同步更新。受控语言与自然语言的优缺点是相互对立的，因而，它们的作用是互补的。

（四）按结构划分

（1）分类检索语言。以分类号作为文献主题概念标识的标识系统，包括体系分类语言、组面分类语言、混合分类语言等。

（2）主题词检索语言。以主题词（标题词、关键词、叙词等）作为文献主题概念标识的标识系统，如标题语言、关键词语言、叙词语言等。信息检索语言由词汇系统和语法两部分组成。词汇系统是用以表达文献或提问特征的词的集合。一个标识（如分类号、主题词、著者姓名、代码）就是检索语言中的一个词。语法则是指运用单个或多个标识来正确表达文献主题或提问概念的一套规则。

检索语言的主要类型如图 2－8 所示。

- 检索语言
  - 表述文献外部特征的语言
    - 书名、篇名等
    - 著者名
    - 号码（专利号、报告号、序号等）
    - 代码（分子式、合金号等）
  - 表述文献内容特征的语言
    - 分类语言
    - 主题词语言
      - 关键词语言
      - 标题词语言
      - 叙词语言
      - 单元词语言

图 2－8　检索语言主要类型

四、分类检索语言与分类法（表）

分类检索语言是建立在科学分类的基础上，运用概念划分与概括的方法，将大大小小的概念进行逐级划分产生许多不同级别的类目。所谓“类”是指具有某种（或某些）共同属性的事物的集合。在一类事物中，每一事物除具有某种（或某些）共同的属性外，还有许多与同类其他事物不同的属性。因此，可用另一种属性作为划分标准，对该类事物作进一步划分。经过一次划分所形成的一系列概念称为子类或下位类（种概念）。被划分的类称为母类或上位类（属概念）。各子类互称同位类（并列概念）。经过一次划分所得的各子类还可用别的属性再次划分。这样逐级细分，形成某一知识门类的分类体系。

所有不同级别的类目，层层隶属，形成了一个严格有序、层次分明的知识门类等级制体系。其特点是能集中体现学科的系统性，反映事物的从属、派生关系，便于按学科门类进行族性检索。

（一）体系分类表的结构

体系分类表中的各级类目常被赋予一定的类号和类名。各种分类表所采用的编号方法各有不同。有的使用单一符号，即分类号全由数字或拉丁字母组成，有的使用混合号码，即由数字和拉丁字母相互配合而成。在编号制度上有的采用顺序制，有的采用层累制，有的则为层累顺序相结合的混合制。

体系分类表大体上由下列部分组成：

（1）编制说明，包括编制原则、目的、体系结构、标记方法等。

（2）基本大类，用户据此可对某一分类体系有一个总的了解。

（3）简表，这是体系分类表的骨架，承上启下。对文献进行分类时可先用简表作引导，再到详表中查找细目。

（4）详表，也称主表，是分类表的正文部分。

（5）辅助表，也称复分表，用以细分详表中的类目。其功能是减少分类表的篇幅，且有一定的助记性，一般附于详表之前或之后。

（6）类目索引，将各个类名按字顺排列，并给出相应的类号，因而有助于确定分类号，也便于从某个主题去查找有关类目。

（二）体系分类表的功能

体系分类表的功能如下：

（1）体系分类表是标引文献信息和组织分类目录的依据，也是文献资料分类排架的依据。

（2）体系分类表是检索者从学科、专业角度检索文献信息的依据。

（三）体系分类语言的特点

体系分类语言的特点如下：

（1）体系分类语言是以学科分类为基础的一种信息检索语言，符合人们认识事物的规律和处理事物的习惯，因此容易为人熟悉和使用。

（2）体系分类语言能较好地体现学科的系统性，便于从学科和专业角度检索文献。

（3）便于组织文献资料的排架。

（4）体系分类语言采用的检索标识，是国际上广泛采用的拉丁字母和阿拉伯数字，通用性强。

（5）体系分类语言能较好地反映学科的纵向关系，而不容易反映学科间相互交叉渗透的横向联系，因而不易准确标引和检索交叉学科的文献信息。

（6）体系分类语言是一种先组式的信息检索语言，具有相对稳定性，不能随时修改和补充，难于反映新兴学科的内容，因而较难标引和检索新兴学科的文献信息。

（7）在使用体系分类语言标引和检索文献信息时必须对学科的分类体系有较深了解。

（8）体系分类语言所使用的标识一般都是号码，在标引文献信息时，需经过双重间接转换（即主题概念—学科概念—分类号码），转换过程易发生偏差，容易出错。

（四）分类法的类型

从近现代分类法的编制方式看，其类型主要有等级体系分类语言、分面组配分类语言和混合式分类语言。

体系分类法，也称枚举分类法、等级分类法等，是直接体现知识分类的等级制概念的标识系统，主要依据概念的划分与概括的原理，将概括文献信息内容及外表特征的概念进行逻辑分类和系统排列，并赋以类号的方式建立起来的，是一种将类目层层划分的等级分明的标记系统。

等级体系分类语言目前应用比较普遍，它是以文献内容的学科性质为对象，运用概念概括与划分的方法，按照知识门类的逻辑次序从一般到具体、从简单到复杂层层划分所形成的一种等级体系。其优势在于能体现学科的系统性，能反映事物的派生、隶属与平行的关系，有利于从学科专业的角度进行科技文献的检索，有利于查全一门学科中相关的各种文献。体系分类法将概念逐级划分，具有等级结构，便于扩大或缩小检索范围。

等级体系分类语言以数字和字母（即分类号）作为表达文献学科内容的标识，并以此标识编排、组织和查找文献。由于采用分类号作为检索标识，所以简单明了，易于掌握，特别是对于外文检索工具，即使不懂其文字，只要掌握其所采用的分类法，也可以借助分类号进行检索。

分类的具体体现是各种分类表，目前国内外常用的分类法如下：

（1）世界上比较著名的分类法有《国际专利分类表》(IPC)、《杜威十进分类法》(DDC)、《美国国会图书馆图书分类法》(LC)。

（2）我国在图书情报系统广泛采用的有《中国图书馆分类法》(简称《中图法》)、《中国科学院图书馆图书分类法》(简称《科图法》）和《中国人民大学图书馆图书分类法》(简称《人大法》)。《中图法》、《科图法》、《人大法》三种分类法的基本大类对照表如表 2 –1 所示。

表 2 –1　《中图法》、《科图法》、《人大法》三种分类法的基本大类对照表

《中图法》（第五版）基本大类	《科图法》（第三版）基本大类	《人大法》（第六版）基本大类
A　马克思主义、列宁主义、毛泽东思想、邓小平理论	00　马克思主义、列宁主义、毛泽东思想	1　马克思主义、列宁主义、毛泽东思想
		2　哲学
B　哲学、宗教	10　哲学	3　社会科学、政治
C　社会科学总论	20　社会科学、政治	4　经济
D　政治、法律	21　历史、历史学	5　军事
E　军事	27　经济、经济学	6　法律
F　经济	31　政治、社会生活	7　文化、教育、科学、体育
G　文化、科学、教育、体育	34　法律、法学	8　艺术
H　语言、文字	36　军事、军事学	9　语言、文字
I　文学	37　文化、科学、教育、体育	10　文学
J　艺术	41　语文、文字学	11　历史
K　历史、地理	42　文学	12　地理
N　自然科学总论	48　艺术	13　自然科学
O　数理科学和化学	49　无神论、宗教学	14　医药卫生
P　天文学、地球科学	50　自然科学	15　工程技术
Q　生物科学	51　数学	16　农业科学技术
R　医药、卫生	52　力学	17　综合性科学、综合性图书
S　农业科学	53　物理学	
T　工业技术	54　化学	
U　交通运输	55　天文学	
V　航空、航天	56　地球科学（地学）	
X　环境科学、安全科学	58　生物科学	
Z　综合性图书	61　医药、卫生	
	65　农业科学	
	71　工程技术	
	90　综合性图书	

五、《中图法》分类表

分类途径是查找国内外文献最重要的方法之一。分类途径检索文献首先要使用分类表确定类号。下面以《中国图书馆分类法》体系结构、标记方法及其使用方法等说明使用一般分类表和确定课题类号的方法。

《中图法》全称是《中国图书馆分类法》，此前曾称为《中国图书馆图书分类法》，是国家图书馆（原北京图书馆）等组织全国力量编辑的。它是我国第一部集中了全国图书馆和信息部门的力量共同编制的综合性大型文献分类法，1975 年出版第一版，1980 年出版第二版，1990 年出版第三版，1999 年出版第四版（机读版同时出版），2010 年出版第五版。《中图法》广泛应用于各类型图书馆。

《中图法》所依据的指导思想是马列主义和毛泽东思想，把一切知识门类按“五分法”分为马列主义、毛泽东思想、邓小平理论，哲学，社会科学，自然科学，综合性图书这五大部类。在此基础上建成由 22 个基本大类组成的体系系列。

《中图法》主要由说明和类目表组成。下面具体说明其各部分的内容结构。

（1）说明。说明是《中图法》的重要组成部分，包括编制说明、使用说明和类目注释等。主要介绍了分类法的编制过程，所依据的编制原则，部类及大类设置的理由，对各种分类问题的处理方法、标记方法、使用方法等。其中，“编制说明”是对整个分类法的编制目的、编制原则、标记制度、体系结构及类目注释等的说明；“使用说明”则阐述了各个基本大类的内容范围、编制原则、类目体系以及分类规则和方法等，通常单独出版；“类目注释”说明了类目的含义、覆盖范围和使用规则，附在有关类目之后。

（2）类目表。它是全部知识最基本的区分，是具体划分类目的出发点。

（一）基本部类

马列主义、毛泽东思想、邓小平理论，哲学，社会科学，自然科学，综合性图书。

（二）基本大类

《中图法》在社会科学基本部类下，又展开为 9 个大类，在自然科学基本部类下，又展开为 10 个大类，因此共有 22 个基本大类。

（三）简表

简表是分别对每个基本大类，依据它的某些属性，作若干次逐一划分后得到的类目表，通过简表能对该分类法的分类结构一目了然。简表起着承上启下的作用，便于通过它寻找详细类目。

（四）详表

详表是简表的进一步展开，是类目表的主体部分，又称正表。详表是整个《中图法》的正文，它集中体现了《中图法》的分类思想和分类规则，是用来类分文献的具体依据。但对于一些要求继续细分的类目，还需要用辅助表进行细分。

（五）辅助表

辅助表又称复分表，是为了适应详表中某些类目需进一步细分的要求而设立的。辅助表增强了类目的细分程度，并使详表篇幅大大缩小，配上号码后，具有一定的助记性，但它们不能单独使用。提供的通用复分表有“总论复分表”、“世界地区表”、“中国地区表”、“国际时代表”、“中国时代表”、“世界种族与民族表”、“中国民族表”及“通用时间地点表”。

（六）《中图法》标记符号

分类法是由类号和类目组成的集合。类号是文献知识信息概念的表示符号，通常由字母、数字或其组合构成，其主要作用就是简明系统地表示每个类目在分类体系中的位置，以便组织分类目录。类目是具有共同属性的一级概念。类号和类目一一对应，密不可分。

《中图法》的类号采用拉丁字母和阿拉伯数字相结合的混合号码制，即一个字母标志一个大类，以字母的顺序反映大类的序列，在字母后用数字表示大类下类目的划分。为适应“工业技术”领域中的图书文献分类的需要，对其下一级类目的复分，也采用了字母标识，即工业技术所属的二级类采用双字母。

为了进一步增强标记符号的表达能力，适应类号灵活组合的需求，《中图法》在采用拉丁字母与阿拉伯数字相结合的混合制标记的基础上，还另外采用了一些其他特殊符号，以作为辅助标记符号，它们包括间隔符号“.”，推荐符号“a”，起止符号“/”，交替符号“[]”，总论复分符号“-”，国家、地区区分号“()”，时代区分号“=”，民族、种族区分号“""”，通用时间、地点区分号“< >”，组配符号“:”，联合符号“+”，指示性类目提示符号“—”。

在每一个类号中，字母具有固定的类目含义。如 H 表示语言、文字，I 表示文学，TP 表示自动化技术、计算机技术。阿拉伯数字在具体的类目中也具有特定的类目含义，每个数字的具体含义由它所在的类目决定。如“I 247.5”，“I”表示“文学”（学科），“2”表示“中国”（地域），“4”表示“小说作品”（体裁），“7”表示“当代作品”（时间），“5”表示“长篇小说”（体裁），“.”为间隔符号（仅起分隔作用，没有具体含义），整个类号的完整含义是：中国当代长篇小说。

《中图法》属于等级体系分类法，懂得这一点对我们检索文献很有帮助。下面以“G 文化、科学、教育、体育”大类为例进行说明：

G 文化、科学、教育、体育
- G0 文化理论
- G1 世界各国论与文化事业
- G2 信息与知识传播
- G3 科学、科学研究
- G4 教育
    - G40 教育学
    - G41 思想政治教育、德育
    - G42 教学理论
    - G43 电化教育
    - G44 教育心理学
        - G441 教学心理学（课堂教育心理学）
        - G442 学习心理学
        - G447 学科心理学
        - G449 教育心理诊断与辅导
            - G449.1 测验方法
            - G449.4 智力测验
            - G449.5 能力测验
            - G449.6 性格测验
            - G449.7 评估方法与标准

所谓等级，是指类目之间具有等级隶属关系。如“G 文化、科学、教育、体育”为一级类目，它划分出来“G0”、“G1”、“G2”、“G3”等类目是二级类目，是隶属于它的子目；同样，“G40”、“G41”、“G42”、“G43”等是隶属于“G4”的三级类目，“G441”、“G442”、“G447”等又是隶属于“G44”的四级类目。

这种关系表达了类目之间的属种逻辑关系，反映了它们之间具有共同的属性特征。列举则是通过层层划分把全部类目罗列出来，形成一个完整的类目体系，展现类目的全部内涵。

《中图法》结构如图 2－9 所示。

基本部类　基本大类　简表　详表

- 一、马克思主义、列宁主义、毛泽东思想、邓小平理论
  - A 马克思主义、列宁主义、毛泽东思想、邓小平理论
- 二、哲学
  - B 哲学、宗教
- 三、社会科学
  - C 社会科学总论
  - D 政治、法律
  - E 军事
  - F 经济
  - G 文化、科学、教育、体育
  - H 语言、文字
  - I 文学
  - J 艺术
  - K 历史、地理
- 四、自然科学
  - N 自然科学总论
  - O 数理科学和化学
  - P 天文学、地球科学
  - Q 生物科学
  - R 医药、卫生
  - S 农业科学
  - T 工业技术
    - TB 一般工业技术
    - TD 矿业工程
    - TE 石油、天然气工业
    - TF 冶金工业
      - TF0 一般性问题
      - TF1 冶金技术
      - TF3 冶金机械、冶金生产自动化
      - TF5 炼铁
      - TF7 炼钢
      - TF79 其他黑色金属冶炼
      - TF8 有色金属冶炼
        - TF80 一般性问题
        - TF801 理论与计算
        - TF802 原材料与设备
        - TF803 金属冶炼
        - TF803.1 火法冶炼
        - TF803.2 湿法冶炼
        - TF803.3 电炉熔炼
        - TF81 重金属冶炼
        - TF812 铅
        - TF813 锌
    - TG 金属学、金属工艺
    - TH 机械、仪表
    - TJ 武器工业
    - TK 动力工程
    - TL 原子能技术
    - TM 电工技术
    - TN 无线电电子学、电讯技术
    - TP 自动化技术、计算机技术
    - TQ 化学工业
    - TS 轻工业、手工业
    - TU 建筑科学
    - TV 水利工程
  - U 交通运输
  - V 航空、宇宙飞行
  - X 环境科学
- 五、综合性图书
  - Z 综合性图书

图 2－9 《中国图书馆分类法》结构示意图

六、《中图法》课题的一般归类方法

要正确地确定课题在分类表中的类目，除了了解分类表的体系外，还要掌握以下的分类基本方法：

（1）凡属并列关系的主题，即互不关联的主题，一般是依其前一主题的科学属性归类；如果内容侧重于后一主题，则依重点，按后一主题归类；如果是有从属关系的并列主题，则依大概念归类；如果是两个以上的主题，则归入它们的上属类。例：

《实变函数与泛函分析》，上海师范大学数学系主编，内容包括函数与泛函分析两个主题，依前一主题入实变函数 O174. 1。

《岩石与矿物的物理性质》，（美）特鲁基安，Y. S. 等编，入岩石物理 P584。

《承包、租赁、股份制》，丁力、贾和亭主编，内容论述三种企业管理体制，入企业体制 F271。

《洛克、巴克莱、休谟》，郭本道编，内容是对三位 18 世纪英国哲学家哲学思想的评述，入英国 18 世纪哲学 B561. 2。

（2）凡属具有比较关系（即对比、对立或主客关系）的主题，则依主要阐述的或主体关系的主题归类。例：

《中日近代史比较研究》，（日）依田熹家著，本书是对日本和中国近代历史发展的比较研究，入日本近代史 K313. 4。

（3）凡属具有因果关系、影响关系或应用关系的主题，一般依其结果被影响、被应用到的主题归类。例：

《帝国主义侵华史》，刘培华著，入中国近代史 K25。

《建筑、环境与城市建设》，（苏）波索欣著，内容主要论述莫斯科城市规划，入苏联城市规划与建设 TU984. 512。

《激光在大地测量中的应用》，（苏）帕里列宾著，入大地测量 P225. 2。

《计算机与企业管理》，（美）奥布赖思著，内容主要是论述计算机在企业管理中的应用，入企业现代化管理 F272. 7。

《植物激素与蔬菜化学控制》，叶自新编著，入蔬菜生化 S630. 1。

七、主题词语言

主题词语言用语词来表达各种概念，将各种概念不管其相互关系完全按字顺排列。主题词语言包括标题词型主题语言（标题法）、单元词型主题语言（单元词法）、叙词型主题语言（叙词法）和关键词型主题语言（关键词法）等，它们可统称为主题法系统。标题法的检索标识是在编表时就固定组配好，即所谓“先组式”的。标题法、单元词法和叙词法都要对取自自然语言的语词加以规范化，而关键词法一般认为是直接使用自然语言不加规范，但其实它也要进行某种程度的规范化处理。标题法、单元词法和叙词法在表达各种概念及其相互关系的方法上各有特点，但许多方法是互相通用的。

（一）主题词语言概述

主题法自第一部标准的标题表《美国国会图书馆标题表》于 1909 年诞生以来，已有近百年的历史。近百年来，主题语言经历了从标题法到单元词法再到叙词法、关键词法的

演变过程。其发展趋势是从先组式语言向后组式语言发展，从列举式语言向组配式语言发展，从人工操作向着自动处理发展，从受控语言向着规范化语言与自然语言并用发展。

为满足科技人员从主题概念检索文献信息的要求，避免在使用体系分类语言检索文献信息时出现的主题概念、学科概念、分类号码之间的间接转换而导致误检，就出现了用来标引和检索文献的主题词语言。

所谓主题词语言，是指以自然语言的字符为字符，以名词性术语为基本词汇，用名词性术语作为标识的一种信息标识系统。与体系分类语言相比较，主题词语言有两大特点，其一，直接用能表达、描述文献内容特征的名词性术语作为标识来揭示文献的内容特征；其二，把这些标识按字顺排列成主题词表，以此作为标引、检索文献的工具。

主题词语言是一种描述语言，即用自然语言中的名词、名词性的词或词组来描述文献所论述或研究的事物概念（主题）。文献的主题则是文献研究、讨论、阐述的具体对象或问题。主题词是主题词语言的核心，它是用以描述文献主题概念的名词性术语。这些名词性术语取自自然语言之中，有的经过规范化处理，有的本身就是自然语言中的一部分。所谓规范，就是对具有语义关系的语词，按文献检索的要求进行优选并限定其内容含义，以保证语词具有单义性，即一个主题词只能表达一种概念。对主题词的规范化处理，具体包括对词义的规范，对选用主题词的词类规范，对表现形式的词形规范等。

（1）词义规范：包括同义词、近义词、多义词的规范。

1）同义词的规范。同义词即多词一义词，常见的如学名与俗名、全称与简称等。同义词规范采用优选方法，保证一个主题词只对应一个概念，即把非通用概念的同义词规范成通用概念的主题词，如 Telecontrol（不规范主题词）规范为 USE Remote control（规范化主题词）。

2）近义词的规范。近义词即词义相近的词，一般选择较概括通用的词做主题词，如 test equipment（规范化主题词）或 UF testing apparatus（不规范主题词）。

3）多义词的规范。多义词即同形异义词，可以用范围注释对其语义进行限定，如 Operating systems 用（computer）限定。

（2）词类规范。名词或名词性的词、词组可以作为主题词，其余词类则不能单独作为主题词，必要时，可与名词或名词性的词或词组共同构成主题词，如 Microcomputers、Testing，即用 Microcomputers 限定 Testing。

（3）词形规范。词形规范主要指词组的正叙式、倒置式、并列式的处理，以免使排检发生歧义。

1）正叙式。将事物的名称或过程的名词或名词性的术语直接作为主题词，如 Personal computers UF Computers 规范为 Personal。

2）倒置式。将事物或过程名称放在前面，后面加上进一步表示特性的修饰性词语，中间用逗号分隔，这样便于使同一类事物的文献相对集中，如 Computers，Personal USE Personal computers。

3）并列式。将既有联系又各自独立的事物或概念并列起来，如 Roads and streets。

主题词语言具有以下主要特点：

（1）直观性强。主题词来源于自然语言，用主题词作为标识比较直观，符合人们的辨识习惯。主题词在词表中按字顺排列，易于利用。

（2）专指性强。用做主题词的语词标识一般都经过规范化处理，一个标识对应一个概念，使主题词对概念描述具有专指性。

（3）灵活性强。通过主题词之间的概念组配来揭示文献中形形色色的主题，这是主题词语言的主要优点。尤其是后组式主题词语言的组配原则，便于人们按照检索需要，自由组配检索概念，具有很大灵活性。

利用主题词语言进行文献信息检索时，首先要对检索课题进行主题分析，对照主题词表选择专指度最高的主题词，再按主题词查阅检索工具，即可获得所需文献线索。

（二）主题词语言的类型

目前，常见的主题词语言有标题词语言、单元词语言、叙词语言和关键词语言。

1. 标题词语言及标题表

首先我们来看什么是标题词。标题词就是指来自普通语言中那些比较定型的事物名称，而且经过规范化，用以表达文献主题内容的词、词组或短语。

由这种标题词组成的检索标识系统，就称为标题词语言。标题词语言以规范化的自然语言作为标识，来表达文献的主题。全部标识按字母顺序排列，这是主题法中最早出现的一种检索语言。由于它是一种以标题词（规范的事物名称、名词术语）作为文献主题内容的标识和检索标识的先组式主题词语言，因此使标引和检索工作变得一目了然。现在常用的标题词语言有美国《工程索引》（EI）的SHE和美国《化学文摘》（CA）的SIG两种。

标题词语言的性质

标题词语言具有下述几个性质：

（1）直接性。标题基本上是用事物的名称直接表达文献主题，或者说它是直接指出文献内容所论述的事物。它不像分类号那样表示的是事物在某种逻辑系统（学科专业体系）中的位置。标题表达的即使是某学科专业时，也只是将它作为一种“事物”来对待。

（2）直观性。标题采用自然语言的语词形式作为其符号形式，因此，其含义比较直观，基本上可以“望文生义”。

（3）受控性（或称规范性）。虽然标题基本上是事物通常所用的名称，其字面形式也是通常所用的自然语言形式，但是，标题是受控制的，不是所有的事物名称或事物名称的所有自然语言形式都可以成为标题（正式标题）。标题只是选择那些可能成为文献主题的事物及其较为通用、准确、专指、检索效果好的名称，并设法实现名称与概念的唯一对应。

（4）语义关联性。虽然标题是直接表达事物的名称，并按字顺决定标题的位置，一般不直接表达事物（概念）之间的关联，但是，它一方面尽可能利用字面成族的机会反映标题之间的语义关系，如选用能字面成族的词，采用倒置标题形式，采用参照系统间接显示标题（概念）之间的关系。因此，在确定和使用标题时，不能忽视它的语义关联性。

（5）先组性。标题基本上是一种先组式标识。一个标题可能只有一个部分，也可能是由几个部分组成。当它是由几个部分组成时，一般是预先组合好了的。即使少数标题没有组合好，其使用时的组合也是预先设计好了的。

（6）示范性。标题词语言是一种先组式或列举式的语言，用标题词语言进行主题标引，大多数情况下是直接从标题表中选择现成的标题。但是，现成的标题具有示范性，这意味着，标引所用的标题不必总是已经列举的现成标题，标引人员可以参考现有标题，自拟一些新的标题表达现有标题没有表达（必须是确实没有表达）的事物，特别是新的事物。

标题词语言的特点

标题词语言的特点主要由标题的性质所决定，标题词语言具有下述显著特点：

(1) 用受控的自然语言语词做标识，直观地表达主题概念，直接地标引文献。

(2) 以字顺序列组织标识，提供直接的主题检索途径，有利于进行特性检索。

(3) 主要用参照系统间接显示标题所表达的主题概念之间的关系，形成语义网络，能为选用标题进行标引和检索提供一定方便。

(4) 按事物集中文献，而不是按学科、专业集中。因此，标题语言适合于从事物出发的检索，不适合于从学科出发的检索，不便族性检索。

(5) 提供先组式的主题标识，标识含义比较明确，选用标识比较容易。但是，多途径检索的可能性较小。

(6) 标引所用的标题不必都是标题表所列举的现成标题。允许必要时自拟标题表达新的或没有列出的主题概念，适应能力较强。

标题的类型

标题（标题词）是作为主题标识的经过规范化的语词或事物的“名”，是指主题标识的具体字面。标题法是按事物集中有关文献的。因此，在一个标题下，常常集中了关于一种事物的许多方面的资料，涉及相当于分类法中的好多个类目的范围。这些资料，如果集中在同一个标题下而不加区分，对检索也会造成困难，导致甄别量增加，而查准率降低。所以，同一标题下的内容有细分的必要。

为了对同一标题下的内容加以细分，此外还为了一些其他目的（如集中同族事物），在实践中采用了一些不同的方法，形成了标题的不同类型（也即标题法的不同类型）。

(1) 单级标题。这是一种只采用一个标题级别为标目的方法。全部标题词只有一个概念等级，不管标题词含义宽还是窄，一律不再细分；所有标题词在索引中都是平等的，没有等级从属之分，即一个标题仅由一个名词术语构成，它可以是一个单词，称单词标题或元词标题（如“肠”），也可以是一个词组，称词组标题或复词标题（如“肠梗阻”），但都只有一级，所以称为单级标题。有些标题系统只采用单级标题形式。这种标题系统的优点是比较简单，缺点是专指性差，在一个标题下往往集中资料太多，不便检索。补救的办法是多用复词标题，以稍增专指度。

【例2-1】《科学技术文献索引——医学》（1965年）片断

牙

　参见：23279　24175　24440

　24161 早产儿童服土霉素引起变色

牙外科手术

　24180 用于快速舰和其他小船的轻便牙科手术

牙修复术（参见：口腔各科手术—牙外科手术）

……　……………………………………

(2) 带说明语的单级标题。例如，“液压传动，用于机床的”，“期刊，化学的”，“期刊，信息密度，统计法”。这相当于一个复词标题。用说明语表达复杂概念比较自由，既能表达事物的特称，也能表达事物的方面，可以达到较高的专指度；但比较冗长，排列次序不够明确。

【例 2-2】冬虫夏草

冬虫夏草和人工培养虫草菌丝的药理作用比较 0383

【例 2-3】

酞络合物

用为碱土元素络合滴定的指示剂 11.457

酞酸二甲酯

分析，近红外光谱法测定 H_2O 8.323

酞酸氢钾

滴定，电位法，应用组合电极 7.529

酞紫

用于分光光度法测定水溶液中的 Be 12.325

（3）多级标题。多级标题是指根据概念之间的等级层次关系，在标题词之间设立若干个等级，将标题词分为一级标题（主标题）、二级标题（子标题）、三级标题（次子标题）……，下一级标题是上一级标题的某一部分或方面。多级标题可采用组配符号“—”连接。

【例 2-4】我国《化学文摘》第四分册 1963 年度主题索引片断

肽①

测定，三氟乙酸红外光谱法③ 4.424④

分离，离子减速树脂除去无机盐类 10.538

分析，伯氨基的测定，硼氢化钠还原光度法 3.532

检定，色谱法 6.508

数据，色谱法 11.548，12.484

苯酯基肽②

分离检定，薄层色层法 10.583

母体氨基酸缩合成的肽

数据，色谱分析 9.522

游离 NH_2 基的肽

分离检定，薄层色层法 10.583

肽类

测定，质谱法 4.532

分离，纸上色层法 8.408

分析，异羟肟酸比色法测定酰基 9.544

数据，色谱分析 9.522

促肾上腺皮质激素系的肽类

数据，色谱分析 9.522

【例 2-5】《机械科学技术资料简介》年度主题索引片断

阿尔及利亚①—螺旋焊管② 15812④

安全阀，钻井泵用③ 13307

安全装置，木工刨床 13970

铵盐镀锌液 15700

奥地利—潮汐发电机组 13368

　　—连铸机 14307

奥氏体钢—焊接，与珠光体钢 13095

说明：①一级标题；②二级标题；③说明语；④文摘（题录）号。

（4）倒置标题。即将复词标题中具有检索意义的后置部分依次作为入口词前置，并用逗号“，”与原入口词连接的标题形式称为倒置标题。

【例2-6】

军用飞机	飞机，军用的
Military Aircraft	Aircraft，Military
运输飞机	飞机，运输
Transport Aircraft	Aircraft，Transport

可见，倒置标题一方面有集中资料的优点，另一方面有在检索时难于判别从哪个词入手查找才不至走弯路的缺点。

（5）带限定词的标题。如“图书馆学（辞典）”、“桔（树）”、“桔（水果）”。限定词一般都置于括号中，用于作形式复分，或区分两个字面相同但无法用其他方式区分的标题。

（6）混合标题系统。在标题法实践中，常同时采用上述几种标题形式中的若干种。这种混合标题系统的优点是可以提高检索效率，查找比较方便，但结构复杂，编制标题表和编制检索工具都比较困难。

标题词的范围及选词原则

标题词的职能，是直接地、精确地表达文献所论及或涉及的事物，即主题。因此，自然界、生产技术领域、社会政治、经济、文化领域以及人类思维活动领域的一切事物，不论是具体的，还是抽象的，凡能成为研究对象者，其“名”在原则上都可作为标题词。

标题词包括：各种事物的名称；表示事物性质、现象、过程等的名词术语；表示方法、措施、工艺等的名词术语；表示科学门类、技术部门、理论、学说、定理、定律、方程、假说以及哲学概念等的名词术语；地名、人名、机构名、作品名、文件名、产品名等。

这些名词术语可以是单词，也可以是词组；可以是普通名词，也可以是专有名词。但是，除名词及名词性词组以外的其他词类，则一律不采用。

标题词着眼于对文献主题进行直接标引，而不着眼于描述文献主题，因此，一些泛指性的一般名词术语（如“零部件”、“材料”、“设备”、“设计”、“制造”、“会议”等词以及年代等概念），不能作为主标题，而只能作为副标题使用。表示文献类型的名词术语（如“手册”、“期刊”、“目录”、“索引”等），除其本身成为研究对象时可作为主标题外，也不能作为主标题使用。

标题词必须符合下列要求：

（1）具有检索意义。这是指必须选择用户有可能用来作为检索标识表达其检索课题的词作标题。因此，对那些不大可能成为检索入口的词（如太泛指的词）不应选作标题，至少是不应作主标题，如“历史”、“研究”等。

（2）适当专指度。标题词必须符合直接地、精确地表达文献所论及或涉及的事物（主题），以达到一个标题词只代表一个概念的要求。因此，严格的标题法规定不得用含义比主题广泛的标题词来进行标引。这要求标题词必须有较高的专指度，以发挥标题词语言特性检索的优势。但是，要达到所有标题对待标引的主题完全精确地专指，较为困难，并可能得不偿失。因为高度专指的标题会进一步削弱标题语言本来就不强的族性检索功能，极大地增加标题数量。

（3）通用性和准确性。通用性是指必须选用能被普遍接受的词作为标题词，例如，应采用“温室园艺”而不应采用“保护地栽培”作为标题词，因为后者很少被使用。但是，通用性必须以准确性为前提。准确性是指标题的字面形式与其表达的概念应该吻合，例如，“肺病”这个名词一般指肺结核病，很通用，但不如“肺结核”这个名词准确，所以应采用“肺结核”这个名词作标题词。

（4）唯一性。这是要求一个概念只能用一个标题表达；一个标题只能表达一个概念；一个标题只能用一种字面形式；同性质的标题字面形式应尽量一致。唯一性是标题控制的主要目的。

标题词表

标题表即标题词表，它是标题词的汇编，是一部标题词典。标题表的主要作用如下：

（1）登录经过控制的标题（正式标题）和非标题（非正式标题），并不断予以更新完善，是标引和检索选用标题的依据。

（2）不仅按字顺组织标题和非标题，而且用参照系统显示标题之间以及非标题和标题之间的关系。既便利查找和准确选用标题，又便于检索时的扩大、缩小和改变检索范围。

（3）详细的注释和说明提供标引和检索使用标题的方法指示，为正确、一致地使用标题提供保证。

（4）体现标题控制的原则，提供标题控制的示范。标题表的使用者可以根据规则拟用标题表没有列举的标题。

标题表的结构

一部标题表一般由下列三部分组成：

（1）编制和使用说明。它通常表现为标题表的导言或单独的使用（标引）手册。基本包括标题表的编制过程、编制体例、收词的范围、选词的标准、标题控制的原则、款目著录的规则和排列方法、所用符号的意义、具体的标引规则，以及其他一些重要信息等，是了解和掌握标题表的向导。

（2）主表。标题表的主表，或称字顺主表，是标题表的主体部分。它按标题和非标题的字顺排列。标题是在词汇控制过程中被选中的词，可用于标引和检索，又称为正式标题。非标题是在词汇控制过程中落选的，但有可能和有必要作为入口词收录在标题表中，指向代替它的正式标题的那些词，又称非正式标题或入口词。

（3）副表。标题表的副表是主表的辅助部分，它的表现形式有几种：一是复分标题表或副标题表，它相当于分类语言的各种复分表，只供与主表中的主标题结合使用，也叫标题细分表、子标题表；二是复分标题索引，它与复分标题表不同，它只是提供直接查找复分标题的字顺途径，没将复分标题从主表中抽出；三是标题分类（范畴）表，它是将主表中的标题按照某种分类体系予以排列，在各类目下列出相应的标题，便于从学科、专业角度出发查词选词。一部标题表可以没有副表，也可以有一种或两种副表。

标题词款目的结构

标题表的主表由众多的标题词款目组成。标题表中对一个标题或非标题的完整记录，称为一条标题词款目。标题词款目由以下几部分构成：

（1）标题。它居于标题词款目的起始处、决定款目在标题表中的排检位置。标题可以取正写的形式，也可以取逆写的形式（即倒置标题）。

（2）标识。往往是标题对应的分类号或标题词款目的编号（字顺序号）。通过标题后的分类号可加强标题目录与分类目录的联系，甚至可以充当分类表的字顺索引。字顺序号用于标题表的管理。

（3）注释。通常包括含义范围注释、编目注释、标引方法注释或历史注释（说明标题演变的情况）等，是用户和标引者了解标题的含义及其标引、检索方法的不可缺少的内容。

（4）参照。包括与标题等价的非标题以及有关的下位标题、上位标题、相关标题以及其他方法指示，用以揭示标题与标题之间的联系，以便用户查词选词。

（5）副标题。有些主标题后带有副标题，可以看成是对主标题含义限定和对主标题下著录文献的划分。通常分为地名复分标题、时代复分标题和形式复分标题。副标题后可以带相应的分类号、注释和各种参照，还可以设置次副标题。

【例2-7】（摘自《美国国会图书馆标题表》）

Reference books
  [Z711]
  UF Bibliography—Reference books

      Books, Reference
      Libraries—Reference books
      Reference books, English
  BT Bibliography
      Books and reading
  NT Bibliography—Best books
      Children's reference books
      Encyclopedias and dictionaries
—Bibliography
[Z1035]
  BT Bibliography—Best books
      Bibliography—Bibliography
……

2. 单元词语言与单元词法

单元词法脱胎于标题法，它是作为对标题法先组式标识的改革而出现的。单元词语言是主题法系统中的一种后组式语言。

单元词法目前已发展为叙词法。也可以说，它已被叙词法取而代之而不复存在。但是，了解它的原理、方法和性能，不仅有助于深入了解叙词法，也有助于进一步了解标题法。

单元词法同标题法一样，也是以取自自然语言并经过规范化处理的语词作为标识，来表达文献所论及或涉及的事物。

单元词又称元词。它是从文献中抽取出来的、能表达文献主题的最小最基本的词汇单位。在汉语中，它可能是一个单纯词，如“氧”、“逻辑”、“马克思”、“乌鲁木齐”等；也可能是一个合成词，如“文字”、“图书馆”、“车床”、“铁路”、“隔音”、“焊接”、“污染”、“强度”等。这些词的特点是：它们在概念上不能再进一步分解；如果再分解，便不能表达专业概念，失去检索意义。例如，“车床”一词不能再进一步分解为“车 + 床”，“铁路”一词也不能再进一步分解为“铁 + 路”。因此可以说，单元词只是构成“标题”的构件，它们本身绝大部分不是具体的标题，或者说只是一些不符合“直接地精确地表达文献主题”这一基本要求的“标题词”。

单元词法的主导思想为：尽量避免选用词组或短语去表达复杂概念，尽量选用最基本的词汇单位（即元词），并通过若干个这种词的组配（逻辑积）去表达复杂概念。这是它与标题法的主要区别。若干单元词的相互组合或组配，才能构成一个专指标识，精确表达文献主题或检索课题。例如，将“隔音”和“纸”两个单元词进行组配，便可构成“隔音纸”这个“标题”；将“隔音”和“板”或者“塑料”和“板”两个单元词进行组配，便可构成“隔音板”或者“塑料板”这些“标题”；而如果将“塑料”、“隔音”和“板”三个单元词进行组配，便可构成“塑料隔音板”这个更为专指的“标题”。

单元词法的特点，在于它的“标题”是组配构成的，而且是“后组式”的，即到检索时才将它们组配起来。后组式标识是单元词法的重要特点。它的一些优点都是由这个特点决定的：摆脱了标题法中每个标题只能选择一种标题形式作为正式标题的局限；不存在词序问题；组成“标题”的每一个单元词都是排检词，都可作为检索的“入口”，从而可提供更多的检索途径；利用对单元词的增减，可以自由地扩大、缩小或改变检索范围等。

3. 叙词语言与叙词表

叙词语言是一种较新型的标引语言，它综合了多种检索语言的原理和方法，借鉴了分类法按学科范畴分类的原理，吸收了标题词语言对标题词进行严格规范化控制的特点，并能较好地适应自动化检索系统和检索方法的需要，是目前世界上最常用的检索语言。

叙词是指来自文献或用户并经过严格的多方面控制、用以表达文献主题或信息需求的单义词或代码。叙词语言是一种后组式主题语言。

叙词语言的原理

叙词语言是以受控的自然语言词汇作标识，主要以标识的概念组配来表达主题概念的一种后组式主题语言，我国又称之为主题词语言。它既以单元词语言为直接基础，又综合了多种标引语言的原理和方法，包括：

（1）它保留了单元词法单词组配的基本原理。

（2）采用了组配分类法的概念组配来代替单元词法的字面组配，以及适当采用标题法的预先组配方法（即采用词组），以克服某些词分拆后再组配时产生意义失真的缺点。

（3）采用了标题法对语词进行严格规范化的方法，以保证词与概念的对应。这是标题法的基本方法之一。单元词法对单元词的规范方法也取自标题法。

（4）采用并进一步完善了标题法的参照系统，采用了体系分类法的基本原理编制叙词分类索引（范畴索引）和等级索引（词族索引），采用了与关键词法类似的方法编制叙词轮排索引，从多方面显示叙词间的相关关系，以保证准确、全面地选用叙词进行标引和检索。

由此可见，叙词语言是多种信息标引语言的原理和方法的综合，它力图取各法之长而避其之短，体现了标引语言的发展趋势。叙词语言按其基本性质，是一种采用表示单元概念的规范化语词的组配来对文献主题（更确切地说是对文献的信息内容）进行描述的后组式词汇型标识系统。

在叙词语言所采用的多种标引语言原理和方法中，概念组配是决定着它的特点和性能的基本原理。

概念组配与字面组配在形式上有时相同，有时不同。但是，在本质上两者是不同的。概念组配与字面组配的区别主要表现在以下两个方面：

（1）两者的本质不同。概念组配本质上是在概念分析的基础上进行概念综合。概念组配结果所表达的概念与参加组配的各方所表达的概念在逻辑上是有联系的，往往表现为下位概念（种概念、部分概念、方面概念）与上位概念（属概念、整体概念、事物概念）的关系。字面组配是利用构词法进行词的分拆和组合，它符合构词规律，但是，不一定符合概念逻辑，字面组配的方法比较简单、直接，但是，对概念的表达时常不够准确。字面组配和概念组配在字面形式上有时是一致的，但是，这仅仅是因为字面组配的构词结果和概念组配结果的字面表达正好吻合，并不说明二者在本质上的相同。

例： 单元词法　　叙词法

汽车运输 = 汽车 + 运输　　汽车运输 = 汽车 + 运输

当一个概念由几个概念构成，而这些概念所用的词不一定就是原概念所用的一部分时，用单元词法就无法对它进行分解或组配。

例： 数控车床≠数控 + 车床，　　数控车床 = 数控机床 + 车床

信风≠贸易 + 风　信风≠信 + 风　　信风 = 气象学 + 地理学

概念组配与字面组配在形式上有时相同，有时不同；而从性质上来看两者区别是很大的。字面组配是词的分析与组合（拆词）；概念组配是概念的分析与综合（拆义）。

（2）两者的词汇单元不同。单元词是字面上不能再分的词汇单元，相对来说，独立表达能力较差。叙词则具有概念特征，尽可能选用能够表达学科或事物的基本概念的语词，不仅收单词，而且收词组，对主题的表达能力较强。例如，按照单元词的要求，“雪崩二极管”必须分拆成“雪崩”和“二极管”，“橡胶工业”必须分拆成“橡胶”和“工业”；而叙词语言则可以把“雪崩二极管”和“橡胶工业”作为单元概念的语词，直接收入。因此，叙词对文献概念的揭示往往更准确。例如，在标引橡胶工业的文献时，单元词法用“橡胶”和“工业”两个词组配，会出现“橡胶工业”和“工业用橡胶”两种含义，而叙词法则可以直接用“橡胶工业”加以标引，不会引起误解。

叙词语言综合了多种标引语言的原理和方法，并以概念组配为基本原理，因而具有多种有益于标引和检索的特点，如下：

（1）叙词语言所采用的概念组配原理，使其避免了语词字面组配可能产生的概念表达误差，不仅保证了组配语义的准确性，提高查准率，而且也减小了采用复杂句法控制措施的必要性，简化标引和检索。

（2）叙词语言不仅采用了完善的参照系统，而且还使用了多种其他方法显示概念之间的关系，从而增加了查词途径及准确理解和选用叙词的依据，有利于提高查全率和查准率。

（3）灵活的叙词组配使叙词语言具有较强的概念表达能力，能专指、及时地表达各种复杂、新颖的主题。

（4）叙词语言提供检索同一课题的多条途径，也允许多主题因素检索或增减主题因素进行检索，在检索上有较大的灵活性。

（5）能同时适用于标识单元方式和文献单元方式的检索系统，兼顾手工检索和计算机检索的需要，特别有利于发挥计算机检索系统的优越性。

叙词作为标引和检索人员之间的共同语言，是通过叙词表来实现的。

叙词表

叙词表的结构比较复杂，一般由一个主表和若干辅表构成。

（1）叙词字顺表。叙词字顺表一般是叙词的主表，它是将叙词和叙词完全按字顺排列，并有标注事项和参照系统。

（2）叙词分类索引。叙词分类索引也称分类表或范畴索引，是一种重要的辅助索引。这种索引便于从学科或专业的角度来选用叙词。

（3）叙词等级索引。叙词等级索引也称族系表或词族索引，其利用概念等级关系将叙词汇集在一起成为一族，构成一个从泛指叙词到专指叙词的等级系统。

（4）叙词轮排表索引。叙词轮排表索引也称轮排表。它是利用字母成族的原理，将有相同单词的词组叙词集中在一起，排列在该个单词之下，从而可以从该单词出发，查出某一个或全部含有该单词的词组叙词。

（5）叙词双语种对照索引。如英汉对照索引等。

（6）专有叙词索引。如地区索引、人物索引、机构索引等。

各种叙词表的款目著录项目并不一致，款目著录格式也存在一定的差异。下面就《汉语主题词表》予以说明。

《汉语主题词表》是由原中国科技情报所和原北京图书馆主编、科学技术文献出版社1980年出版的我国唯一的一部大型、综合性词表。它既适用于科技，也适用于作社会科学文献的主题标引。有许多专业性词表（如机械工程主题词表）都是在其基础上筛选而派生的。

该词表由主表（字顺表）、附表、词族索引、范畴索引和英汉对照索引组成，共分三卷10个分册。第一卷是社会科学（有2个分册），第二卷是自然科学（有7个分册），第三卷是附表部分（有1个分册）。整个词表共收录主题词约10万条（108568条），其中正式主题词91158条。使用词表或其各种索引，均须通过主题词的汉语拼音查找。

《汉语主题词表》是一部叙词表，所采用的主题词之间的相互参照用一套大写字母表示。例：

Xianxiangguan①	①汉语拼音
显像管［56CE］②	②汉语主题词和所属学科范畴代号
Kinescope③	③英语主题词
Picture tube	

D 电视显像管④	④代（dai），非正式叙词
监视管	
F 彩色显像管⑤	⑤分（fen）下位词
黑白显像管	
S 电子束管⑥	⑥属（shu）上位词
Z 电子管⑦	⑦族（zu）族首词
C 显示管⑧	⑧参（can）参见词
指示管	
电视显像管	
Y 显像管⑨	⑨用（yong）正式叙词

由此著录格式可见，《汉语主题词表》的每一个汉语主题词均附有对应的英文主题词，因此在一定程度上，《汉语主题词表》又起着综合性的汉英、英汉简明词典的作用。此外，当检索国外的文献信息（国际联机或手工检索），或写文章投稿而不能确定对应的英文主题词时，《汉语主题词表》也是一部标准的工具。

正式叙词款目著录格式举例如下：

汉语拼音→	Dian zu han	
款目主题词→	电阻焊 ［66L］	←范畴号
英文译名→	Resistance welding	
代项符号→	D 接触焊	←非正式主题词
分项符号→	F 点焊	←下位主题词
	缝焊←	
	凹焊←	
属项符号→	S 加压焊	←上位主题词
族项符号→	Z 焊接*	←族首词
参项符号→	C 电阻焊机	←相关主题词

非正式叙词（非正式主题词）款目著录格式举例如下：

	Jie chu han	
款目非正式主题词→	接触焊 ［66L］	
用项符号→	Y 电阻焊	←正式主题词

叙词表主表的款目词（正式叙词和非正式叙词）一般按字顺排列。汉语叙词表和外语叙词表有不同的字顺排列法。

汉语叙词表的款目词一般按汉语拼音顺序排列，具体方法如下：

（1）音节—音调—字形顺序排列法。这是先按每个字的汉语拼音字母顺序排列（即音节本位排列法）；字母相同时，再按音调排列；音调相同时，按字的笔画笔形排列。这样可以将相同汉字开头的词集中（同形不同调的汉字被分开），也便于配备款目词首字的拼音、部首、笔画等检字索引。

（2）音节—字形顺序排列法。这是先按每个字的汉语拼音字母顺序排列；字母相同时，不区分音调，而按字形（笔画多少和起笔笔形）排列的方法。《中国档案主题词表》就是采用这种方法。它与上一种方法基本一致。

（3）逐字母排列法，即字母本位排列法。它是以整个词的全部汉语拼音字母，逐个字母地排比次序。此法便于计算机排序，但是它将相同首字起头的款目词分散，给查词带来不便，也丧失了配备款目词首字检字索引的可能性。

在采用某种基本的排列方法的同时，一般将以数字和外文字母等开头的款目词单独排列，置于字顺表的最后或最前。词内所含的数字、外文字母等可按原字符形式，以规定的排序值大小排列；或者赋予拼音字母后再排序。词内所含的标点符号、括号、连字符等一般不参加排序。

外语（西文）叙词表的款目词排列法主要有以下两种：

一是逐字母排列法。它将单词之间的空格以及除圆括号、数字、字母外的其他符号忽略不计，而按括号、数字 0 ~ 9、字母 A ~ Z 的顺序逐位排列。这种方法采用较少。

二是逐词排列法。它是依次按每个单词的字母顺序排列。有连字符的复合词作两个词计；除字母、数字、括号外的其他符号作空格处理。这种方法采用较多。

4. 关键词语言

关键词语言的原理

关键词法是适应目录索引编制过程自动化的需要而产生的。它与标题法、单元词法和叙词法同属于主题法系统，它们都是以自然语言的语词作为标识。但是，标题法、单元词法和叙词法都是要对取自自然语言的语词加以严格的规范化处理的，而关键词法则基本上不作规范化处理，或者说仅作极少量的规范化处理。

所谓关键词，是指那些出现在文献的标题（篇名、章节名）以及摘要、正文中，对描述文献主题内容具有实质意义的语词，亦即对提示和描述文献主题内容来说是重要的、带关键性的（可以作为检索“入口”的）那些语词。关键词有点像单元词。但单元词是在同义词和近义词中作优选的，而关键词则不作优选，甚至对同一个词的单复数和变格等词形变化也不加统一而保持作者用词原状，同义词、近义词、一个词的不同形态并存。所有的关键词都是平等的，全部按字顺排列。若干关键词的结合构成一条索引款目，说明一篇文献的主题内容；但全部关键词在检索系统中却彼此孤立，没有任何联系。

概括地说，关键词法就是将文献原来所用的，能描述其主题概念的那些具有关键性的词抽出，不加规范或只作极少量的规范化处理，按字顺排列，以提供检索途径的方法。

具体地说，关键词语言的原理如下：

（1）直接抽取文献中或题名中的语词做标识，对作为标识的词不加规范或只作极少量规范处理。基于题名，尤其是科技文献的题名贴切表达其内容的比例较高，从题名中抽取的关键词一般可以有效地将检索者指向所需的文献；保留题名关键词的上下文有助于增强主题表达的明确性和专指度，关键词语言一般以题名作为关键词的唯一来源或主要来源。关键词语言对抽出作为关键词的词，一般不加规范，即保持它在原文中的词义和形式。但是，为了便于计算机处理，在文献著录过程中，可能要求对题名甚至文摘中的某些词或符号予以改写，如数学符号、化学符号、希腊字母等的改写，词的缩写，连字符的增删等，这可以说是对关键词作极少量的预先规范化。

（2）不编制受控词表来进行词汇控制，不显示词间关系，只是编制禁用词表（非关键词表）来控制抽词。所谓禁用词表或非关键词表，是将那些没有实义或无检索意义的词，如冠词、介词、连词、感叹词、代词及部分形容词、副词、动词等非关键词，预先编制成表，以便于计算机自动抽词或人工抽词时，排除这些非关键词，抽出关键词。各专业的禁用词表因专业用词情况不同而可以有所不同，在人工辅助抽词时，禁用词表的包括范围可以适当扩大。有些计算机抽词系统也可能编制关键词表，将相应学科专业文献中有检索意义的、可以作为关键词的词，按字顺编排成表，存入计算机内，用以与题名、文摘或正文中的词相比较，将匹配的词选作关键词。这种关键词表，有些还显示一些词间关系，如等同关系，但它不同于受控词表，不进行严格的词汇控制，编制比较简单。

(3) 每个关键词都是平等的，都按字顺轮流排至检索位置，提供多途径的主题字顺检索。一般地，每一文献的关键词有多个，它们不仅都能作为检索入口，分别提供主题字顺检索途径，而且共同表达文献主题，有时还与非关键词一起表达主题概念。

关键词索引的类型

关键词法的原理得到了广泛应用，出现了多种关键词索引形式，大体上可分为两类：一类是带上下文的关键词索引，包括题内关键词索引、题外关键词索引和双重关键词索引；另一类是不带上下文的关键词索引，包括单纯关键词索引、词对式关键词索引和简单关键词索引。

(1) 题内关键词索引（KWIC Index）。题内关键词索引（Keyword in Context Index），又称上下文关键词索引，是最早出现的关键词索引形式，也是最早利用计算机编制的一种索引。

题内关键词索引的每个款目占一行，由三个部分组成：作为检索入口的关键词，居于中间；作为修饰词的上下文，包括将轮为关键词和总是非关键词的词，居于关键词前后；作为文献地址的文摘号，位于最后。每个关键词都将依字顺排至检索入口位置一次。款目内关键词及上下文的词序保持题名中的词序，不过，由于每个款目的长度有限制，一般每行60个字符（包括空格），因此，以处于检索入口位置的关键词为中心，前后的上下文可能会移头接尾、移尾接头，甚至截除两端。因计算机是自动地根据字符数量限制进行上下文的转移和截除，索引款目中会出现不完整的词。对于题名的开头、结尾、截除部分，有可能用或不用特定符号表示。

有些题内关键词索引还从文摘或正文中抽取必要的关键词置于题名后作为补充，参加轮排。例如，美国《生物学文摘》的主题索引就是题内关键词索引，它的索引款目除包括题名之外，还包括人工增补的几类关键词，如文献类型，生物体名称，器官系统，药物及其作用模式，化学名称，酶名称，设备、仪器、方法，疾病名称，实验目的，地理位置等，它们接在题名之后。索引款目中可能出现斜线（/）标明题名或题名与增补关键词的结尾及题名的开始；当两端的上下文都有字符被截除时，则没有标专业符号。索引款目依处于检索入口位置的关键词字顺排列，关键词相同的款目，依关键词后面的语词字顺排列，且关键词不印出而留空白；数字关键词在字母之后依数字大小排序。下面是该索引结构的一个例子。

SUBJECT CONTEXT	KEYWORD	REF. NO.
NAL VARIATIONS AMONG	SCORPION TOXINS NTRUROIDES – SUFF	107366
ROTEIN COMPOSITION OF	SCOTCH PINE BUDS IN DIFFERENT PERIOD	101431
INEREA RHIZOCTONIA – SP	PINE DOUGLAS – FIR CLIMATE SOIL	105524
SPHOPROTEIN RIPENING	SCOTLAND UK/PHOSPORUS METABOLI	100223

题内关键词索引节省篇幅，但款目可读性受上下的转移和截除的影响，不太理想。

（2）题外关键词索引（KWOC Index）。题外关键词索引（Keyword out of Context Index）是题内关键词索引的改良型索引，它是将检索入口位置放在题名之外，即将检索入口的关键词置于题名的左端或左上方，题名的词序不变，款目依检索入口位置的关键词字顺排序，款目的最后也是文献地址。例如，对一篇题名为《论数字图书馆的模式》的文献，若其编号为123，可编成如下三条题外关键词索引款目，依字顺排在相应位置：

模式	论数字图书馆的模式	123
数字	论数字图书馆的模式	123
图书馆	论数字图书馆的模式	123

题外关键词索引使检索入口位置的关键词醒目，款目的可读性好，但索引篇幅比题内关键词索引稍大。

（3）双重关键词索引（DKWIC Index）。所谓双重关键索引（Double KWIC Index），是指一个款目有两个关键词作双重标目（一个主标目和一个副标目）的关键词索引。例如，上一篇文献可生成下列双重关键词索引款目：

模式
　　模式/论数字图书馆的　　123
　　图书馆的模式/论数字　　123
数字
　　数字图书馆的模式/论　　123
　　图书馆的模式/论数字　　123
图书馆
　　模式/论数字图书馆的　　123
　　数字图书馆的模式/论　　123

双重关键词索引便于查阅，易读性好，但篇幅庞大，实用性较差。

（4）单纯关键词索引。单纯关键词索引，是指款目不包含非关键词，纯粹由多个关键词及文献号构成款目并轮排的关键词索引。例如，上一篇文献可生成三条纯关键索引款目：

模式	数字	图书馆	123
数字	图书馆	模式	123
图书馆	模式	数字	123

这种关键词索引的关键词一般不只来源于题名，一篇文献的关键词可以分成几组构成几组索引款目，因此可对文献作较深的标引而保持较小的索引篇幅。但是，由于它不带上下文（非关键词）而无语法结构，轮排时不考虑原有词序，索引款目的含义明确性差。

（5）词对式关键词索引。这是每次只取文献多个关键词中的两个配对构成索引款目并轮排的关键词索引。例如，上一篇文献生成如下六条词对式关键词索引款目：

模式	数字	图书馆
数字　123	模式　123	模式　123
图书馆　123	图书馆　123	数字　123

如果一篇文献有 N 个关键词，进行全面配对轮排，就会生成 $N\times(N-1)$ 个索引款目，因此，这种索引可以达到较深的标引而不显著增加篇幅。虽然款目的专指性较差，但必要时可进行组配检索。

（6）简单关键词索引。这是索引款目只有一个关键词的关键词索引。一般每个关键词后会有许多个文摘号，例如：

模式	123	124	126	129	133
数字	123	125	126	128	131
图书馆	123	124	127	130	134

这种索引的质量较差。检索时，可以从一个关键词入手，根据其后的文摘号转查文摘，以便作出较准确的相关性判断；也可以从表达课题的几个关键词入手，将关键词所附的文摘号进行对比，根据相同的文摘号转查文摘。

关键词语言的性能

关键词语言作为标引语言和检索语言来说，质量比较差，其原因如下：

（1）由于关键词法直接采用文献中的自然语词作关键词，对自然语言中大量存在的等同关系词不加规范统一，也不显示等同关系，使相同主题文献常常因作者用词不同而被分排各处且无联系，导致漏检的可能性较大。

（2）关键词法不显示关键词之间的等级关系和相关关系，难以进行族性检索，特性检索的查全率也不高。

（3）为了加速和简化检索工具的编制过程，多限于从文献标题中抽取。由于一些标题对文献内容的表达不充分或不准确，会使关键词检索有一定的漏检或误检。

（4）在机编索引情况下，由于机械地抽词和轮排，其中有不少关键词款目是不起检索作用而徒增篇幅的。

尽管关键词语言具有以上那些缺点，但还是得到了广泛的应用，原因如下：

（1）标引时无需主题分析和查看词表，简便易行，因而降低了对标引人员的要求，节省大量人力。

（2）标引和索引编制易于实现自动化，从而显著节省时间，大大缩短了检索系统信息组织和报道的时差，保证了信息报道和传递的及时性。

（3）关键词是文献中使用的自然语词，表达主题比较直观、专指，可以保证较高的查准率。

当关键词法直接用于计算机检索系统时，可以用一种后控制词表来提高查全率。所谓后控制词表是只供检索的主导表，这种词表实际上是一种同义词、近义词和相关词的词汇。检索者可以从任何一个词出发，在后控制词表中查到它的一批同义词、近义词和相关词，从而可以提高查全率。这种词表的编制方法，是在检索过程中，由计算机将检索者所用过的同义词、近义词和相关词记录下来，逐渐积累而成词表。所以，它是一种不断增长着的词表。这种词表所显示的词间关系是不太精确的，并且要以对检索课题用词的积累为前提，所以还不可能把关键词法提高到比较完善的程度。但是，这种词表几乎不需花人力去编制，只要为计算机设计一个编制这种词表的程序，就可以让计算机自动地去完成编制词表的工作。

关键词法只有与电子计算机结合起来才有实用意义。但是在汉语中，一个汉字可与许多汉字进行不同的组合，构成不同词类的词，以及处于词组和句子中的各个词之间无明显的分隔标志等，都成为自动抽词的难点。这是我国采用关键词法有待解决的问题。而用人工辅助抽词，让计算机自动编排索引，是很容易做到的。如果要像使用拼音文字的语言那样，利用非关键词表来实现自动抽词，那么尚有许多困难要去克服。

检索语言是进行情报存储和检索的基础。每一种检索工具都采用了特定的检索语言来编制和提供检索途径。我们只有通过具体检索工具的使用，才能加深对检索语言的理解，进而更好地使检索语言为情报检索服务，提高检索效率。

第五节 《中图法》的使用方法实训

（一）实训的目的

熟悉并掌握《中图法》的使用方法。

（二）实训的内容

（1）了解和掌握《中图法》的编排体系及结构。

（2）利用附录《中图法》简表确定下列课题的类号及类目名称。

例如：《在英语教学中培养学生的英语思维能力》分类号：H3　类目名称：常用外国语

1）《生态美学与生态文明建设》（类号：　　类目名称：　　）

2）《高职机械制图与CAD课程改革探索》（类号：　　类目名称：　　）

3）《非线性电报方程组的双周期正解》（类号：　　类目名称：　　）

4）《十月太阳历溯源》（类号：　　类目名称：　　）

5）《论日常生活》（类号：　　类目名称：　　）

6）《浅谈地质矿产勘查项目质量控制》（类号：　　类目名称：　　）

7）《东西方生态哲学观比较》（类号：　　类目名称：　　）

8）《推进军队人才建设若干问题探讨》（类号：　　类目名称：　　）

9）《2012年中共党史研究若干新见》（类号：　　类目名称：　　）

10）《周易与人生智慧》（类号：　　类目名称：　　）

11）《论两岸统一的共同社会心理建构》（类号：　　　类目名称：　　　　　　　　）
12）《镍钼矿研究现状及发展趋势》（类号：　　　类目名称：　　　　　　）
13）《碱在过渡金属催化的有机化学反应中的作用》（类号：　　　类目名称：　　　）
14）《一种提高棒料多孔深孔加工精度的回转夹具》（类号：　　　类目名称：　　　）
15）《创业绩效研究述评》（类号：　　　类目名称：　　　　）
16）《槽式太阳能聚光集热器光热性能初步试验研究》（类号：　　　类目名称：　　）
17）《中国传统文化的当代价值与缺憾》（类号：　　　类目名称：　　　　　　　）
18）《考虑损伤效应的无铅焊锡材料的率相关本构模型》（类号：　　　类目名称：　　）
19）《创业网络、创业学习与新创企业成长》（类号：　　　类目名称：　　　　　）
20）《请用键盘代替鼠标，更快更健康》（类号：　　　类目名称：　　　　　　　）
21）《一种提高电源抑制率的线性稳压器设计》（类号：　　　类目名称：　　　　）
22）《矿井通风与安全监视系统设计》（类号：　　　类目名称：　　　　　　　　）
23）《浅论时政新闻如何创新》（类号：　　　类目名称：　　　　）
24）《矿山尾矿如何综合治理利用》（类号：　　　类目名称：　　　　　　　　）
25）《搜索引擎中基于内容的图像重排序》（类号：　　　类目名称：　　　　　　）
26）《我国信息化统计工作的现状与发展》（类号：　　　类目名称：　　　　　　）
27）《毛泽东对中国社会主义建设道路的初步探索》（类号：　　　类目名称：　　　）
28）《汉语方言语音变异过程的类型》（类号：　　　类目名称：　　　　　　　　）
29）《信仰纯粹性与鲁迅精神的当代意义》（类号：　　　类目名称：　　　　　　）
30）《知识产权保护和贸易对中国经济发展的作用》（类号：　　　类目名称：　　　）

（3）回答下列问题。

1）《中图法》依据的指导思想是马列主义和毛泽东思想，把一切知识门类按“________”分为马列主义、毛泽东思想、邓小平理论，哲学，社会科学，自然科学，综合性图书。

2）《中图法》有________个基本部类，________个基本大类，其中________类用大写字母X表示。

3）《中图法》是以分类号与类目名称作为标识系统的一种________语言，我国的检索工具，绝大部分都以它作为依据来标引文献。

4）《中图法》中，在“工业技术”大类中，由于工业技术的范围很宽，因此用两个字母的分类号表示各类，例如表示冶金工业类用字母串________表示。

思考题

1. 简述文献信息检索的含义及其原理。
2. 按内容划分，可将文献信息检索分为哪几类，各自的特点是什么？
3. 常用的检索方法有哪些？用图示法表示“追溯法”检索方法。
4. 简述文献信息检索的主要检索途径。
5. 简述文献信息检索的检索步骤。
6. 检索工具的含义是什么？

7. 一部完善的检索工具必须具备的条件有哪些？
8. 目录、题录、文摘、索引的含义是什么？
9. 文献信息检索语言的含义是什么？
10. 按检索词的规范程度划分，可将检索语言分为几类？
11. 标题词、单元词、叙词、关键词的概念分别是什么？

第三章　中文手工检索工具

第一节　中文检索工具概况及结构体系

一、概况

我国的科技信息检索工具体系的建立经历了一个从无到有、从翻译到自编的曲折发展过程。1956年，中国科学院情报研究所成立（1958年更名为中国科学技术情报研究所，简称中国情报所），标志着我国检索刊物的编辑出版工作开始走上了有领导、有组织、有计划的发展道路。同年，由该所翻译出版了苏联的《机械制造文摘》和《冶金文摘》。到1961年，翻译出版的苏联文摘增加到50种（分册），约占苏联出版的文摘杂志的二分之一。1985年我国检索期刊已增加到219种，年报道量140万条。1986年以后，根据需要对检索工具做了一些调整，至1998年检索工具已基本稳定在156种左右，年报道量为120万条。近年来，报道国内科技信息以文摘形式报道的检索刊物增加，月刊和双月刊增加，减少了时差，公开发行的检索刊物数量逐年上升。从20世纪80年代开始，检索刊物改由国务院各直属部门编辑出版，保证了检索刊物的完整性和系统性。

目前，我国编辑出版的检索刊物正走向计划化、标准化、协调化，一个较为完整的检索刊物体系已经基本形成。虽然与国外检索刊物相比，在许多方面还存在一定差距，尚有待于进一步提高，但是中文检索工具著录格式简明易懂，没有文字障碍，易索取原文，价格便宜，并能及时反映我国科技发展水平，是我国科技工作者有针对性地检索与自己专业和专题相关的课题的首选检索工具。

此外，越来越多的单位积极采用计算机技术，在编辑出版检索刊物的同时，建立和扩充相应的文献数据库或指南数据库。科学技术部西南信息中心（原中国科学技术情报研究所重庆分所，1997年更名为科学技术部西南信息中心）于1992年6月首次推出中文只读光盘——《中文科技期刊篇名数据库》光盘，这既提高了编辑出版速度和经济效益，又为在我国开展计算机信息检索服务提供了越来越多的数据资源。我国编辑出版的检索工具不仅能检索到国内的文献信息，还能检索一些国外的文献报道。

二、中文检索工具体系

中文检索工具由目录、题录、文摘三种类型构成，可用于检索国内外科技图书、报刊论文及特种文献，例如专利、标准、科技报告、会议文献等。中文检索工具体系见图3－1。

（一）目录型检索工具

目录型检索工具主要用于检索国内外图书、标准、期刊。

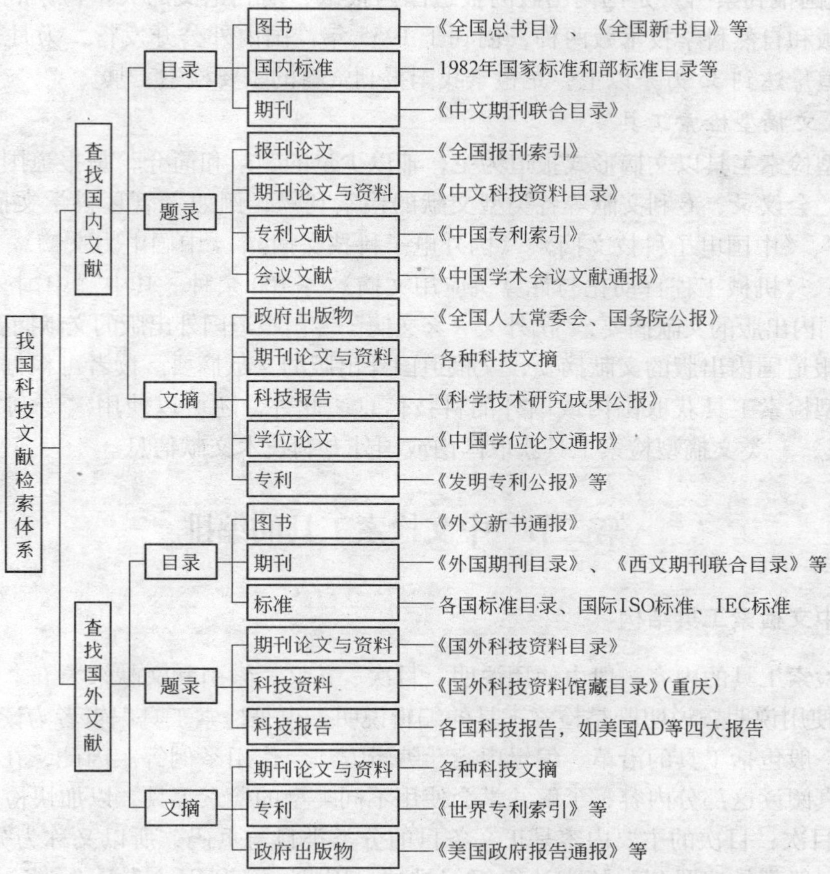

图 3－1　我国科技文献检索工具体系

检索图书的检索工具有《全国新书目》、《全国总书目》、《科技新书目》、《外文新书通报》等。这些目录型工具主要报道我国以及国外已出版的最新图书、新书预告、征订书介绍、重要图书出版消息，一般按图书内容分类编排，文献条目的著录项目有书名、著者、出版社、页码、开本、定价及内容提要等，是查找和预订中外文图书的主要工具。

检索期刊的工具有《全国报刊简明目录》、《国家图书馆期刊目录》等。这些工具反映了我国报刊出版状况，可用于查找我国出版的报刊，了解和查找国外科技期刊出版动态及我国引进收藏情况，指引读者直接索取所需要的报刊原文。

检索标准的工具有《中华人民共和国国家标准目录》、《ISO 标准目录》等。

（二）题录型检索工具

题录型检索工具主要用于检索国内外报刊论文、科技资料、会议文献、科技报告、科技译文、学位论文、专利等文献。

题录型检索工具有《中文科技资料目录》（简称《中目》）、《国外科技资料目录》（简称《外目》）。这两类题录检索工具是全国统一协调的综合性检索刊物，以题录为主，辅以一定数量的简介和文摘，着重报道国内外公开和内部发行的按专业学科分类的各类型文献。《全国报刊索引》是国内出版的报道国内报纸、期刊论文的大型检索刊物，分哲学社会科学版和自然科学技术版两种，创刊于1955年，国内外公开发行，为月刊，1998年起全年报道量达到35万条以上，是检索我国报刊资料的主要检索工具。

（三）文摘型检索工具

文摘型检索工具以文摘形式报道为主，辅以少量的题录和简介，是报道国内外出版的期刊论文、会议录、专利文献等各类型文献的检索刊物，例如《管理科学文摘》、《中国冶金文摘》、《中国电子科技文摘》、《国外电子科技文摘》、《中国电力文摘》、《中国化学化工文摘》、《机械工程自动化与计算机应用文摘》等100余种。其中“中国×××文摘”专门报道国内出版的文献摘要，“国外×××文摘”专门报道国外出版的文献摘要，“×××文摘”既报道国内出版的文献摘要，又报道国外出版的文献摘要。读者可根据需要选用不同的文摘型检索工具获取国内或国外的科技信息。此外，还可以使用《专利文献通报》、《专利公报》一类文摘型检索工具获取国内或国外专利技术文献信息。

第二节　中文检索工具的编排

一、中文检索工具结构

中文检索工具的内容一般由使用说明、目次、正文、索引和文献来源五个部分构成。

（1）使用说明：说明既是检索工具的编辑说明，也是检索工具编辑者为读者提供的必要指导，一般包括工具的沿革、编辑内容、编辑方法、作用举例等。因此，在使用检索工具前应认真阅读这部分内容，了解并学会使用不同类型的检索工具，以加快检索速度。

（2）目次：目次的主要内容是正文条目的分类类目与页码，所以又称为分类目次表。检索刊物一般都是按照分类的方法组织编排的，因此，可利用该表从分类途径查找文献条目。

（3）正文：正文是检索工具的主体部分，是由描述文献外表特征（题名、著者、出处等）和内容特征（分类号、主题词和文摘）的各种具体文献条目按照一定规则组成的，是存储和检索文献的对象。

（4）索引：索引是检索工具的辅助部分，是从正文各文献条目中选出的词或代码的顺序表。索引主要由检索标识和文献条目顺序号两部分组成。文献条目和索引的有机结合，使检索工具既有报道、存储文献的功能，又有检索文献的功能，而成为一个完善的检索工具。学会使用检索工具的实质就是要掌握正文中各文献条目的结构及灵活使用各索引的方法。

（5）文献来源：文献来源是检索工具内容的必要补充，它含有许多使用检索工具所必须参考的情报，其内容包括引用文献一览表、文献收藏系统的代号及附录等，一般刊载于检索工具的后部。

二、中文检索工具的编排及著录格式

中文检索工具采用由全国文献工作标准化技术委员会提出的统一的著录规则，即《检索期刊条目著录规则》（GB 3793—1983），并在编排上采用全国统一的分类法——《中国

图书资料分类法》及统一的主题词表——《汉语主题词表》。《中国图书资料分类法》简称《资料法》，它在《中图法》的基础上略加扩充使之更适合对文献资料的分类。

（一）期刊论文著录格式

斯刊论文著录格式如下：

分类号⑱

顺序号⑰中文题名（正题名）①＝外文题名（并列题名）②［刊，文种］③/著者④//刊名（国别或地名）．－年，卷（期）⑧．－所在页码⑨

提要……⑭　图×表×参⑮　（文摘员）⑯

主题词⑳　索取号⑲

（二）图书专著著录格式

分类号⑱

顺序号⑰中文题名（正题名）①＝外文题名（并列题名）②：卷（册、编）次：卷（册、编）的书名［著，文种］③/著者或编者④；第二著者或第三著者⑤．－版本⑥/与版本有关的责任者⑦．－出版地⑧：出版者，出版日期⑨．－总页码；开本⑩．－丛书项⑪．－附注项⑫．－文献标准书号⑬

提要……⑭　图×表×参⑮　（文摘员）⑯

主题词⑳　索取号⑲

说明：①文献中文题名；②外文题名；③文献类型与文种；④个人或团体著者；⑤第一责任以外的责任者；⑥文献出处项或版本项；⑦与整本文献有关的主要责任者；⑧、⑨出版项；⑩总页码文献尺寸大小；⑪丛书编项；⑫附注项；⑬文献标准书号、装帧及价格项；⑭提要项；⑮图、表和参考文献数；⑯文摘员；⑰顺序号又称文摘号；⑱分类号；⑲索取号；⑳主题词。

（三）题录型检索工具的编排

题录型检索工具是以篇名、著者名、文献出处等文献的外表特征为主要报道要素，其编排格式简单，报道迅速，是检索者最常用的检索工具。现以《全国报刊索引》（2013年第1期自然科学技术版）为例，说明其著录格式：

TF3①冶金机械、冶金生产自动化②

130103048③基于DS18B20的高精度温度测量系统在高炉上的应用④/江杰（内蒙古科技大学信息工程学院，014010）；李计川⑤//传感器与微系统（哈尔滨）—2012，31（11）—144—146，152⑥
130103049③连铸机结晶器振动液压系统优化设计④/向忠辉（武汉钢铁集团公司，430080）；方涛；李宏磊⑤//液压气动与密封（上海）—2012，32（11）—58—59⑥
130103050③连铸机长水口机械手典型故障分析及控制④/方涛（武汉钢铁集团公司，430080）；向忠辉；汤政阶⑤//液压气动与密封（上海）—2012，32（11）—60—61⑥

说明：①分类号（《中国图书资料分类法》）；②类目名称；③顺序号；④文献题名；⑤著者；⑥文献来源。

题录型的检索工具还有诸如《×××快报》，它是及时报道和反映最新科技动态的检索刊物，其特点是按照学科分类编排，可以在极短的时间内检索到大量相关的文献篇名，根据文献出处可直接查找原文，是科技工作者常用的检索工具之一。

（四）文摘型检索工具的编排

文摘型检索工具分为正文部分和索引部分，多数文摘型检索工具正文按期刊出版，每年均有一期年度累积索引。也有的文摘型检索工具每期除了正文以外还附有本期索引，检索者在进行现刊检索时，可使用每一期现刊的正文或者索引检索到最新的文献；进行回溯检索时，可使用年度累积索引检索全年的文献。

1. 文摘型检索工具正文的著录格式

以《中国机械工程文摘》为例。该文摘选自国内出版的750种科技期刊，以及机械工程学会、电工技术学会、自动化学会等十余个专业学会发表的论文。收录的文献包括各类研究报告、专题汇编、科技成果、会议录、情报调研、技术标准、专利和有参考价值的译文等，报道内容涉及机电产品的基础理论、制造工艺、设计、材料、测试技术、自动化和计算机技术，以及市场预测、技术引进和企业管理等方面。文摘按分类编排，共设有31个一级类，149个二级类。每期报道文献900多篇。每年最后一期附全年引用期刊一览表，年终出版年度累积主题索引。正文的编排格式按照《检索期刊条目著录规则》（GB 3793—1983）的统一规定进行著录。示例如下：

机械工程材料①

金属材料②

9807032③国外航空结构材料发展概况——高性能金属材料④［刊］/⑤张和善（中国航空信息中心）⑥//航空器制造工程1997，(11)—3—6⑦

分两部分概述国外航空结构材料发展现状与趋势。第一部分介绍高性能金属材料，包括铝合金、铝锂合金、钛合金和高温合金。第二部分介绍先进复合材料，包括树脂基复合材料、金属基复合材料、陶瓷基复合材料⑧。图3参5⑨。

说明：①一级类目；②二级类目；③文摘顺序号（年份、期号、流水号）；④文献题名；⑤文献类型；⑥著者和著者所在单位；⑦文献出处；⑧文摘；⑨参考文献及图表数。

文摘型检索工具的正文不仅包含文献的外表特征，还包含文献的内容特征，检索者不仅可以了解文献的出处，还可以了解文献的大致内容，以决定是否寻找原文参考，为检索者筛选文献提供了依据，也是科技工作者常用的检索工具。

2. 文摘型检索工具索引的编排

文摘型检索工具所附的索引中，主要有主题索引、分类索引、著者索引和极少量的机构索引、号码索引等。索引的作用是为检索者提供更方便的检索途径，检索工具的索引种类越多，检索的入口或者说检索途径就越多，索引的质量愈高，文献的查准、查全率就越高。熟悉索引的编排方式，就能快速、准确地查找文献。

（1）主题索引的编排方式。主题索引是将文献中具有实质性意义的词语或是能揭示文献主题概念的词语抽出来做标识，然后再按字顺排列起来，在其后著录出文摘号。文摘型检索工具通常附有年度主题索引或期主题索引。主题索引提供检索者从研究课题的主题概念出发查找文献线索的途径。常见的主题索引有如下几种方式：

1）单级和多级标题主题索引。单级标题主题索引是指索引标识仅由一个名词术语构成，其特点是直观、用法简单，但专指性与检索效果欠佳；多级标题主题索引是指索引标识由主标题词和副标题词组配构成，代表一个完整的主题概念，其中主标题词常常是代表

“事物”的名词术语，副标题词是代表该“事物”的某一“方面”、“部分”、“过程”、“方式”等的词语。这种索引主题词专指度较高，所以文献的查准率也较高，但需进行概念组配。如下为单级标题主题索引和多级标题主题索引示例：

计算机模拟①	0062	01069
	02883	01616⑤
	0723	

计算机模拟①	
——发展②	04409⑤
——方法	02551
——程序	056

2）带有说明语的主题索引。这类主题索引是使用一个主题词作为索引标识，和从文献中抽出能具体描述文献主题概念的关键性的词搭配，完整表达主题概念，这些关键词就是主题词的说明语，关键词之间可以用“/”或者“//”相隔，有时也可以使用文献篇名作为说明语。例如：

计算机模拟①	
CAE/冲模/冲压③	9809408
变形/挤压	9809204⑤
锻造/有限元法	9809190

计算机模拟①	
备件寿命的计算机随机模拟④	9806392
计算机仿真技术在工业生产中应用	9808012
计算机模拟与热处理智能化	980771⑤

说明：①主题词；②副题词；③说明语；④文献篇名（说明语）；⑤文摘序号。

（2）分类索引。分类索引是将文献内容所属的类别号按隶属关系排列起来，并列出与分类号相应的类名。分类索引为检索者提供从已知文献学科分类入手检索文献的途径。例如，查找关于食用香料的文献，根据《中国化学化工文摘》1998 年分类索引，查到如下文献线索：

TQ655①	食用香料②	0405622	0507769	0507770	060914③

说明：①分类号；②分类类目名称；③文摘号。

（3）著者索引。著者索引是以文献著者姓名的字顺排列的，并在著者姓名的后面列出文摘号。著者索引为检索者从已知著者姓名入手检索文献线索提供的途径。例如：

刘文①	130113452	130115506	130104729	130105196②

说明：①著者；②文摘号。

（4）其他索引。其他索引包括机构索引、号码索引、引文索引等，在文摘型检索工具中，提供了更多的检索途径，对提高检索效率方面也起了一定的作用，但这些索引目录使用的还较少。

第三节　中文检索工具的使用方法

一、中文检索工具的检索途径

中文检索工具均按学科分类进行编排，大部分附有主题索引、著者索引和分类目次表。现刊一般都用分类途径进行检索，过刊检索一般用主题途径检索，已知作者姓名则可以用著者途径进行检索。因此，其检索途径主要有三种，即分类途径、主题途径以及著者途径。各种检索途径步骤见图 3－2。

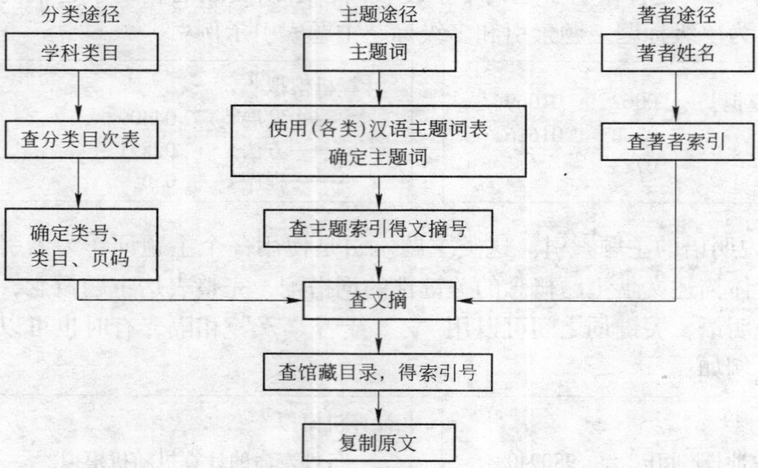

图 3－2　中文检索工具检索途径步骤示意图

二、检索应用实例

（一）检索课题

关于故障诊断中的专家系统研究的相关资料。

（二）检索步骤

检索步骤如下：

（1）分析课题，选择主题词，确定检索范围。根据课题要求查找关于故障诊断中的专家系统研究的相关资料，按其学科性质应确定为自动化技术领域中的专家系统，其主题内容所涉及的主题词为：故障诊断、专家系统、自动化技术、人工智能、计算机应用等。经使用《汉语主题词表》校核主题词，上述主题词均为规范化的主题词，可在检索工具中直接使用。

（2）选择检索工具与检索途径。根据课题内容要求，可选择《全国报刊索引》（自然科技版）、《中国电子科技文摘》、《国外电子科技文摘》、《机械工程自动化与计算机应用文摘》、《计算机应用文摘》、《科学技术研究成果公报》、《中国机械工业科技成果通报》、《中国学术会议文献通报》等题录型和文摘型检索工具，并根据检索工具的编排方式，分别采用分类途径和主题途径进行检索。

（3）使用检索工具查找与课题相关的文献线索，最后根据文献出处和有关目录，索取原始文献。

1）分类途径。以《全国报刊索引》（自然科学技术版）1998 年第 1 期为例，该检索工具是以分类编排的，故根据课题内容确定其分类号为：

TP—自动化技术、计算技术

TP2—自动化技术及设备……130

打开《全国报刊索引》工具正文从 130 页开始检索，在分类号 TP277 监视、报警、故障诊断系统下查到与课题相关的条目如下：

980108517 故障诊断专家系统的集成学习法/李旭；徐心和//微型计算机．—1997，17（2）．—58—59

还可用此方法继续查找第 2、3、4…期或者下一年的若干册，直到查到足够的参考文献条目为止。

使用分类途径的要点是：根据课题内容应用《中国图书馆分类法》确定分类号及其类目名称，使用按分类编排的检索工具，翻到分类号所对应的页码，逐条逐期查找，直至查到线索为止。

2）主题途径。一般文摘型检索工具均有年度主题索引，我们可以使用年度主题索引方便地查到全年内关于某一课题的所有报道的参考文献，其要点是：必须准确地确定表达主题概念的主题词，按主题词在年度主题索引中的汉语拼音字序查找，得到文摘号，然后根据文摘号查到文摘内容，再去查找原文。

现以《中国电子科技文摘》、《机械工程自动化与计算机应用文摘》1998 年主题索引为例。

主题词：故障诊断　专家系统

使用《中国电子科技文摘》1998 年主题索引，按照主题词音序从“G”下逐条查找，得到：

故障诊断	00165	00774	03331
专家系统	02047	03266	04666

其中 02047　03266　04666 均为切题的文摘，抄录其中一条示例如下：

9802047①

FMS 集成故障诊断系统的设计与实现②［刊］③/胡文彬④//机械与电子—1997，（4）—18—20⑤

本文根据 FMS 故障的表面形式及其诊断过程，设计了一个集加工过程状态监测与故障诊断于一体的集成诊断专家系统等，给出了系统的硬软件结构，并从诊断知识的获取与表示、故障数据的采区以及集成诊断推理机制等方面，介绍了系统的实现方法⑥。参 2⑦

说明：①文摘号；②文献篇名；③文献类型；④著者姓名；⑤文献出处；⑥文摘内容；⑦参考文献数。

使用《机械工程自动化与计算机应用文摘》1998 年主题词索引，按照《机械工程叙词表》本课题的主题词应为专家系统。查主题词索引得到：

Zhuanjia xitong　专家系统

故障诊断专家系统的研究	9841571
柴油机自动化诊断专家系统	9810242

根据文摘号 9841571 在 1998. 4 中查到文摘为：

9841571　基于产生式人工神经网络的汽轮发电机组故障诊断专家系统研究［中］//中国机械工程 1988. 9（4）—30—32

针对人工神经网络训练样本难以获取的困难，提出一种从专家系统获取训练样本方法，使得产生方式人工神经网络能够有效地逼近传统专家系统的诊断推理行为。图 1

（4）根据所得线索应用馆藏目录或联合目录查到原文。如果已经检索出有关文献，如何根据文献出处项查馆藏情况呢？所谓文献出处项，指“刊名+年卷期、页码”。例如，我们要查找有关“金属材料”方面的文献，通过《中国机械工程文摘》，查找到的相关文献，文献出处项显示，刊名：《航空器制造》，1997年第11期。通过查馆藏目录，可获得如下信息：

航空器制造（月刊）① 87200②
编辑部 安徽 中国科技大学③
No. 1—4（季刊） 1984—1992④
No. 1—12（月刊） 1993—2007④

注：①刊名；②索引号；③编辑单位及地址；④馆藏情况（从1984年到2007年各期的《航空器制造》都有，并从中可见，该刊早期是季刊，后期变成月刊）。

第四节 《全国报刊索引》检索实训

（一）实训目的

了解与某学科有关的中文检索工具，掌握《全国报刊索引》（自然科学技术版）的检索方法，了解如何从文献出处获取原文。

（二）实训步骤

（1）从表3-1《全国报刊索引目次》中分别找出检索题目所属的类号、类目名称及页码。

表3-1 《全国报刊索引目次》

（2）在表3－2《全国报刊索引》模拟样页中依次查出检索题目，一次一个地进行，并将选中的文献篇名的顺序号记录下来，并注明其著录格式。

表3－2　《全国报刊索引》模拟样页

TP3 计算技术、计算机技术

940111900　数据并行的计算模式、语言及其编译/张可军…//计算机科学．—1993，20（5）．—54—61

940111901　计算机声音处理技术/胡上序…//计算机科学．1993，20（5）．—74—77

940111902　多媒体计算机系统中的处理结点通信分析/刘德才…//小型微型计算机系统．—1993，14（12）．—1—7

940111903　2001计算机产业（译）//计算技术．—1993，（2）．—19—23

940111904　计算机系统汉化的体系结构/江光杰//军事通信技术．—1993，（4）．—14—18

940111905　多媒体计算机技术及系统产品/冉建国//中国计算机用户．—1993，（2）．—10—27

TP30 一般性问题

940111907　用可变长短系列WHT芯片计算长序列Walsh－Hadaward变换/周六丁…//重庆大学学报．—1993，16（6）．—87—92

940111908　Walsh－Hadaward变换ASIC并行结构设计/周六丁//重庆大学学报．—1993，16（6）．—93—99

940111909　FOXBASE数据库的同名字段加密法/黄焕//密码与信息．—1993，（3）．—18—23

130111910　如何实现计算机病毒的自动防御/陆云//软件．1993，（9）．39—42

940111911　Traveller病毒的事分析与清除/梁伟//软件．1993，（9）．22—38

940111912　计算机病毒与防范技术/傅秀芬//广东工学院学报．1993，10（3）．—83—88

TP301 理论、方法

940111917　真值维护系统的语义研究/王献昌…//中国科学：A辑．—1993，23（11）．—1212—1218

TP31 计算机软件

940111925　管理信息系统软件的变更性问题/柳见成//长沙水电师院自然科学学报．—1993，8（4）．428—432

940111926　BJ－01并行计算机的系统软件/黄大海…//计算机学报．—1993，16（12）．—903—910

TP311 程序设计、软件工程

940111930　MIS数据流图一致性检查的研究与实践/姚俊…//计算机科学．—1993，20（6）．—47—53

940111931　FoxPro 2.0编程技术在车间生产综合管理中的应用/易斐章//桂林电子工业学院学报．—1993，13（2）．—33—38

940111932　MCS－51机快速幂函法/蔡樱//现代通信技术．—1993，（3）．—42—49

940111933 DB－Ⅱ电子表决系统设计与实现/吴金强…//新疆工学院学报．—1993，14（1）．—19—22

TP311.1 理论方法

940111937 延迟插入式存取方式的排队模型/逯昭义…//计算机研究与发展．—1993，（11）．—51—54

940111938 从关系模型到面向对象模型的演变/丁宝康…//计算机科学．—1993，20（6）．—66—70

940111939 实现 ORACLE 表关联操作的方法/陈德运…//哈尔滨科学技术大学学报．—1993，17（4）．—38—43

940111940 单线体矢量汉字库的生成算法/覃雪//衡阳工学院学报．—1993，7（2）．—23—27

TP311.5 软件工程

940111945 软件可靠性模型综述/章远林//计算机科学．—1993，20（6）．—42—47

940111946 不同平台间大型结构软件系统的移植/戴福明…//计算机工程．—1993，19（6）．—12—17

940111947 试谈自适应人机界面/李成辉//计算机应用．1993，13（6）．—10—13

940111948 Foxbase 彻底反编译工具 See Fox/张朝辉…//计算机研究与发展．—1993，（11）．—45—50

TP312 程序语言、算法语言

940111951 TURBO BASIC 与中断调用/王明顺…//沈阳黄金学院学报．—1993，12（4）．—78—80

940111952 最新型 Fox Pro 数据库介绍［译］//计算机技术．—1993，（2）．—8—10

940111953 C 语言的 ROM 化程序设计方法/董旌…//西北工业大学学报．—1993，11（4）．—431—435

（3）根据提供的一个馆藏目录例子，注明其著录格式。

（三）实习检索

（1）检索工具：《全国报刊索引》（科技版）。

（2）检索途径：分类途径。

（3）检索题目：

1）计算机多媒体技术；

2）计算机病毒的有效防御；

3）C 语言程序设计。

（4）分别记下三次检索结果，并分别注明其著录格式。

（5）回答问题

1）《全国报刊索引》是检索国内报刊资料的重要检索工具，它是基于________法编排文献的。

2）《全国报刊索引》是国内出版的报道国内报纸、期刊的大型____________。

3）《全国报刊索引》的著录格式是根据国家标准______________________，结合报刊文献的特点著录。

4）《全国报刊索引》是________报道工具。（文摘性或题录性）

5）如何从文献出处获取原文？

6）标明下面期刊的馆藏信息：

中国计算机用户	半月刊①	73297②
该刊编辑部	北京③	
No. 1—12		1985

No. 1—24　　　　　　　　　　　1986—1995④

①表示：

②表示：

③表示：

④表示：

7）将下面给出的信息按题录著录格式著录。

①文摘号（顺序号）：760405。

②篇名：TAR 及其在光度分析中的应用。

③文献类型为期刊。

④著者：王修林。

⑤刊名为《浙江冶金》，1976 年第 3 期，P50—62。

第四章　国外主要文献手工检索工具简介

第一节　美国《科学引文索引》

一、概况

《科学引文索引》（Science Citation Index，SCI）是由美国科学信息研究所（ISI）于1961年创办出版的引文数据库，是覆盖生命科学、临床医学、物理化学、农业、生物、兽医学、工程技术等方面的综合性检索刊物，尤其能反映自然科学研究的学术水平，是目前国际上三大检索系统中最著名的一种，其中以生命科学及医学、化学、物理所占比例最大，收录范围是当年国际上的重要期刊，尤其是它的引文索引表现出独特的科学参考价值，在学术界占有重要地位。许多国家和地区均以被SCI收录及引证的论文情况来作为评价学术水平的一个重要指标。从SCI严格的选刊原则及严格的专家评审制度来看，它具有一定的客观性，较真实地反映了论文的水平和质量。根据SCI收录及被引证情况，可以从一个侧面反映学术水平的发展情况。特别是每年一次的SCI论文排名成了判断一个学校科研水平的十分重要的标准。

SCI以“期刊目次”（Current Content）作为数据源，目前自然科学数据库有5000多种期刊，其中生命科学专辑收录1350种期刊；工程与计算机技术专辑收录1030种期刊；临床医学专辑收录990种期刊；农业、生物环境科学专辑收录950种期刊；物理、化学和地球科学专辑收录900种期刊。

二、内容结构

SCI的内容编排格式与其他检索刊物有所不同，不是以分类法或主题词排列，而是按引用文献作者和被引用文献作者的姓名字顺排列。主要由引文索引（Citation Index）、来源索引（Source Index）或机构索引（Corporate Index）、轮排主题索引（Permuterm Subject Index）三个部分组成，其关键部分是引文索引和来源索引。

三、SCI的检索方法

SCI的主要检索方法可根据课题要求和已知线索，分以下四种情况：

（1）已知某位知名专家以及他在以前发表的一篇或数篇文献，求查找引用这位专家这些文献的情况。利用SCI检索，则是将已知专家作为被引著者，逐期按字顺查找引文索引，就可以发现有无引用情况。

（2）已知某机构名称，求查找这个机构的成员发表的文献。这种课题又分成该机构所在地已知和未知两种情况。如果已知，可使用团体索引地区部分，按照国名（或美国的州名）、城市名、机构名顺序，即可得到结果。如果未知机构所在地，则需先使用团体索引机构部分，依照机构名称字顺查出所在地，其后的步骤和已知机构地址的相同。

（3）从课题内容要求出发，求查找与课题相关的文献。可使用轮排主题索引。通过概念分析，使用可表达课题要求的词或词组在该索引中试查，选取合乎要求的主题词和配合词后面的著者姓名，再以这些著者转查来源索引决定取舍。

（4）已知某位著者姓名，求查他在近期发表的文献。这种课题可直接使用 SCI 的来源索引，用著者姓名逐期按字顺检索，即可得到结果。如果还需获取原文，还要使用来源出版物目录，将来源索引给出的缩写刊名转换成全名，然后查馆藏情况即可。

SCI 的几种索引都提供了检索 SCI 的方法与途径，每一种索引都可以独立使用，但它们相互联系又较密切，故综合起来加以使用，会获得更好的检索效果。

第二节　美国《工程索引》

一、概况

美国《工程索引》（The Engineering Index，EI）是世界上比较有名的一种检索工具，也是我国工程技术人员及其他有关人员经常使用的一部工具。

《工程索引》由 EI 公司主办，EI 公司始建于 1884 年，作为世界领先的应用科学和工程学在线信息服务提供者，一直致力于为科学研究者和工程技术人员提供专业化、实用化的在线数据、知识等信息服务。

1995 年以来，EI 公司开发了称为“Village”的一系列产品，Engineering Village2 就是其中的主要产品之一，读者可以在该平台上检索 Compendex 数据库。Compendex 是目前全球最全面的工程领域二次文献数据库，侧重提供应用科学和工程领域的文摘索引信息，涉及核技术、生物工程、交通运输、化学和工艺工程、照明和光学技术、农业工程和食品技术、计算机和数据处理、应用物理、电子和通信、控制工程、土木工程、机械工程、材料工程、石油、宇航、汽车工程以及这些领域的子学科，其数据来源于 5000 多种工程类期刊、会议论文集和技术报告的超过 700 万篇论文的参考文献和摘要。数据库每年增加选自 170 多个学科和工程专业的约 25 万条记录，可在网上检索 1970 年至今的文献。

1998 年 3 月，EI 公司在清华大学图书馆设立了 EI 中国镜像站，开始向国内高校及科研院所提供基于 Web 方式的 EI Village 信息服务及 EI Compendex Web 数据库的服务。2003 年，EI 公司还建立了 EI 中国网站。

二、《工程索引》的特点

《工程索引》的特点如下：

（1）学科覆盖面广。几乎涉及工程技术的各个领域。EI 内容涉及电气、电信、计算技术、控制技术、运输、仪表、仪器、化工轻工、土建、水利、金属工程、计测、管理、宇航、核工程等，但不报道纯理论方面的文献。对专利文献，除 1969 年以前在部分主题下有少量报道外，现在也不报道。

（2）收录面广。收录了世界上 50 多个国家，15 种文字，4500 多种出版物。包括期刊、科技报告、会议论文、专题论文、专著、年鉴、手册等，其中期刊和连续出版物约占全部收录量的60%，语种50%为英文文献。EI的报道量有18万条左右。

（3）采用主题排检方式。其文摘条目按内容排在各自相关的主题词下，主题词选自"工程主题词表"（Subject Heading Engineering，SHE）。

（4）具有较强的查找主题的能力。EI在主标题词或部分二级标题下，用"See Also"（参见）指引出与该标题有关的相关标题，使用户便于选用合适的主题词或从一般概念引申到特殊概念，从单一主题扩大到相关主题，以扩大查找范围。

三、EI的结构

El主要由文摘正文、辅助索引及附表三部分组成。

（一）文摘正文

文摘部分是EI的主体部分，因其按主题词字顺编排，故又是EI的主题索引。

现以EI年刊为例说明其文摘正文著录格式：

DIGITAL FILTERS①

041037② Completely parallel realizations for multi – dimensional digital filters. ③

This paper proposes a new method for realizing the general form multi – dimension（M – D） digital filters as the combination of parallel sections consisting of cascaded one – dimensional（1 – D） digital felters. First，we use the coefficients of an M – D filter to construct an M – D efficient array … and VLSI implementation.（Author abstract）④ 6Refs. ⑤ English. ⑥

Deng，Tian – Bo（Toho Univ，Chiba，Jpn）. ⑦ Digital Signal Process Rev J v 7 n 3 Jul 1999 Acad Press Inc.，San Diggo，CA，USA，p188—189. ⑧

说明：①主题词；②文摘号；③论文题名；④文摘正文；⑤参考文献数；⑥原文语种；⑦第一作者姓名和所属机构；⑧文摘来源：会议文献的简称、卷期、发表年月、会议信息和原文所在页码。

（二）辅助索引

（1）主题索引（Subject Index）：1987年开始建立，该索引采用受控词和自由词作为主题词，受控词来自《工程标题词表》或《工程情报叙词表》。1993年前，主题词分为主标题词和副标题词两级；1993年后，主题词不再分级，而是将规范化的主题词和未规范化的自由词按字顺编排，并以重黑体和浅黑体印刷加以区别。

（2）著者索引（Author Index）：月刊和年刊本中都有著者索引，凡是文摘部分出现过的著者都编入著者索引。著录时姓在前，名在后，按著者姓名的英文字母顺序排列。非拉丁语系著者，著录其音译名。

（3）著者单位索引（Author Affiliation Index）：1974年开始增设。它按照著者单位的名称字顺排列，后面附有文摘号。利用著者单位索引可了解国外某一机构的研究动态和水平。

（4）工程出版物索引（Publications Indexed for Engineering，PIE）：收录了EI在本年度所引用的全部出版物名称，其中包括期刊、会议录、研究报告、图书等。

（5）文摘号对照索引：该索引是EI月刊和年刊的文摘号对照索引。

（三）附表

（1）出版物一览表。

（2）机构名称字首缩写表：该表是EI收录的出版物机构名称简称与全称对照表。

（3）缩语、单位和略语表：EI 中应用了大量的简写、缩语和略语。为了帮助读者阅读，该表按字顺列出了缩写与全称的对照表。

（4）会议录一览表。

四、《工程标题表》

《工程标题表》（Subject，Heading for Engineering，SHE）是供 EI 标引和检索时使用的一种规范化、权威性的标题表，是 EI 的编辑机构根据多年的标引工作经验成果积累而编成的。每隔数年修订一次，当有重大修改时，即将全表内容以单行本形式出版一次。

（一）主标题和副标题

1990 年起 SHE 改称“EI Vocabulary”，收词约 15000 个，分主标题（Main Heading，MH）和副标题（Subheading，SH）。主标题全部大写，副标题仅首字母用大写。主标题词有下列几种语法形式：

（1）单个名词，如 ACETONE（丙酮）。

（2）单个动名词，如 BORING（镗孔）。

（3）带修饰词的名词，如 OPTICAL PROPERTIES（光学性能）。

（4）修饰过的动词，如 AMPLITUDE MODULATION（振幅调节）。

（5）短语，如 FLOW OF FLUIDS（流体流动）。

（6）复合名词，如 ELECTRON BEAMS（电子束）。

（7）复合名词 + 动名词，如 COAL MINES AND MINING（煤矿与开采）。

（8）倒置标题，如 AIRCRAFT，AMPHIBIAN（飞机，水陆两用的）。

（9）并列名词，如 ROCKETS AND MISSILES（火箭与导弹）。

主标题与副标题之间的关系大体可概括如下：

（1）整体与部分关系，如 AUTOMOBILES – Axles（汽车 – 轴）。

（2）产品与应用关系，如 DYES AND DYEING – Synthetic fibers（染料与染色 – 合成纤维）。

（3）学科与研究对象关系，如 GEOLOGY – Caves（地质学 – 洞穴）。

（4）研究对象与方法关系，如 STRESSES – Analysis（应力 – 分析）。

（5）事物与性质关系，如 TEXTILES – Air permeability（纺织品 – 透气性）。

（6）事物与现象关系，如 PLASTICS – Discoloration（塑料 – 褪色）。

（7）事物与环境关系，如 SEWERS – Frozen ground（下水道 – 冻土）。

（8）事物与地理位置关系，如 AIRPORTS – Netherland（机场 – 荷兰）。

（9）产品与制造者关系，如 AUTOMOBILES – General Motors（汽车 – 通用汽车公司）。

（10）产品与加工关系，如 ELECTRON TUBES – Cooling（电子管 – 冷却）。

（11）主题与文献体裁关系，如 ENGINEERS – Biographies（工程师 – 传记）。

（二）SHE 的构成

SHE 主要包括主表、副标题索引、分类范畴表和主题指南四个部分。

（1）主表。主表即标题词字顺表，是标题表的主体，包括全部标题词、非标题词和大量的参照和注释。主表中设有“see”和“see also”两种参照。“see”用来指引同义词，或用于从单级标题见双级标题，或者反过来，如 BLAST CLEANING（喷砂清理）See METAL CLEANING – Blast（金属清理 – 喷砂）。“see also”用来指引相关概念或附加概念，或者从一个较泛的概念指引到一个较具体的概念。因为 EI 的文摘部分按主题词字顺排列，编者只能给每篇文摘指定一个主题词，每篇文摘在文摘部分也只能出现一次，即出现在最切题的那个标题词下面。所以，设立这种相关参照就可以使读者能查找被隐设的概念，避免漏检，而且便利计算机检索。

SHE 中许多标题词都有注释，放在标题词下面的括号内。注释在 SHE 中的作用主要有：解释或限制标题词的含义；建议使用注释中给出的一组副标题词中的某一个标题词；告诉读者该主标题词在别处也可作为副标题词用；告诉读者标题表中列有更专指的主标题词；提供具体的标引指导。

（2）副标题索引。副标题索引（Subheading Index）按其字顺排列，每个副标题下列出其上级标题。

（3）分类范畴表。分类范畴表（CAL Classification Codes）展示了 EI 所包括的领域全貌，又是文献分类的依据。共设有六大范畴，38 类和 182 个小类。EI 收录的每篇文献被赋予 1～6 个分类号，它们只出现在数据库中。

（4）主题指南。主题指南（Subject Guide）按类展示有关的主题词，但不一定都是规范的工程标题词。

另外，还有一种单独发行的相关出版物——《标题词与工程范畴对照表》（Subject Heading Guide to Engineering Categories），它将工程标题词与相应的分类号以对照方式列出。

五、EI 的检索途径和步骤

EI 提供了著者与主题两种检索途径。检索者可以通过著者索引获得文摘号，再利用文摘号查阅文摘；主题途径检索（利用 SHE 核对主题词后）有两种方式，一是直接按主题词的字顺查阅，一是利用主题索引获得相关文摘号，再查阅文摘。在获得所需文摘后利用 PIE 得出出版物全称。检索步骤如图 4－1 所示。

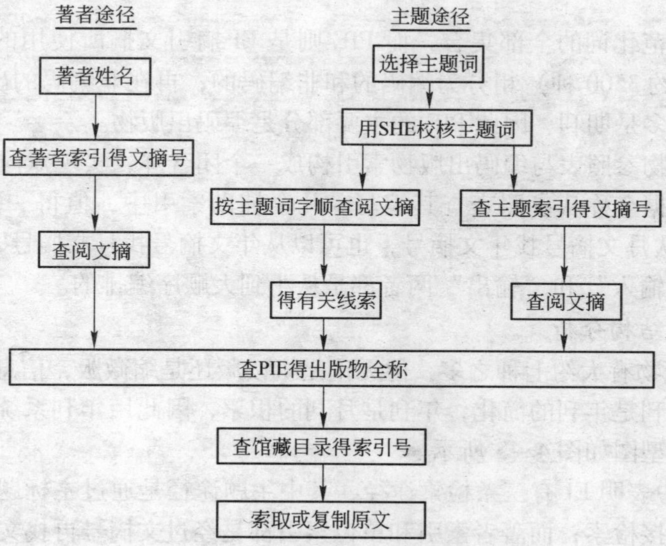

图 4－1　EI 的检索途径和步骤

六、从 EI 的系统结构分析看检索工具的一般结构

EI 检索工具主要分 SHE、EI 本身和 PIE 三大部分，当然，EI 的主体是最重要的，SHE 和 PIE 都不是检索的必需。现从以下几个部分作简单的结构分析，从而帮助读者掌握检索工具的一般结构及其控制特点。

我们把一个索引当做“实体”，而把检索入口当做它的“输入”，把这个“实体”能告诉我们的信息当做它的“输出”，这样就便于理解检索工具的结构。可能最简单的索引是著者索引，如图 4 – 2 所示。

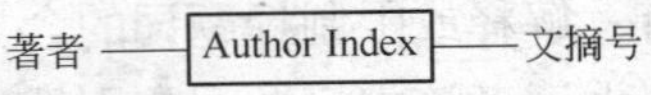

图 4 – 2　著者索引

（一）SHE 的结构

SHE 一般包括正文词表和五个附录，但附录只对正文起补充作用，因此我们只对正文作分析。正如前面所介绍的，SHE 是一部受控词表，是由检索工具编制者经过多年实践和词频统计优选出的 2400 多个主标题词和共约 14000 个标题词项组成的集合。这些词可以覆盖整个工程技术领域。尽管只分了主副两级，但由它们构成的检索标识完全可以达到一定的专指度。在词表中大量使用了“See”、“See Also” 和注释，使某个主题概念可得到更准确的表达。“See” 把非正式的（如自拟的或已过时的）标题词指引向正式的规范化词，使不用的词落选，或指示出其上、下位概念以便于扩检或缩检。“See Also” 指引出相关标题词，可扩大检索范围，以满足用户查全的需要。而范围注释的作用更为灵活，可以限制词义，可以注明专用事物，可以指明该词的启用日期及曾用过何种词等。SHE 能把用户“输入” 的自由词转化为规范化的标题词输出。

（二）PIE 的结构

如果把一种检索工具，或一部词表，或仅仅是检索工具的一个索引，都看作一个“实体”，并且把检索入口当做“输入”，把能查到什么当做“输出”，只强调输入什么，以及从实体中能输出什么，这样就能使用控制工程的一些基本概念，从而使一切都可能变得更加简单。

SHE 是规范化词的全部集合，而 PIE 则是 EI 摘引文摘所使用的全部出版物的集合。PIE 把它们（约 3500 种）粗分为编码的和非编码的，再在非编码的出版物中分出会议录。由于报道文献多是期刊，因此 PIE 的主要部分是编码出版物。

编码出版物参照表与编码出版物索引构成一个闭合环，实现双向检索，既能从缩写查全称，又能根据全称从参照表查其缩写。几个辅助索引中，值得一提的是“号码转换索引”，它提供从月文摘号找年文摘号，也可以从年文摘号找月文摘号，而且不需另作索引。这是由于其“输入” 和 “输出” 两者都是从小到大顺序编排的。

（三）EI 结构分析

EI 的出版物有大约七种之多，但无论是机读版还是缩微版，信息内容与年刊、月刊完全相同。而月刊是年刊的简化，年刊是月刊的积累，因此用年刊系统作分析是合适的。EI 的系统结构模型图如图 4 – 3 所示。

图 4 – 3 中表明 EI 有三条检索途径，其中主题途径是通过主标题词直接在工程索引中找文摘，是直接检索；而著者索引和单位索引都是经过文摘号再找文摘，属于间接检索。

不难理解，如果已知某一著者姓名或单位，要找其文摘时，查全率和查准率都是很高

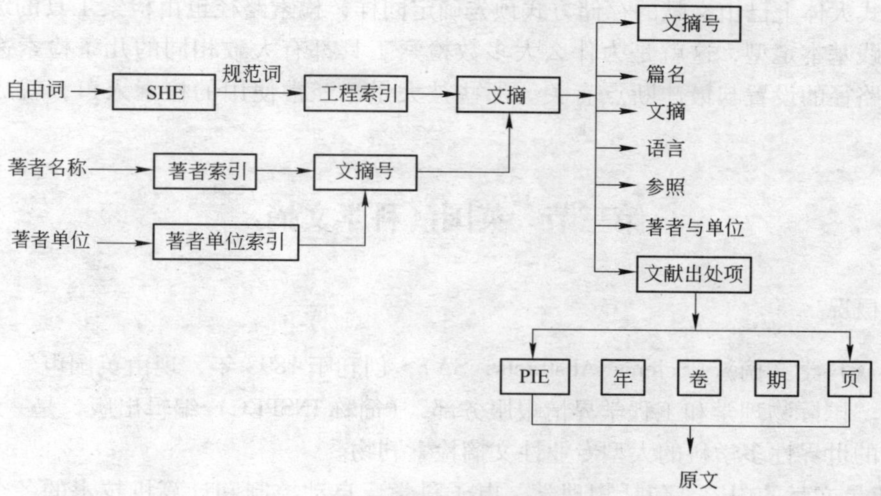

图 4-3 EI 系统结构模型图

的：有就有，没有就没有，很少会查错。因此这样的检索接近于数据检索和事实检索。可见文献检索的特点很显著，一定是不定因素较大的、模糊方式的检索才是最典型的文献检索。

从主题途径检索某学科或某个课题所需文献，则有很大的灵活性。因其查全率和查准率的分布范围较宽，用户进行检索可以偏重查准，也可以偏重查全，当然也可以兼顾。因此其中存在着优化检索策略的可能。此一途径也正是提高情报能力的关键所在。

由图 4-3 可见，“文摘”输出的东西很多，如文摘号、著者、单位等，它们与作为索引的著者、单位等其实是同一个东西。如果把这些相同的但放置在不同地方的著录项用线条连接起来，就能发现每一部检索工具，实际上都是由检索途径与文摘的各检索项相连构成的一个自我封闭的网络。既是网络，必有结点。图 4-3 中很容易看出 EI 网络结构中最大的结点是文摘，其次是文摘号，只有这两个结点。而文摘，正是我们在该工具中希望得到的目标。如果再忽略某些细节，就能知道，整个系统的输入，是从使用者的自由词开始的，经过 SHE 对词规范化后，直接在 EI 中查找，找到后得到文摘，读者首先看的往往是篇名，如果篇名或文摘内容中有不清楚的缩写，则可能转查附录，最后由用户决定是否获取原文。如果需要，才记下该文的出处项，如果不需要，则继续查找。这个检索系统既然是一个网络（确切地说，并非一个全封闭的网络），就能用网络理论来解释情报检索的原理。

网络天生具有一个优点，即其高度的容错性质。例如，如果电话不通，可以用无线电话系统，总之通信不会中断。在 Internet 网中更是大量使用网络拓扑技术，使许多通信线断了也不会阻断信息的流通。在网络方面，人还有大量的东西要向小小的蜘蛛学习，正如建筑师向蜜蜂的蜂巢学习一样。蜘蛛能感受细微的力的变化，能判断是风或是昆虫，并能在颤动的网上以最优的路径扑向它的猎物。

从网络上某一点出发，沿路径可以到达网上其他任意点。因此，不管采用什么方法，检索成功是可能的。虽然可能，但时间、检索成本和便利性却要求优化检索路径，与文献的检索方式大体上已由文献的存储方式预先确定同样，检索路径也由检索工具的编制者经过多年实践基本定型，这就是为什么大多数检索工具都有大致相同的几条检索途径的原因。检索路径的设置与最佳断点有关。那些被大量、经常使用的检索入口，就成了最佳断点。

第三节　英国《科学文摘》

一、概况

英国《科学文摘》（Science Abstracts，SA），创刊于1898年，现由英国电气工程师学会下设的“国际物理学和工程学界情报服务部”（简称INSPEC）编辑出版，是一部有100多年历史的世界性多学科的大型专业性文摘检索刊物。

SA收录文献的内容，包括物理学、电子科学、自动控制和计算机技术的各个学科专业和门类，特别是与电子技术关系密切的基础科学（如电学、磁学、工程数学、材料科学等）以及电路理论与电路、元器件与材料、超导技术、数值分析、计算机软件、硬件及其应用科学等都作为重点报道内容。SA报道的文献，主要是INSPEC收藏的各种文献，它们来源于世界70多个国家多种文字的出版物，引用期刊3000余种，其中约600种重要期刊（即所谓“核心期刊”）的论文全部被收录。此外，还收录了800多个会议论文集，以及非期刊性出版物400多种。现在的年报道量为20万条。

SA收录的文献类型有期刊论文、会议文献、科技报告、学位论文和科技图书等，1977年以前也收录英、美两国的专利文献。SA的出版形式分为印刷型、缩微型和磁带型三种，其中印刷型又分为A、B、C三辑，即三个分册，A辑为《物理文摘（科学文摘A辑）》，1956年68卷起改为半月刊；B辑为《电气与电子学文摘（科学文摘B辑）》，月刊；C辑为《计算机与控制文摘（科学文摘C辑）》，月刊。与此相对应，还出版三辑题录，称《××文摘速报》，题录的报道速度快、时差短，都在文摘之前提前预报。

（一）A辑

A辑为《物理文摘》，简称PA，原为月刊，1969年起改为半月刊，每年报道文摘约15万篇，内容包括下列10个大门类：

00.00 总论（历史、教育；数学方法；经典与量子物理学，力学与场，相对论，统计物理学、热力学、测量学、实验室技术与仪器）

10.00 基本粒子物理学与场论

20.00 核物理学

30.00 原子物理学与分子物理学

40.00 唯象学经典领域（含电学、磁学、光学、声学、力学、弹性、流变学等）

50.00 流体，等离子体与放电

60.00 凝聚态物质：结构、热性质和力学性质

70.00 凝聚态物质：电子结构、电性质、磁性质和光学性质

80.00 交叉学科与相关领域（含材料科学、物理化学、生物物理学、医用物理学、生

物医学工程）

90.00 地球物理学，气象学，天文学，天体物理学

（二）B辑

B辑为《电工与电子学文摘》，简称EEA，月刊，年报道文摘约8万篇，内容包括下列9个大门类：

00.00 总论，工程数学与材料科学

10.00 电路理论与电路（并含微波技术）

20.00 元组件，电子器件与材料

30.00 磁性材料与超导材料及装置

40.00 光学材料与应用，电光学与光电子学

50.00 电磁场（含电磁波、天线与传播）

60.00 通信（信息与通信理论、远距离通信、雷达与无线电导航、收音机、电视与声频设备）

70.00 仪器与具体应用（测量学，测量设备与仪表、特定变量测量等）

80.00 动力系统与应用（电力网与系统、发电站与设备、功率仪表与电机、动力应用等）

（三）C辑

C辑为《计算机与控制文摘》，简称CCA，月刊，年报道文摘约7万篇，内容包括下列8个大门类：

00.00 总论与管理（一般控制与计算机问题）

10.00 系统与控制理论（数学技术、系统理论与控制论、控制理论）

30.00 控制技术（特定变量控制与测量、控制设备与仪表、控制应用）

40.00 数值分析与理论性计算机论题（数值分析、计算机元理论与开关理论）

50.00 计算机硬件（逻辑设计与数字技术、存储器件与技术、模拟计算机与数字计算机及其系统、计算机外围设备）

60.00 计算机软件（软件技术与系统）

70.00 计算机应用（行政管理数据处理、情报科学与文献工作、自然科学、工程及其他）

二、SA索引体系

（一）辅助索引（Subsidiary Index）

辅助索引包括图书索引、会议索引、团体著者索引、参考文献目录索引。它们是查找SA报道的图书、会议、科技报告等文献类型的工具，实质是SA的专指文献类型索引。

（1）图书索引（Book Index）。图书索引报道当期、半年或四年度引用的图书，一定程度上起到书讯的作用。该索引按照书名字顺排列，著录著者或编者姓名，方括号内给出出版地、出版单位、出版年和价目等出版事项，最后著录文摘号。其格式如下：

Computer Applications for Engineers① [chichester UK; Wiley 1991]②6582③
Finite Element method, principles and Applications;① [wokingham, UK; Addison westey 1991]②9754③

说明：①书名；②出版者、出版地、出版年；③顺序号。

（2）会议索引（Conference Index）。该索引把每期、半年或四年所报道的会议文献按照简化的会议名称字顺排列，依次著录会议名称、会议地址、日期、主办单位名称、出版年等出版事项（方括号内）及顺序号。

Document93；①London，UK，16－18 NOV. 1993，② [Londor UK：Blenheim Online 1993]③3315④（Introductory abstract）⑤ Electromagnetic Compatibility；①Manchester，UK. 5－7 Sept. 1994，② [London，UK：IEE 1994]③1645，2827－9，2894，4246，4297，4521④

说明：①会议名称；②会议地点、时间；③主办单位及出版年；④顺序号；⑤注明为报道性文摘。

（3）团体著者索引（Corporate Author Index）。团体著者索引是在1977年前的报告索引（Report Index）、专利索引（Patent Index）的基础上合并而成的。1977年报道的专利文献即行中止，专利改由德温特出版物集中报道。团体著者索引报道政府部门、研究所、实验室、企业、公司等机构提出的研究报告，是查找报告的专门索引。该索引按照团体著者（机构）缩写名称字顺排列，依次著录机构名称及地址、文献篇名、报告号以及相应的顺序号。著录格式如下：

Inst. Electr. & Electron. Eng. ①New York，NY. USA② IEEE guide for developing Software life cycle processes，③ IEEE std. 1074，1－1995④4878⑤

说明：①机构名（缩写）；②机构所在地址；③机构提供的报告论文篇名；④报告号；⑤顺序号。

（4）参考文献目录索引（Bibliography Index）。列入本索引的文献需附40篇以上参考文献的文章，因此，这种索引在一定程度上可起到小型专题文献索引的作用——提供引文追踪的方法，由一篇文献入口可获数十篇文献线索。遗憾的是本索引已于1994年开始取消。

上述四种辅助索引在主题索引和分类目次表之外，提供从图书名称、会议名称、机构名称、引文追踪等已知条件获取对应文献条目的顺序号，即可转入文献条目查找，从而提供多种辅助检索途径。

（二）著者索引（Author Index）

著者索引出现在期文摘本，半年度、四年度累积索引本中。期文摘本的著者索引依著者姓氏字顺排列（姓前名后）。每著者姓名后只著录顺序号。著者姓氏前的“+”号表合著者，姓氏后的“+”号表第一著者，姓名前后均无符号者表示该人为唯一著者；累积索引本著者索引除依字顺标注著者姓名（姓前名后）及顺序号外，在第一著者姓名后增设合著者姓名论文文献篇名，文献篇名只出现在第一著者名下，其他合著者注明“See”（见）第一著者及顺序号。

（1）期文摘本著者索引。期文摘本著者索引格式如下：

Anmann，MH+①……3180② +Ammar，M③……2980② Amon，D. M④……4814②

说明：①第一著者名；②顺序号；③合著者名；④唯一著者名。

（2）累积索引本著者索引。累积索引本著者索引格式如下：

Hintz，J. C;① Chin，J. M；Ledin，P. A，Boydstun，K②
US in DAD in Expert Systems Development③ 5545④
Hintz，K. J② See Moghaddam，B① 8177④

说明：①第一著者；②合著者；③文献篇名；④顺序号。

（三）主题索引（Subject Index）

主题索引仅存在于累积索引本中，是累积索引本的主体。主题索引按叙词字顺排列组织，每个叙词下列出若干条说明文献主要内容的说明语和顺序号，同一叙词下有多条说明语则依说明语的首词排列——先数字后字顺。有的主题词下附设“参见”（See also）引导的参考叙词，主题索引著录格式如下：

Control System①	
See also② Bode Diagrams；Correlation Methods③	
Disc Drive Sector Servo System Digital Control④	
Digital Control①	1936⑤
Disc Drive Sector Servo System Digital Control④	
	1936⑤

说明：①叙词；②参见款目；③相关主题词；④说明语；⑤顺序号。

由此可见，主题索引由叙词 + 说明语 + 顺序号构成。叙词均选自 INSDEC Thesaurus（IN－SPEC 叙词表）中的词汇，可呈单个名词及词组形式出现。

三、SA 的检索

SA 有以下四种检索途径：

（1）分类检索途径。SA 的文摘正文按学科分类编排，目前使用英国电气工程师学会与有关协作单位共同拟定的自编分类表，按专业分类体系编制，分为四级，有近 2000 个类目。由于分类详细、专指度高，能较好地满足族性检索和特性检索的要求。所以，分类检索途径是 SA 检索文献的主要途径之一。

（2）主题途径。主题检索途径也是 SA 检索文献的主要途径之一。SA 采用的主题词为叙词，并编辑出版了《INSPEC 叙词表》，是帮助检索者选择主题词和有效地利用主题索引的重要工具。利用主题途径的步骤与 EI 相仿，不再赘述。

（3）著者检索途径。著者检索途径包括著者索引和团体著者索引，也是检索 SA 的重要途径之一。利用著者途径，要求在检索之前，确切掌握著者姓名或企业、公司的名称。

（4）其他检索途径。SA 的其他检索途径包括会议索引、引用文献目录索引和图书索引。会议索引是查找有关专业会议文献的有效途径，索引中载有各种会议的全称、会址、会期、主办单位和出版物及会议论文的文摘号；引用文献目录索引为 SA 的一大特色，使用此索引，可由一篇相关文献检索到一批相关文献，相当于编制了某个课题的专题书目，提供了课题研究的发展历史、现状和趋势，可以节省大量的检索时间；图书索引是将 SA 收录的图书抽出编制而成的一种索引，便于检索者从图书角度进行检索。SA 检索途径如图 4－4 所示。

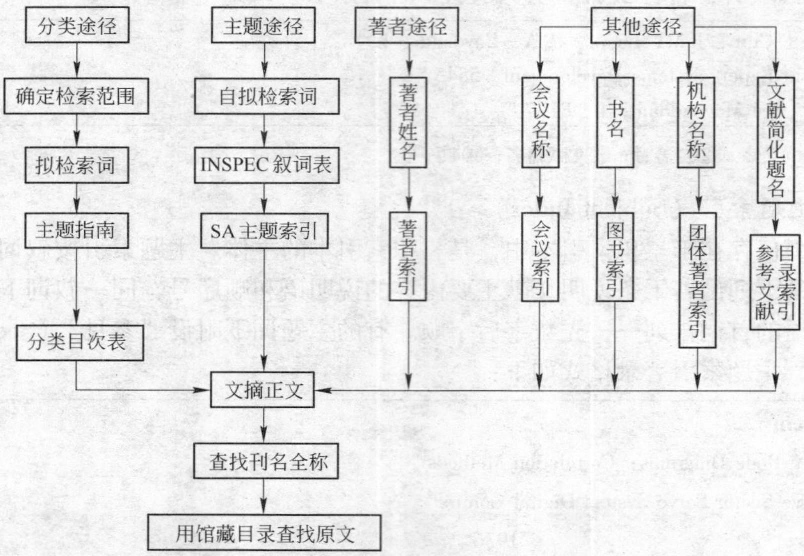

图 4－4　SA 检索流程图

第四节　美国《化学文摘》

一、概况

美国《化学文摘》（Chemic Abstracts，CA）创刊于 1907 年，是一种享有世界声誉的化学化工专业性文摘刊物，是由美国化学学会、美国化学文摘社、英国化学学会和德国化学情报文献社合作出版的大型化学化工文献检索系统，现为周刊。CA 收录的文献以化学化工为主，是开启“世界化学文献宝库的钥匙”。CA 收摘世界上 150 余个国家的近 16000 种科技期刊，其中大约 8500 种为当年出版的刊物，其余 5500 种则为近五年内出版的刊物。内容除化学化工外，尚在不同程度上涉及生物、医学、轻工、冶金、物理等学科。收录文献类型有期刊论文、专利文献、学位论文、会议文献、科技报告、存档资料和图书（包括视听资料）等。

CA 收录的各种资料，就文种而言，已达 56 种之多。据统计，CA 收录的文献，占世界化学化工文献总量的 98%，其中 70% 的资料来自美国以外的国家和地区。

从文献内容看，CA 收录的主要是纯化学和应用化学各领域的科研成果和工艺成就，而不报道化工经济、市场、化学产品目录、广告及化工新闻方面的消息。它是查找化学化工文献的重要检索工具。目前 CA 通过书本式检索工具、联机检索数据库、WEB 数据库和光盘数据库对外服务。特别是 1996 年美国化学文摘社正式推出光盘版 CA，使 CA 的检索不限于手工检索和联机检索。CA 的用户可亲自通过 CA 光盘检索有关信息。CA 检索系统无论从报道文献数量、编排体系、文献著录格式方面看，还是从文摘质量、索引体系及其辅助检索手段上看，都独具特色。

二、CA 的结构及内容

CA 的主体内容分为文摘和索引两部分。索引分为期索引（附在文摘后）、卷索引和累积索引三种。期索引又分为关键词索引、著者索引和专利索引三种；卷索引单独出版，常用的有著者索引、普通主题索引、化学物质索引、分子式索引和专利索引五种；累积索引由卷索引汇编而成，所设索引的种类与卷索引相同。

除了文摘和索引外，CA 还有几种重要的辅助性索引工具——《索引指南》、《登记号索引》、《CAS 资料来源索引》以及《母体化合物手册》。在此重点介绍文摘部分。

（一）文摘的类目

CA 的文摘以报道性为主，其次为指示性或题录形式的。文摘反映以下几方面的内容：（1）研究的目的和范围；（2）新的化学物质、新的化学反应、新材料、新工艺和新的仪器装置和工具、新资源等；（3）观测的数据和结果以及作者的解释和结论；（4）已知物质的新性质、新来源及新用途等。文摘是按类目编排的，每一类目下又有一定的编排顺序和格式，而每条文摘又按一定的格式著录文献的外部特征和内容摘要。

CA 初创时未作具体的分类，随着学科的发展，CA 自 1911 年起设置了 30 个类目，后来几经变动，目前共设 80 个类目，划分为 5 个部分。CA 每周出版一期，但单号期与双号期刊载的类目不同。

单号期
- 第一部分：生物化学类目（1～20 类）
- 第二部分：有机化学类目（21～34 类）

双号期
- 第三部分：高分子化学类目（35～46 类）
- 第四部分：应用化学与化学工程类目（47～64 类）
- 第五部分：物理化学、无机化学与分析化学类目（65～80 类）

（二）文摘的编排顺序

CA 每一类目下的文摘分 4 个部分编排，每一部分之间用虚线隔开。编排次序是：（1）论文（包括会议录、学位论文、科技报告、存档资料和专题综述等）；（2）新书及视听资料；（3）专利文献；（4）相关的类目及文摘。每一部分中内容相近的文摘基本上排在一起。当文摘内容涉及两种或更多的类目时，将文摘置于其主要内容应属的类目之内，而在其他相关类目则概略报道一下，并用参见（See also）指引。因此，参见类目对扩大文献的查阅线索和涉及多学科的文章颇有帮助。自 76 卷（1972 年）以后，改为论文参见和专利参见两部分，分别列出相关的类目顺序号、文摘号和文献题目。

（三）文摘著录格式

（1）期刊论文著录格式。期刊论文著录格式如下：

129：248990z① Hydrogen Separation With inorganic porous membrane②. Stanley，BrettJ③.（Department of Chemistry California State University，San Bernardino，CA，92407～2397 USA）③ Anal. Chem. 1998，70（8），1610—1617④（Eng）⑤，American Chemical society⑥.

说明：①卷次、文摘号及核对字母；②文献标题（一律采用英文著录）；③著者姓名（圆括号为第一著者工作单位或论文寄发单位）；④文献出处（包括缩写刊名，出版年、卷、期（括号内）及起讫页码，刊名全称可查“CAS 来源索引”）；⑤原文语种；⑥出版者。

（2）专利文献著录格式。专利文献著录格式如下：

> 131：298308q① Process for the adsorptive separation of metaxylene from xylene isomer mixtures using hydrated NaY zeolites as the selective adsorbent②. Kulprathipanja，Santi③ （UOP LLC，USA）④ U. S. US 5，900，523⑤ （Cl. 585－825；C07C7/12）⑥，4 May 1999⑦，US Appl⑧. 608，784，29 Feb 1996⑨；9 pp⑩. Cont. －in－part of U. S. Ser. No. 608，784⑪，abandoned. （Eng）⑫.

说明：①卷次、文摘号；②专利文献题名；③发明人姓名；④专利权人；⑤专利国和专利号；⑥专利分类号；⑦专利公布日期；⑧专利优先申请国代码；⑨优先申请号、优先申请日期；⑩专利文献页码；⑪相关专利和它的优先申请号；⑫语种，在专利说明书页数后边注有“addition”（增补）、“division”（部分）、“continuation”（连续）、“reissue”（再公告）等字样时，是指与本专利有关的专利。

（3）参见项著录格式。参见“See also”款目分为论文参见和专利参见两部分，各部分又有与本类目有关的参考类目（永久性参见）和参考文献（临时性参见）。现以 59 类“空气污染与工业卫生”的参见款目为例，来说明其著录格式：

> For papers of related interest see also section①
> 4③ Texiclology⑤
> 6③ 1726K④ Bioremediation：towards a credible technology⑥.
> 51③6228n④ Coalbed methane：From hazard to resource⑥.
> 6289p④ Grochemistry of coalbed gas－A review⑥.
> ———— ———— ————
> For patents of related interest see also section②
> 47③ 59272④ Polyacetal fiber mesh textile and filter member using same.⑦

说明：①论文参见部分；②专利参见部分；③参见分类号；④文摘号；⑤参见类目名称（永久性参见）；⑥参见文献篇名（临时性参见）；⑦发明名称（部分发明名称有所改动）。

三、CA 的检索

CA 的索引体系非常完备，为用户检索化学、化工文摘提供的检索途径也比较多。归纳起来有以下五种：

（1）主题途径。这是常用的方法，是几种检索途径中最重要的途径，任何文献都可以用主题途径进行检索。首先根据课题内容，选出主题词或关键词，然后利用“化学物质索引”、“普通主题索引”、“关键词索引”检索出文摘号，再根据文摘号查阅所需资料，尤其利用卷索引、累积索引系统查找有关某一课题资料时，效果明显。

（2）分类途径。根据检索课题的材料性质，确定其所属类号，从每期文摘正文前的“目次表”，我们可知该类目的起始号码，然后到所属类目下逐条查阅有关的文献，从中选出合适的资料。这种方法查检效率不是很高，有漏检的可能，一般用于浏览近期的文摘。

（3）作者途径。在已知作者的情况下方便又迅速，很容易掌握。

（4）号码途径。在已知号码的情况下，可利用“专利索引”、“登记号索引”查找。

（5）分子式和环系途径。在查找有机化学、生物化学和医药方面化学结构复杂的物质时，可使用“分子式索引”、“环系索引”、“杂原子索引”。

第五节 美英《金属文摘》

一、概况

美英《金属文摘》（Metals Abstracts，MA）的前身是美国金属学会主办的《金属文献评论》（Review of Metal Literature）和英国金属学会主办的《金属文摘》（Metallurgical Abstracts），现由美国金属学会（American Society for Metals，ASM）与英国金属学会（Institute of Metals）联合编辑出版。1968 年创刊，为月刊，是金属界科研人员必须熟悉的一种检索工具。

MA 收录世界主要工业国家 1400 多种有关金属方面的科技期刊、研究报告、会议论文集和图书等文献，时差约 4 ~ 6 个月，报道的内容主要涉及采矿、金属材料、金属物理、金属冶炼、轧制、金属冷热加工、复合材料和电子技术等方面的文献。

二、MA 的内容及结构

《金属文摘》检索系统包括《金属文摘》、《金属文摘索引》、《金属文摘年度索引》、《合金索引》和《冶金词表》共五种检索刊物，它们有着不同的作用和特点，应相互配合使用。

三、MA 的检索方法

《金属文摘》一般利用主题索引和合金索引。由于金属各专业中，大都涉及合金，而合金索引的编排既符合专业特点又相对简便易用，因此使用合金索引检索较之主题索引更直接、更快捷。具体的检索步骤如下：

（1）主题途径。确定主题词→用“冶金词表”核实主题词→在年度或期主题索引中按字母顺序在主题词下查到一些索引条目，浏览后获得切题的文摘号→检索文摘，根据文摘号，在相应的文摘本中按号码顺序查阅文摘，获得原文出处→查找年度索引中的引用期刊目录，获得刊名全称，最后索取原文。

（2）合金索引途径。确定合金分类名称→根据分类类名，在合金索引本的目次表中查找该合金所在页码，或直接在索引中按类名字顺序寻找到这一类目所在→在类名下找出该合金，浏览得到切题文献→索取原文。

第六节 美国《环境文摘》

一、概况

美国《环境文摘》（Environment Abstracts）于 1971 年创刊，是检索环境科学与技术文献的主要工具之一，月刊。原由美国环境信息中心（Environment Information Center，EIC）编辑出版，1989 年改由美国 Bowker A&I 公司出版发行，1994 年又改由美国国会信息服务公司（Congressional Information Service，Inc.，CIS）编辑发行。随着出版者的更换，其出版形式、编排结构也发生了明显的变化。

《环境文摘》收录的文献源自世界各国出版的期刊和其他出版物，收录的文献包括《环境科学技术期刊》(Scientific Journals) 上发表的论文以及其他大众杂志 (Popular Magazines) 上发表的与环境科学有关的文章，会议论文和会议录 (约占 25%)，政府机构、科学协会、国家和国际研究机构出版的专题报告和专著等。目前，《环境文摘》每期收录的文献条目约 1200 ~ 1500 条。

《环境文摘》出版有月刊、季刊和年刊三种形式。月刊包括文摘和索引，季刊和年刊是月刊的累积索引。《环境文摘》还出版缩微胶片和光盘。同时，CIS 公司通过 Dialog、Lexis – Nexis、Datastar、Orbit、CAN/OLE、Fiz – Technik 和 ESA – IRS 等联机检索系统提供检索服务。

二、内容结构

《环境文摘》自 1994 年改由 CIS 编辑出版以来，出版形式和编排结构有显著变化。1971 ~ 1993 年间，《环境文摘》以期刊本和年度累积索引两种形式出版，期刊本包括文摘和索引，索引包括主题索引、著者索引、地理索引、工业索引、来源索引等。1994 年以后，《环境文摘》将期刊本中的文摘和索引分开出版，同时为便于查找，还增出了季度累积索引。1994 年以后的索引包括主题索引、著者索引、来源索引和篇名索引，原来的地理索引、工业索引不再单独编排，其内容包含在主题索引中。

三、检索途径

EA 检索途径有分类途径、主题途径、著者途径、题名途径和出版物名途径五种。用户在已知所需文献的分类、主题词、著者、题名或出版物的情况下，可分别通过上述五种途径进行检索。

思考题

1. EI 有哪些特点？
2. 怎样利用 EI 的著者途径检索文献（检索步骤）？
3. 画出 SHE 索引的模型框图（用输入、输出概念）。
4. 画出 PIE 索引的模型框图（用输入、输出概念）。
5. SA 各分辑的适用范围是哪些？
6. SA 的辅助索引指的是哪些索引？主题索引体现何种检索语言？
7. 标注著录格式（要求标明是什么索引，然后在其下注明著录格式）。

Bach, R + ①…… 31528
\+ Bok, T②…… 31581
Carrington, B. M③…… 35342④

①表示：　　②表示：
③表示：　　④表示：

8. MA 使用什么索引检索比使用主题索引更直接、更快捷？

第五章 专利文献及其检索

第一节 专利的基础知识

一、专利的含义

实行专利法和专利制度的根本目的在于鼓励发明创造，即利用法律和经济手段促进社会的技术进步。

“专利”的含义通常有三层意思：一指专利权；二指取得专利权的发明创造；三是指专利文献。但专利主要指专利权。

（一）专利权

专利权利有排他性、时间性和区域性三性。

专利的第一层意思是从法律的角度说的。专利权是专利局依照专利法授予发明人或申请人对某项发明创造在规定期限内享有的独占权。这种权利是一种产权，即财产权，具有排他性。按照专利法的规定，未经专利权人许可，任何单位或个人不得使用其专利，即不得为生产经营目的而制造、使用或销售其专利产品，或者使用其专利方法。专利权具有地域性，例如在我国授予的专利权，只在中华人民共和国境内受到法律保护，在其他国家就不会受到法律保护，除非就同一发明向其他国家专利局申请并得到批准。专利还有时间性，其有效期一般是从提出申请或获得批准之日起10~25年。专利权一但丧失，相应的发明就变成“公知公用”的技术。因此专利文献是一个由科技发展历史累积而成的技术宝库。

（二）发明创造

专利技术有新颖性、创造性和实用性三性。

专利的第二层意思是从技术角度上说的，指受专利保护的技术发明，简称“专利技术”。专利技术有两个特点：一是要获得批准的专利必须具有新颖性、创造性和实用性（这就是通常所说的专利审批的“三性”）；二是必须把发明的技术内容详细记录在专利说明书中，专利说明书由各国专利局公开出版发行，任何人均可购买和订阅，并可任意复制。因此，专利技术是不保密的，人人可以得到，但又不能随意使用或仿造（这是专利的特殊性之一）。

虽然无论哪种类型的专利，都需要这‘三性”，但每一种类型的侧重点却是不同的。对于发明，更加强调创造性；对于实用新型，更侧重实用性，而对于外观设计，新颖性则是关键。

（三）专利文献

专利文献有法律性、技术经济性和文体模糊性三性。

专利的第三层意思是从文献角度说的，指由成千上万的专利说明书构成的专利文献。

广义地说，专利法本身也是一种专利文献，但通常所指的专利文献，则主要指专利说明书。专利说明书中载有发明内容的细节，专利权利要求记载发明创造受保护的技术范围，以便用作判断专利侵权的判据。这种对发明进行报道和公开的专利说明书，既是一种法律文献，又是较有价值的技术情报。但专利文献也带有一定的模糊性，因为它只是一种技术方法或技术方案，要实施甚至实现的话，一定有个物化的过程。

二、专利权的基本特征

（一）独占性

专利权人对其获得专利权的发明创造在一定期限内享有制造、使用和销售的独占权，未经专利权人许可，他人不能使用该项发明，否则将构成侵权行为，要承担法律责任。任何人想要实施专利必须事先得到专利权人的许可，并支付一定费用。

（二）时间性

时间性是指专利权有一定的期限。对专利的保护年限，各国专利法都有具体规定，一般在 5 ~ 20 年之间，这一期限称为权限期，多数国家规定从申请日起计算，也有不少国家规定自授权日起计算。过了这一期限，专利权便自行终止，该发明即成为社会公共财富，任何人都可以无偿使用而不构成侵权行为。

我国 1985 年 4 月 1 日实施的《中华人民共和国专利法》规定：发明专利权的期限为 15 年；实用新型和外观设计专利权的期限为 5 年，期满前可以申请续延 3 年；期限均自申请日起计算。2008 年《中华人民共和国专利法》将上述规定修改为：发明专利权的期限为 20 年，实用新型和外观设计专利权的期限为 10 年，从申请日起计算，并取消了允许实用新型和外观设计专利可申请延续 3 年的规定。

（三）地域性

一个国家授予的专利权，仅在该国国境内有效，而对其他国家没有任何约束力。在一个国家获得专利权的发明创造，如果需要在其他国家获得保护，就必须向其他国家申请专利。为了占领更多的国际技术市场，扩大对发明创造的保护范围，同一发明创造可向多个国家申请专利。

三、专利的类型

各国的专利大多分为三种类型，即发明专利、实用新型专利和外观设计专利。

（一）发明专利

发明专利是指对产品、方法或其改进提出的新的技术方案或技术思想。

发明专利是三种专利中最重要的一种。发明分广义和狭义两种，广义的发明指一切创造新的事物或新的制作方法，是以技术形态表现的人类的精神创作，是人类利用自然的力量征服自然、控制自然的杰作。专利法规定的发明概念则是狭义的。如我国《专利法》把发明规定为对产品、方法提出的新方案或对原有的产品或方法提出的改进。日本对发明称为“特许”。

“发现”与“发明”的字面说法似乎差不多，但其在概念上，尤其在专利法中是严格区分的，可以说是完全不同的概念。发现是指人类对自然规律的新的揭示，或对客观世界的物质及其运动的规律或现象的再认识。而发明则表现了人的主观能动性和创造力，创造自然界中原来并不存在的东西。

（二）实用新型专利

实用新型专利是对产品的形状、构造或组合提出的新的实用技术方案。

与发明专利相比，实用新型专利则是所谓“小发明”或“小专利”（有的国家这样称呼），日本则称之为“实用新案”，我们则常说“小改小革”、“技术革新”。它是指对产品的形状、构造或组合所提出的实用的新的技术方案。实用新型一般是有固定形状的实物或某种产品。

（三）外观设计专利

外观设计专利是对产品的形状、图案、配色或其结合作出的新颖设计。

外观设计专利（日本称为“意匠”）指对产品的形状、图案、配色或这几项的结合所做出的富有美感并适于工业上应用的新设计。例如，自行车刚刚问世的时候应当算是发明专利，但把它的轮子变大变小（儿童车、女式车、越野车），或增加其强度（载重车），或提高其速度（赛车）等，就是实用新型专利，如果把自行车的色彩或其他装潢加以改进，使更加美观适用，则可称为外观设计专利。

最初，外观设计一直以装饰美为主，但自 21 世纪初起，产品采用大规模机器生产，对产品的合理性要求不断提高，外形装饰美已降为第二位。不少人主张产品的真正美应寓于功能与外形的结合之中，即应从产品结构性能的角度来考虑产品的美。这种思想使外观设计产生了由装饰美向功能美发展的倾向。

在有些情况下，外观设计也有可能与技术方案融为一体。例如，一种新型暖气片，造型美观，符合取得外观设计专利的条件，而这种造型又使热效率大为改善，构成了实用新型专利，这样，产品的造型有时与发明或者实用新型融为一体。如果从产品的外观角度出发，可以申请外观设计专利，如果从技术性能的角度考虑，可以申请发明专利或实用新型专利。同一产品可以同时申请外观设计专利和发明专利，或者同时申请外观设计专利和实用新型专利。

以上三种类型专利，前两种是主要的，占专利文献的 90% 以上。尽管发明专利是相当重要的，但实用新型也不容忽视。实用新型的技术水平不一定高，但其经济价值却不一定小，而且小发明人人可为，数量多了仍然能推动技术革新和技术进步。一般而言，发达国家发明居多（专利总量也多），而发展中国家实用新型居多（而专利总量少）。

如果申请人就同一项发明向不同国家申请专利，这样产生的专利文献就会附加上如下一些类型：

（1）基本专利。基本专利指申请人就同一个发明在最先的一个国家申请的专利，这个国家可以不是申请人所在的国家。例如，世界上第一个关于超导的专利是 IBM 公司苏黎世研究所到日本去申请的。但我国《专利法》规定，国内的发明要申请他国的专利必须先取得中国专利。由于世界各国公布专利的先后时间和专利公报到达英国的时间不同，因此德温特公司在 WPI 中把基本专利约定为最先到达该公司的专利（并用五星号“*”标识）。

（2）相同专利。相同专利指发明人或申请人就同一个发明在第一个国家以外的其他国家申请的专利（WPI 中用“=”标识）。

（3）同族专利。就某一个发明而言，它的基本专利和一系列相同专利的内容都是几乎完全一样的（但可能文字不同），它们构成同族专利。专利在后续申请过程中可能做一些小的改动，大多数专利法都允许这样做。

（4）非法定专利。巴黎公约规定当第一个专利获得批准之后，就同一专利向其他国家提出的相同专利的申请必须在一年内全部完成，超过一年的则成为非法定专利，其法律性就大为减弱了（WPI 中用“#”号标识）。

四、取得专利权的条件

发明创造必须符合专利法规定的条件，才能被授予专利权。授予专利权的发明和实用新型应当具备新颖性、创造性和实用性。授予专利权的外观设计应当具有新颖性、独创性、实用性和美感。这就是人们通常说的授予专利权的条件，简单说就是专利条件或专利性。

（一）新颖性

发明创造的新颖性是指在一定的日期（一般来讲是专利申请日）前、一定的地域范围内（在本国或在全世界），发明是已知技术知识所未包括的，亦即发明是前所未有的或者说是未被公知公用的。对公知公用的范围，各国专利法规定不同。一种叫绝对新颖性，即在世界范围内未被公知公用；一种叫相对新颖性，即在本国或本地区未被公知公用；另一种为上述两种的结合，只要没有在世界范围内被公知，没有在本国内公用，就具备新颖性，美国、日本和中国就使用这种新颖性。

一般来说，各国专利法都把提出专利申请的日期作为确定新颖性的时间界限，凡是申请日之前未被公知公用的发明创造即具备新颖性，否则，则失去新颖性。但也有例外情况，如新颖性优先权等。

新颖性优先权是指同一发明创造由同一申请人已在某国第一次申请专利，并于法定期限内（发明专利与实用新型专利为 12 个月，外观设计专利为 6 个月）又向其他国家提出专利申请，不丧失新颖性，在其他国家的申请日期按第一次申请日计算，这在专利法上称为优先权。第一次提出申请的日期称为优先权日，第一申请国称为优先申请国，第一申请国给的申请号称为优先申请号，这三项统称优先权项。这是巴黎公约的一个基本原则，在巴黎公约成员国之间，或签订有承认优先权的互惠协议的国家之间有效。

审查发明的新颖性，主要依靠检索专利文献或非专利文献，即查阅已公布的专利文献和已出版的其他类型文献中是否已包括申请专利的发明。至于发明是否已被使用，特别是在国外是否已被使用，如无人举报是很难查清的，除非已被普遍使用。

（二）创造性

发明的创造性又叫先进性。我国《专利法》规定：创造性是指同申请日以前已有的技术相比，该发明有突出的实质性特点和显著的进步，该实用新型有实质性特点和进步。判断发明的创造性是一个复杂的分析过程，涉及的因素很多，各国的专利法在实施过程中形成了许多不同的经验，在具体评价创造性时，经常采用一些所谓证明创造性的客观标志予以补充。下面是一些客观标志的例子：

（1）开拓性发明，又称首创性发明。这是指全新的技术方案，开辟了一个新的领域，在技术史上没有先例，如电灯、电视机、激光器等发明。

（2）发明解决了长期以来渴望解决的问题。例如，对农场牲畜打上永久性标记的问题，原来用灼热铁块烙印，给牲畜带来痛苦，同时也损坏了毛皮。后来有人发明了用冷冻烙印法打上永久性标记，解决了长期没有解决的难题。

（3）发明克服了技术偏见。例如，敌敌畏原来在一个长时期内被认为是用作制造染料的原料，后来有人发现它有杀虫作用而用它制造杀虫剂，这也是具有创造性的发明。

（4）在已有技术基础上，加以改进和发展，创造出新的发明，取得了预料不到的效果，也被认为是具有创造性的。如应用发明，包括公知产品的新用途、公知方法或者设备用于某种新目的，或者公知技术转用于其他方面，产生了预料不到的技术效果的，也认为该发明有创造性。例如，降落伞被用于矿井中阻挡气流就曾获得一项美国专利。

（三）实用性

有些国家专利法把实用性称为工业实用性。我国《专利法》规定：实用性是指该发明或者实用新型能够制造或者使用，并且能够产生积极效果。所谓工业，应当从它的广义来理解，它包括任何含有技术性质的活动，所以，工业、交通运输、矿业、农林渔业、畜牧业等都包括在内。

具体而言，发明创造的实用性应具备可实施性、再现性和有益性。可实施性是指申请专利的发明创造必须是已经完成的，是其所属技术领域的普通技术人员能够按照说明书实施；再现性是指发明创造必须具有多次重复再现的可能性，即能在工业上重复制造出产品来；有益性是指发明创造实施后能够产生一定的经济或社会效益。

第二节 专利文献

一、专利文献的含义

专利文献是专利制度的产物，它是一种重要的科技文献，其中包含了丰富的技术信息和经济信息。专利文献从广义上讲，包括申请说明书、专利说明书、专利公报、专利文摘或题录、专利分类法以及在专利的申请和审批过程中涉及的所有法律文件。专利文献从狭义上讲，指的是专利说明书。本部分所阐述的专利文献也是指狭义的专利文献。

专利说明书的出版情况与实行的专利审查制度有关，对于实行“早期公开，延迟审查制”的国家来说，一般出版两次说明书；对实行“初步审查制”和“实质审查制”的国家来说，专利说明书一般出版一次。专利说明书的出版情况以及写作内容都较为复杂，在此不作赘述。

二、专利文献的特点

专利文献具有以下特点：

（1）内容新颖，范围广泛。获得专利权的发明创造应具备新颖性，因而专利文献中包含了最新的技术内容。专利文献的内容涉及所有应用技术领域，从高、精、尖技术到人们的衣、食、住、行，大至航空航天、遗传工程、核技术，小至雨伞、儿童玩具，无所不包。

（2）系统、详尽、实用性强。为了获得专利，申请人必须在申请文件中对其发明创造作出充分的揭示，以确保所属专业的普通技术人员可以实现该发明创造，因而专利文献中也包括了发明创造的技术要点、各种实施方案、对现有技术的描述和评论。申请专利的发明创造，必须具备实用性，即能够制造或使用，因此，一般专利文献的内容都是对某应用技术领域内的具体问题提出的新技术方案，具有很强的针对性和实际参考价值。

(3) 可靠性强，质量高。首先是申请文件的撰写，大多数是由受过专门训练的专利代理人与发明人认真磋商后完成的，在阐述发明创造的准确性方面超过一般科技文章；其次是世界上大多数国家采用实质审查制或延迟审查制，申请人为了顺利地通过审查关，一般都力求使说明书符合专利性的要求，特别是那些经过专利局严格的科学审查的专利说明书，一般都具有相当高的水平。

(4) 格式统一。各国专利说明书都按照国际统一的格式印刷出版，各著录项目都采用了国际上统一的识别代码，并且都标注有国际上通用的国际专利分类号。这为专利文献的检索，特别是利用计算机检索提供了极大的方便。

(5) 重复出版量大。据世界知识产权组织统计，全世界每年公布的专利说明书数量达100万件以上，但其中，基本专利说明书只占三分之一，而另外三分之二的专利文献是重复的。造成重复的原因主要有两个：一是同一发明创造可以向若干个国家申请专利，这就造成重复公布，出现了相同内容但不同语种的专利说明书；二是很多国家的专利机构在管理和审批申请案过程中多次公布专利说明书。

专利说明书的重复出版，给收藏单位增加了负担，但是从文献利用的角度来说，这种重复公布可给检索者选择语种的机会；同时，通过分析同一件专利有多少相同专利，可看出一项发明创造的重要性。

三、专利文献的作用

(一) 法律作用

专利文献是专利局审查人员判定一项专利申请是否符合新颖性条件的主要依据，也是专利申请人在申请前进行自我“查新”的主要依据。另外，专利文献中含有大量的工业产权信息，这些权利信息是其他信息源无法提供的。所谓权力信息，是指专利文献中所包含的有关发明人、专利权人、专利保护期、专利权保护范围等信息，这类信息对于判定某项新技术的应用或某种技术、产品的进出口是否会构成对他人权利的侵犯等，极为重要。同时，专利说明书中的权项部分是判决专利侵权诉讼案的唯一强有力的证据。

(二) 经济信息作用

一个机构的专利申请及有效专利的多少，反映了该机构的科技实力，了解这些信息，有利于技术引进和出口。例如，当引进外国技术和设备时，事先应比较各国各公司的技术、设备的先进程度以及是否符合我国国情等情况，审视引进技术和设备中专利权所处的状态等，这些都要靠查阅专利文献来确定。利用专利文献可以掌握竞争对手的动态，例如，某公司正在进行哪些技术活动，都有哪些技术储备，专利的实施情况如何等，分析这些情况可为本企业制订生产规划提供依据。

(三) 技术信息作用

专利文献是重要的技术信息源，是当前能迅速向全世界提供最新技术信息的一条主要渠道。科研人员在拟定课题时参考专利文献，可以避免重复别人已经实现的发明，从而不至于造成人力、物力、财力的浪费。专利文献中对技术内容的详尽描述，对企业的技术改造和产品的更新换代帮助极大，按专利说明书的内容，某些解决具体问题的方案即可实施。专利文献可以帮助科技人员攻关解难，还可以开阔思路，启发人们进行新的发明创造。专利文献可以用来进行技术预测，通过研究专利文献，可以明确现有技术的发展水平和趋势，有助于找到新技术的突破口。

第三节　国际专利分类法（IPC）

一、概况

分类途径是检索专利文献最主要的途径。专利文献的内容涉及众多的技术领域，为了便于专利局的审查人员对专利申请案进行分工审查，同时也便于广大用户检索专利文献，必须将专利文献进行分类。分类时主要顾及发明创造的用途和功能，因而对一般科技文献的分类方法就不适用于对专利文献进行分类。过去，各国一般都建立了自己的专利分类体系，所采用的分类原则、分类体系和标记符号各不相同。后来，随着专利工作向国际化方向发展，就产生了国际上通用的国际专利分类法，以满足不同国家的所有专利文献使用者的需要。1968 年 9 月 1 日，《国际专利分类表》（International Patent Classification，IPC）公布生效，并用英、法两种文字出版。

为适应科学技术的发展，IPC 从 1969 年开始每五年修订一次，现已出版第八版。我国目前已翻译出版了 IPC 的第二至第八版。由于各版次 IPC 的类目名称和数量均有变更，因此利用 IPC 对专利文献进行回溯性检索时，一定要根据所需检索的年份，使用相应的 IPC 版本。

二、IPC 的体系结构和编号制度

IPC 是以等级形式，将技术内容按部、分部、大类、小类、主组、分组逐级分类，组成一个完整的分类体系。IPC 分类系统包括了与发明创造有关的全部技术领域。IPC 共分为九个分册出版，前八个分册分别对应 IPC 的八个部，第九分册为《使用指南》。

IPC 的标记制度采用拉丁字母和阿拉伯数字混合制和层累制与顺序制相结合的编号方法，即从部到主组用层累制编号，主组以下用顺序制编号。分组之间的等级关系用类名前面的错位圆点数表示等。

（一）部（section）和分部（sub－section）

IPC 共分为八个部，类号由 A～H 八个大写字母表示，分别对应 IPC 的前八个分册。分部不作为分类的一个等级，它的作用是将一个部中包含的不同技术主题用信息性标题分开，无分类号。部和分部的类目如下：

部	分　部
A 部：人类生活需要（农、轻、医）	农业、食品与烟草、个人或家用物品、保健和娱乐
B 部：作业；运输	分离与混合、成型、印刷、交通运输
C 部：化学；冶金	化学、冶金
D 部：纺织；造纸	纺织或未列入其他类的柔性材料、造纸
E 部：固定建筑物	建筑、钻井与采矿

F部：机械工程；照明；采暖 武器；爆破　　发动机或泵、一般工程、照明与加热、武器；爆破

G部：物理　　仪器、核子学

H部：电学

（二）大类（class）

大类是IPC的二级类目，大类类号由其上属分部的符号后加上两位阿拉伯数字组成。例如A部中的“食品与烟草”分部，下设A21、A22、A23、A24四个大类，其中A21为焙烤与食用面团。

（三）小类（sub-class）

小类是第三级类目，其类号是在大类的标记符号后再加一个大写拉丁字母（元音字母除外）来表示。例如，A21B为食品焙烤、焙烤用机械或设备。

（四）主组（main-group）

主组是第四级类目，其类号是在小类的标记符号后加1~3位阿拉伯数字以及一斜线（/）和两个零数表示。例如，A21B1/00为食品烤炉。

（五）分组（sub-group）

分组是第五级类目，其类号是将主组的标记符号中斜线后的两个零数改成别的数字表示之。例如，A21B1/02为按加热装置特点分类的食品烤炉。

分组以下各级类目的细分，则改用顺序制编号，用类名前的圆点数表示其级别，圆点越多，表明该分组的等级越低。五级类目用一个圆点，六级类目用两个圆点，以此类推，最多可达十余级类目。例如：

部	B	作业；运输
分部		交通运输
大类	B64	飞行器；航空；宇宙航行
小类	B64C	飞机；直升机
主组	B64C25/00	起落架
分组	B64C25/02	·飞机起落架
	25/08	··非固定的，例如可抛投的
	25/10	···可收缩、可折叠或可作类似动作的
	25/12	····侧向的
	25/14	····前后的
	·	
	·	
	·	

三、IPC关键词索引

IPC关键词索引（Official Catchword Index）是为了帮助用户从主题词入手，确定发明的IPC类号而设置的辅助性检索工具。该索引以关键词做标目，其后给出该关键词所属技术领域的IPC类号。该索引共收入6000多个关键词，全部关键词用大写体印刷，按字顺进行排列。有些关键词下又进一步划分出下属关键词，下属关键词用小写体表示，用来限定说明标目的含义。用该索引确定某项技术的分类号时，应注意表中给出的是比较粗的初

步分类号，若要找到确切的分类号，还需根据分类表索引给出的初级分类号到 IPC 分类表中进一步进行查找。下面举例说明该表的使用方法及步骤。

【例 5 -1】 检索课题：皱纹纸的加工。

（1）根据课题确定关键词——纸（paper）。

（2）按字顺到分类表索引中查 paper 一词的一级标题：

paper

在此一级标目下，又找到下属关键词——加工。

paper
⋮
working　　…B31

（3）根据分类表索引提供的初步分类号 B31 类目查到：

B31F 纸或纸板的机械加工或变形

B31F 1/12 皱纹纸

故该课题完整的 IPC 类号应为 B31F 1/12。

在使用《IPC 关键词索引》时应注意以下几点：

（1）《IPC 关键词索引》不包括 IPC 中的所有类目，所以它不是一个独立的分类工具和检索工具，它必须与 IPC 详表结合使用。

（2）从《IPC 关键词索引》中查到类号后，必须与分类表相核对，从与该类号上下前后的类目关系中，判断该类号所代表的类目，其真正含义是什么，并需要查看与该类目有关的注释、参照等，弄清是否有相反的指示或特殊的分类规则，然后才能对专利文献进行分类或检索。

（3）从《IPC 关键词索引》中查到的分类号往往比较粗，还需利用 IPC 详表进行细分，以找出符合分类或检索文献的细分类号。有时，由于版次的不同或其他原因，关键词索引与 IPC 详表中的类目有不一致之处，应以 IPC 详表为准。总之，切不可仅根据关键词索引中所给出的分类号对专利文献进行分类或检索。

第四节　中国专利文献及检索

一、中国专利文献的编号体系

“专利文献号”是指国家知识产权局按照法定程序，在专利申请公布、专利申请审定公告（在 1993 年 1 月 1 日前）和专利授权公告时给予的文献标识号码。

自我国实行专利制度以来，由于专利申请量的大幅度增加和专利法的两次修改，我国专利文献的编号体系于 1989 年和 1993 年做过两次调整，2003 年又对申请号进行了调整。

我国专利文献编号体系包括以下六种专利文献号：

（1）申请号。国家知识产权局受理一件专利申请时给予该专利申请的一个标识号码。

（2）专利号。在授予专利权时给予该专利的一个标识号码。

（3）公开号。在发明专利申请公开时给予出版的发明专利申请文献的一个标识号码。

（4）审定号。在发明专利申请审定公告时给予公告的发明专利申请文献的一个标识号码。

（5）公告号。在实用新型专利申请公告时给予出版的实用新型申请文献的一个标识号码；或在外观设计专利申请公告时给予出版的外观设计申请文献的一个标识号码。

（6）授权公告号。在发明专利授权时给予出版的发明专利文献的一个标识号码；或在实用新型专利授权时给予出版的实用新型专利文献的一个标识号码；或在外观设计专利授权时给予出版的外观设计专利文献的一个标识号码。

我国专利文献的编号体系分为四个阶段：1985～1988 年为第一阶段；1989～1992 年为第二阶段；1993～2004 年 6 月 30 日为第三阶段；2004 年 7 月 1 日以后为第四阶段。

（一）以“一号制”为特征的第一阶段

1985 年 4 月 1 日《中华人民共和国专利法》付诸实施。1985 年 9 月开始出版各类专利文献。1985～1988 年的专利文献编号基本上采用的是“一号制”，即各种标识号码均以申请号作为主体号码，然后，以文献种类标识代码标识各种文献标号。具体编号如表 5－1 所示。

表 5－1　第一阶段：1985～1988 年的编号体系

专利申请类型	申请号	公开号	公告号	审定号	专利号
发明	88100001	CN88100001A		CN88100001B	ZL 88100001
实用新型	88210369		CN88210369U		ZL 88210369
外观设计	88300457		CN88300457S		ZL 88300457

说明：1. 三种专利申请号均由 8 位数字组成，按年编排。例如，88100001，前两位数字表示申请的年份，第三位数字表示专利申请的种类，其中，1 代表发明，2 代表实用新型，3 代表外观设计，后五位数字表示当年申请顺序号。

2. 一号多用，所有文献号沿用申请号。专利号的前面冠以字母“ZL”，ZL 为“专利”的汉语拼音的声母组合，表明该专利申请已经获得了专利权。公开号、公告号、审定号前面的字母“CN”为中国的国别代码，表示由中国国家知识产权局（或中国专利局）出版。公开号、公告号、审定号后面的字母是文献种类标识代码，其中，A 代表发明公开，B 代表发明审定，U 代表实用新型公告，S 代表外观设计公告。

第一阶段编号体系的特点是一个专利申请在不同的时期（如申请、公开、公告、授权等）共用一套号码，共用一套号码的编号方式的突出优点是方便查阅，易于检索。不足之处是：由于专利审查过程中的撤回、驳回、修改或补正，使申请文件不可能全部公开或按申请号的顺序依次公开，从而造成专利文献的缺号和跳号（号码不连贯）现象，给文献的收藏与管理带来诸多不便。因此，1989 年我国专利文献编号体系作了调整。于是，自 1989 年起我国专利文献编号体系进入了第二阶段。

（二）以“三号制”为特征的第二阶段

为了克服“一号制”的出版文献的缺号和跳号（号码不连贯）现象，便于专利文献的查找和专利文献的收藏和管理，从 1989 年起，采用“三号制”的编号体系，即申请号、公开号（发明）、审定号（发明）、公告号（实用新型和外观设计）各用一套编码，专利号沿用申请号。异议程序以后的授权公告不再另行出版专利文献。具体编号如表 5－2 所示。

表 5－2　第二阶段（1989～1992 年）的编号体系

专利申请类型	申请号	公开号	公告号	审定号	专利号
发明	89100002. X	CN1044155A		CN1014821B	ZL 89100002. X

续表 5－2

专利申请类型	申请号	公开号	公告号	审定号	专利号
实用新型	89200001.5		CN2043111U		ZL 89200001.5
外观设计	89300001.9		CN3005104S		ZL 89300001.9

说明：1. 自1989年开始出版的专利文献中，三种专利申请号由9位数字组成，如89103229.2，前两位数字表示申请的年份，第三位数字表示专利申请的种类，其中，1代表发明，2代表实用新型，3代表外观设计，后五位数字表示当年申请顺序号，小数点后面的数字为计算机校验位。

2. 自1989年开始出版的所有专利说明书文献号均由7位数字组成，按各自流水号序列顺排，逐年累计。起始号分别为：

发明专利申请公开号自CN1030001A开始；

发明专利申请审定号自CN1003001B开始；

实用新型申请公告号自CN2030001U开始；

外观设计申请公告号自CN3003001S开始。

其中的字母（或字母串），例如CN、A、B、U、S，与第一阶段的含义相同。字母串CN后面的第一位数字表示专利申请的种类，其中，1代表发明，2代表实用新型，3代表外观设计。第二位数字到第七位数字为流水号，逐年累计。

1993年1月1日起，实施第一次修改后的《专利法》，我国专利文献编号体系又有了新的变化，即自1993年1月1日起，进入了第三阶段。

（三）以取消“审定公告”为特征的第三阶段

1992年9月4日第七届全国人民代表大会常务委员会第二十七次会议通过了《关于修改〈中华人民共和国专利法〉的决定》，从1993年1月1日起开始实施第一次修改的《专利法》。由于第一次修改的《专利法》取消了三种专利授权前的异议程序，因此，取消了发明专利申请的审定公告，取消了实用新型和外观设计申请的公告，并且，均用授权公告代替之。第三阶段的具体编号如表5－3所示。

表5－3 第三阶段（1993～2004年6月30日）的编号体系

专利申请类型	申请号	公开号	授权公告号	专利号
发明	93100001.7	CN1089067A	CN1033297C	ZL 93100001.7
指定中国的发明专利的国际申请	98800001.6	CN1098901A	CN1088067C	ZL 98800001.6
实用新型	93200001.0		CN2144896Y	ZL 93200001.0
指定中国的实用新型专利的国际申请	98900001.X		CN2151896Y	ZL 98900001.X
外观设计	93300001.4		CN3021827D	ZL 93300001.4

说明：1. 由于1992年修改的专利法取消了“异议期”，取消了“审定公告”（发明）和“公告”（实用新型和外观设计），因此，自1993年1月1日起出版发明专利授权公告（含发明专利说明书）、实用新型专利授权公告（含实用新型专利说明书）、外观设计专利授权公告时授予的编号都称为授权公告号，分别沿用原审定号（发明）或原公告号（实用新型和外观设计）的序列，文献种类标识代码相应改为C（发明）、Y（实用新型）、D（外观设计）。

2. 自1994年4月1日起，我国专利局开始受理PCT国际申请。指定中国的PCT国际申请进入中国国家阶段的申请号经历了下面几个历程：

（1）在开始受理指定中国的PCT国际申请进入中国国家阶段的申请时，为了把PCT国际申请和国家申请加以区分，指定中国发明的PCT国际申请进入中国国家阶段的申请号的第四位用数字9表示，指定中国的实用新型的PCT国际申请进入中国国家阶段的申请号的第四位也用数字9表示，例如94190001.0或者94290001.4。

（2）由于指定中国的发明的PCT国际申请进入中国国家阶段的数量的急剧增长，容量仅为一万件的流水号很快就不能够满足需求。于是，1996年和1997年发明的PCT国际申请进入中国国家阶段的申请号除了第四位用数字9表示以外还用数字8表示，例如97180001.6。

（3）为了从根本上解决指定中国的PCT国际申请进入中国国家阶段的申请号的容量不足问题，于是，从1998年开始，就把指定中国的PCT国际申请进入中国国家阶段的申请当作新的专利申请类型看待。因此，自1998年起，指定中国的发明的PCT国际申请进入中国国家阶段的申请号的第三位用数字8表示，指定中国的实用新型的PCT国际申请进入中国国家阶段的申请号的第三位用数字9表示，例如98800001.6或者98900001.X。这样，从根本上解决了PCT国际申请进入中国国家阶段的申请号的容量不足问题。

3. 指定中国的PCT国际申请进入中国国家阶段的公开号、授权公告号、专利号不另行编号，即与发明或实用新型的编号方法一致。PCT国际申请无外观设计专利申请。

4. 对确定为保密的发明专利申请和实用新型专利申请，授权后解密的，出版解密的发明或实用新型专利说明书，同时在专利公报上予以公告。关于解密专利文献的编号为：在一般的授权公告号的前面冠以“解密”二字。对发明专利申请公开号的表示，如解密 CN1××××××C；对实用新型专利申请公告号的表示，如解密 CN2××××××Y。

（四）以专利文献号全面升位为特征的第四阶段

为了满足专利申请量急剧增长的需求和适应专利申请号升位的变化，国家知识产权局已从2004年7月1日起启用新标准的专利文献号。第四阶段的具体编号如表5－4所示。

表5－4 第四阶段（2004年7月1日以后）**的编号体系**

专利申请类型	申请号	公开号	授权公告号	专利号
发明	200310102344.5	CN 1 00378905 A	CN 1 00378905 B	ZL200310102344.5
指定中国的发明专利的国际申请	200380100001.3	CN 1 00378906 A	CN 1 00378906 B	ZL200380100001.3
实用新型	200320100001.1		CN 2 00364512 U	ZL200320100001.1
指定中国的实用新型专利的国际申请	200390100001.9		CN 2 00364513 U	ZL200390100001.9
外观设计	200330100001.6		CN 3 00123456 S	ZL200330100001.6

说明：由于中国专利申请量的急剧增长，原来申请号中的当年申请的顺序号部分只有5位数字，最多只能表示99999件专利申请，在申请量超过10万件时，就无法满足要求。于是，国家知识产权局自2003年10月1日起，开始启用包括校验位在内的共有13位（其中的当年申请的顺序号部分有7位数字）的新的专利申请号及其专利号。事实上，2003年发明和实用新型的年申请量均超过了10万件大关。

1. 三种专利的申请号由12位数字和1个校验位组成，按年编排，如200310102344.5。其前四位表示申请年代，第五位数字表示要求保护的专利申请类型，其中1代表发明，2代表实用新型，3代表外观设计，8代表指定中国的发明专利的PCT国际申请，9代表指定中国的实用新型专利的PCT国际申请，第六位至十二位数字（共7位数字）表示当年申请的顺序号，小数点后面一位是校验位。

2. 自2004年7月1日开始出版的所有专利说明书文献号均由表示中国国别代码的字母串CN和9位数字以及1个字母或1个字母加1个数字组成。其中，字母串CN以后的第一位数字表示要求保护的专利申请类型，其中1代表发明，2代表实用新型，3代表外观设计，在此应该指出的是“指定中国的发明专利的PCT国际申请”和“指定中国的实用新型专利的PCT国际申请”的文献号不再另行编排，而是分别归入发明或实用新型一起编排；第二位至第九位为流水号，三种专利按各自的流水号序列顺排，逐年累计；最后一个字母或一个字母加一个数字表示专利文献种类标识代码。

三种专利的文献种类标识代码如下所示。

（1）发明专利文献种类标识代码：

A 发明专利申请公布说明书

A8 发明专利申请公布说明书（扉页再版）

A9 发明专利申请公布说明书（全文再版）

B 发明专利说明书

B8 发明专利说明书（扉页再版）

B9 发明专利说明书（全文再版）

C1～C7 发明专利权部分无效宣告的公告

（2）实用新型专利文献种类标识代码：

U 实用新型专利说明书

U8 实用新型专利说明书（扉页再版）

U9 实用新型专利说明书（全文再版）

Y1～Y7 实用新型专利权部分无效宣告的公告

（3）外观设计专利文献种类标识代码：

S 外观设计专利授权公告

S9 外观设计专利授权公告（全部再版）

S1～S7 外观设计专利权部分无效宣告的公告

S8 预留给外观设计专利授权公告单行本的扉页再版

二、中国专利文献检索工具

我国专利文献的检索工具主要有专利公报和专利索引两种。

（一）专利公报

专利公报以文摘或题录形式报道专利文献及有关专利事务，它是文摘性检索工具。按我国专利的类型划分，专利公报分为《发明专利公报》、《实用新型专利公报》和《外观设计专利公报》三种类型。

1.《发明专利公报》

《发明专利公报》为周刊，报道一周内出版的发明专利的公开说明书文摘和审定说明书及授权公告的题录。其编排结构为：发明专利公开说明书文摘（按公开号顺序排列）、发明专利审定说明书题录（按审定号顺序排列，1993 年起取消）、发明专利授权公告题录（按 IPC 分类号排列）、发明专利事务（公告一些与专利有关的事项，如实质审查请求、驳回申请决定、申请的撤回、专利权的继承或转让、强制许可决定、专利权的终止等）和索引部分。

索引部分是用来查找专利说明书文摘或题录的主要工具。《发明专利公报》中编制有申请公开索引、审定公告索引（1993 年起取消）、授权公告索引三种索引，这三种索引又分别由若干索引组成。索引部分的结构如图 5－1 所示。

索引
- 申请公开索引（IPC 索引—申请号索引—申请人索引—公开号/申请号对照）
- 审定公告索引（IPC 索引—申请号索引—申请人索引—审定号/申请号对照）
- 授权公告索引（IPC 索引—申请号索引—专利权人索引）

图 5－1　《发明专利公报》索引部分的结构

这样，当已知某检索课题时，可利用 IPC 分类号在 IPC 索引中查找；当已知申请号时，可利用申请号索引查找；若已知申请人时，可用申请人索引查找。通过索引可查出专利文献的公开号或审定号，再利用这些号参与查阅文摘（题录）或调取专利说明书原文。

2.《实用新型专利公报》

《实用新型专利公报》为周刊，报道一周内出版的实用新型专利申请说明书的文摘（1993 年起取消）和授权公告题录（1993 年起改为文摘）。其编排结构为：实用新型专利公告说明书文摘（按公告号顺序排列）、实用新型专利授权公告题录（按 IPC 分类号排列）、专利事务（内容与发明专利公报）和索引部分。

《实用新型专利公报》编制有申请公告索引（1993 年起取消）、授权公告索引两种索引，其结构如图 5－2 所示。

索引
- 申请公告索引（IPC 索引—申请号索引—申请人索引—公告号/申请号对照）
- 授权公告索引（IPC 索引—申请号索引—专利权人索引）

图 5－2　《实用新型专利公报》索引部分的结构

索引部分的编排与使用，与《发明专利公报》中的索引相同。

3.《外观设计专利公报》

《外观设计专利公报》为周刊，报道一周内出版的外观设计专利说明书全文（设计图，1993 年起取消）和外观设计专利授权公告题录（1993 年起改为全文）。其编排结构和使用方法同《实用新型专利公报》。外观设计专利的分类使用的是《国际外观设计分类表》。

上述三种专利公报均是周刊，旨在快速报道我国近期专利文摘，通过专利公报，对检索我国最新专利文献很有帮助。

（二）专利索引

为了有助于我国专利文献的回溯检索，我国专利局还出版了《中国专利索引》。《中国专利索引》1986～1996 年间每年均出版年度索引，1997 年起改为季度索引。该索引报道累积期内发明、实用新型和外观设计三种专利的公开、审定（1993 年起取消）、公告（1993 年起取消）及授权等项目。它不像专利公报那样按专利类型分册，而是按索引类型分为《分类号索引》、《申请人、专利权人索引》、《申请号、专利号索引》（1997 年起新增）三个分册。

使用《中国专利索引》无论查阅哪一种索引，检索者都可以获得分类号、发明名称、申请号、专利号、申请人（或专利权人）以及相应专利公报的卷、期号等。它是查找我国专利文献的重要检索工具。

1.《中国专利索引——分类号索引》

该索引是将累积期内出版的全部专利文献按国际专利分类号（或国际外观设计分类号）排列的一种题录性检索工具。其编排结构为：发明专利（公开、审定、授权）、实用新型专利（公告、授权）、外观设计专利（公告、授权）。

上述各部分均按 IPC 分类号（或国际外观设计分类号）排列，其著录内容包括分类号、公开号（或审定号、公告号、专利号）、申请号、申请人（或专利权人）、专利名称、相应专利公报的卷期号。

当要查找某一课题的专利文献时，可利用分类表先确定分类号，再通过《分类号索引》查找有关专利的公开号（或审定号、公告号）及专利名称等，并可根据索引中提供的相应专利公报卷期号查阅文摘或直接到有关部门索取专利说明书。

2.《中国专利索引——申请人、专利权人索引》

该索引是将累积期内出版的全部专利文献按申请人或专利权人名称字顺排列的一种题录性检索工具，其编排结构、著录内容及使用方法与《分类号索引》相同，只是各部分索引按申请人或专利权人名称字顺排列。

3.《中国专利索引——申请号、专利号索引》

该索引是将累积期内出版的全部专利文献按申请号或专利号的号码顺序排列的一种题录性检索工具，其编排结构、著录内容及使用方法与《分类号索引》相同，只是各部分索引按申请号或专利号的顺序排列。

三、《中国专利索引》的使用方法

《中国专利索引》由 IPC 号、公开号（或授权公开号，专利号）、申请号（或专利号）、申请人（或专利权人）、发明名称（或实用断型或外观设计产品名称）五项构成。

在《分类年度索引》中，著录条目按 IPC 号顺序编排，如果分类号相同，则按申请号递增顺序排列。

索引中的卷期号为发布该申请案的专利公报的卷期号，1985 年为第一卷，后面以此类推，各期公报均为周刊。

【例 5-2】分类年度索引的著录格式（发明专利申请公开）。

IPC 号	公开号 GK	申请号	申请人	发明名称	卷期号
A23K 1/00	CN1052996A	90109609.1	莫以贤	畜禽营养胶及其生产方法	7-29

【例 5-3】分类年度索引的著录格式（发明专利申请审定）。

IPC 号	审定号 SD	申请号	申请人	发明名称	卷期号
B32B 31/20	CN103389B8	87100455.3	J. F. 亚道里夫股份公司	运动而用的塑料草皮卷的制造方法	7-31

【例 5-4】分类年度索引的著录格式（发明专利申请授予）。

IPC 号	专利号 ZL	申请号	专利权人	发明名称	卷期号
B29C 33/04	87100208.6	87100208.6	上海大中华橡胶厂	制造 B 型胶囊的装置	7-35

【例 5-5】分类年度索引的著录格式（实用新型专利申请公告）。

IPC 号	公告号 GG	申请号	申请人	实用新型名称	卷期号
B04C 5/00	CN2077331U	90207398.2	上海石洞口发电厂	轴向封闭型粗粉分离器	7-21

【例 5-6】分类年度家引的著录格式（实用新型专利权授予）。

IPC 号	专利号 ZL	申请号	专利权人	实用新型名称	卷期号
A63D 13/00	88202279.2	88202279.2	代明恒	多用台板体育玩具	5-41

注意在上述的格式中，发明专利经过公开、审定和授予这三步，相应的编号为公开号、审定号和专利号。对于实用新型必须经过公告和授予这两步，相应的编号为公告号和专利号。公开号是一个当年的流水号，末尾带 A，当审定后就变为 B，码号不变，当获得专利后，就将原来的申请号变为专利号。实用新型的码号类似，只是不叫公开号，而叫公告号，并且末尾为 U。

在同一年或半年的分类索引中，存在上述五种大同小异的格式，那么是否需要把它们全部查阅呢？我们知道，我国的专利制度对于发明专利是早期公开、延迟审查；对于实用新型是申请公告和形式审查。可见我国专利在批准之前，都必定有一个公开的程序，这样我们就只需要查发明专利申请公开和实用新型专利申请公告就行了。这样有三个好处：第一保证了查全，如果只查授予专利，则可能把正在等待批准的专利漏掉；第二，由于公开或公告都算是“公知公用”的范围，因此一旦查到实质性类似的专利，就可以止步了；第三，这样检索比较迅速。但是最后一定要查明，该公告的专利是否在后面的日期得到授权，至于对某个专利查新，是否既在发明中查阅，又在实用新型中查阅，得看情况而定。发明主要是一种方法、工艺、某种技术思想，而实用新型则一定有某个实物或产品。

四、检索实例

（一）检索题目

关于射球机的实用新型专利（该器械也叫弹球机，属于体育方面的训练器械）。

（二）检索步骤

第一步，由于不知道该器械所属的专利类别，因此需要查《国际专利分类表》（第4版）A分册（人类生活需要）。查专利文献出版社1984年出版的国际专利分类表使用指南，得到：

投掷用的器械 A63B 65/00

特殊运动用的和训练用的器械 A63B 69/00

不包括在1/00～69/00组中的运动设备 A63B 71/00

由于对该专利发明究竟归属哪一个IPC号不清楚，因此有必要记下几个最可能的类目，然后在实际查找过程中再经试查而确定。

第二步，查《中国专利分类索引》1994年上半年卷，重复此步一直查到1986年。在检索过程中发现，A63B69/40或69/00是最相关的IPC号，所有这方面的专利都放置在此类目下。我们最后得到10多条记录。下面是最相关的几条之一：

A63B 69/40 CN2114488U 92213550.9 张成林 足球发射器 8－36

第三步，上述专利是一个公告（U），即尚未获得专利权，但其在公报中有文摘，因此有用。而已经授权的专利在公报中无文摘。因此需要查较早时期的同一专利的申请公告。我们根据此记录查《实用新型专利公报》第8卷（1992年）第36期上的申请公告，得到该专利的文摘报道。最后，根据该专利中的公告号查专利说明书或缩微胶卷得到说明书原件。

思考题

1. 什么是专利，专利权有哪些基本特征？
2. 专利有哪些几种类型，《中华人民共和国专利法》将各种专利权的保护年限各自定为几年？
3. 什么是发明专利，实用新型专利、外观设计专利，各自的特点有哪些？
4. 什么是相同专利，WPI中用什么符号标识？
5. 什么是专利文献，包括哪些内容？
6. 中国专利文献的编号经历了哪几个阶段？
7. 我国专利文献检索工具主要有哪几种？
8. 掌握《中国专利索引》的使用方法。
9. 简述IPC的体系结构。

第六章　标准文献及其检索

第一节　标准及标准文献

一、标准及标准化

国际标准化组织（ISO）对标准的定义为："标准是经公认的权威当局批准的标准化工作的成果。"《标准化工作指南　第1部分：标准化和相关活动的通用词汇》（GB/T 20000.1—2002）对标准的定义为："为了在一定的范围内获得最佳秩序，经协商一致制定并由公认机构批准，共同使用的和重复使用的一种规范性文件。"

我国对标准的定义与国际标准化组织的规定尽管在形式上有所不同，但在标准化的目的、对象、范畴和特点等方面基本一致。

标准化是一项重要的技术经济政策，是科技管理的重要组成部分，是发展国民经济的必经措施之一，标准化的程度代表着一个国家的技术水平，因此受到世界各国的普遍重视。至今已有100多个国家制定了国家标准，近500多个国家组织从事标准化活动，我国的标准化程度也日益提高，并迅速与国际标准接轨，目前全国已有各行业百余家企业通过了ISO9000系列标准认证，为我国的产品走向国际市场迈出了领先步伐。

二、标准文献及其分类

标准文献一般是指由技术标准、生产组织标准和经济管理标准等文件所组成的特种科技文献体系。广义的标准文献是指包括除标准原始文献以外的一切标准化的书刊、目录和手册等。狭义的标准文献是指"标准"、"规范"、"技术要求"等。本节所论及的标准文献，主要是指各类技术标准。所谓技术标准是对产品和工程建设的质量、规格、技术要求、生产过程、工艺规范、检验方法和计价方法所作的技术规定，是组织现代化生产，进行科学管理的具有法律约束作用的重要技术文献。技术标准是标准化工作的产物，先进的技术标准可以保证和提高产品与工程质量；合理发展产品新品种，保证产品品种系列化和零部件通用化，促进生产技术的协作配合；合理利用国家资源，节约原材料，适应出品、外援和技术引进，推广应用研究成果，促进技术进步；加强企业管理，提高劳动生产率，降低成本和提高社会经济效益。

据国际标准化组织（ISO）统计，世界上各类标准文献达1000多种，约75万余件。其中，技术标准是标准文献的主体，不同于一般的技术文献，它有如下主要特点：

（1）每个国家的标准格式、编写方法、报批手续等都有专门的规定和固定的代号。

（2）具有一定的法律性质和约束力，是从事生产、建设和商品流通的共同技术依据和准则。

(3) 一项标准一般只解决一个问题，文字简练明确，有一定的使用期限，随着技术发展水平的提高将及时地进行修订和补充，故在使用和引用标准时要注意批准和修订的年份，应采用最新标准。

(4) 技术标准文献具有自己的检索系统和检索标志，一篇标准文献通常包括标准级别、标准名称、标准号、标准提出单位、审计单位、批准年月、实施日期、具体内容等著录项目。其中标准号由标准国家名或标准组织（如 ISO 表示“国际标准化组织”）、标准序号（如 2401）和制定年份（如 1972）组成，例如 ISO2401—1972。

技术标准可按使用范围划分为国际标准、区域性标准、国家标准、专业标准或部颁标准和企业标准；也可以按内容划分为基础标准、产品标准、零部件标准、原材料标准和方法标准；还可按成熟程度划分为法定标准、推荐标准和试行标准。

标准文献作为标准化工作的重要成果，是科研、生产和使用三者之间的桥梁。一项科研成果，一旦经过技术鉴定，被纳入相应的标准文献，加以推广利用，实质上就成为一项极大的技术转让，对于人类社会的进步具有积极的意义和作用。

(1) 通过标准文献可了解一个国家的生产、工艺水平和标准化水平，分析一个国家有关的技术政策、经济政策、自然条件与资源情况，有利于全面了解和掌握一个国家的工业发展情况，借鉴别的先进国家的成功经验。

(2) 标准文献可作为引进设备时选择、检验、装配、维修以及配置某些零部件所必需的参考依据，并可促进零部件国产化的实现。

(3) 标准文献可使一个国家的工农业生产与工业建设规范化，有利于加强产品质量管理，保证产品质量，促进对外贸易发展，提高本国产品在国际市场上的竞争力。

(4) 标准文献有利于组织专业化生产，简化管理及工艺程序，应用先进科学技术，提高设备利用率和劳动生产率以及合理利用资源，节约资源，提高经济效益。

(5) 由于标准文献具有较强的时效性，在利用标准文献时必须注意掌握最新标准及过期作废标准。采用国际标准和国外先进标准，也是整个世界发展的趋势。因此，标准文献是科技工作者的一种重要情报源，在使用时应注意把各国同类标准文献加以对比，以便获取最先进的标准情报。

三、标准文献检索工具

（一）标准文献手工检索工具

(1) 标准的检索刊物。包括定期专门报道一定范围技术的索引、文摘和目录刊物，例如标准化文摘、产品目录。鉴于标准颁布与刊物出版存在一定的时差，故一般利用此类检索工具进行标准的回溯检索。

(2) 标准的参考工具书。一般为不定期连续出版，是把收集、汇总一定时期内颁布的特定范围的技术标准加以系统排列后出版，这类工具书分为目录型、文摘型和全文型多种形式，使用方便，但有一定时滞性。

(3) 标准的情报刊物。这类刊物除了及时报道新颁布的有关标准的情报外，还广泛报道标准化组织、标准化活动和会议、标准化管理与政策等许多有关情报，是检索最新技术标准情报的有效工具。

（二）标准文献计算机检索工具

（1）网络数据库检索。随着网络技术发展和标准数据库的广泛建立，已经可以很方便地使用计算机网络进行国际标准、外国标准及我国标准文献的检索。例如：可以通过《中国标准服务网》（China Standards Service Net）进行标准检索，可以及时得到最新的外国及我国的各类标准。

（2）光盘数据库检索。同其他科技文献光盘数据库一样，标准文献也被制作成光盘数据库。利用标准光盘数据库可以方便地检索到国际标准、许多国家以及欧洲标准组织颁布实施的标准。例如，由美国 IHS（Information Handing Services）公司推出的世界标准CD－ROM 数据库（《世界标准光盘数据库》）收集了世界上近 400 个主要标准组织的标准。90%以上常用工业标准配有文摘，多数能提供全文本。该数据库可以用英语、法语和德语等语种进行查询，无论用哪种语种进行查询，所有相关标准都有互相参照索引，都能得到最全面的标准信息。用户可以通过主题概念、文献号、标准制定组织和关键词来查询。

第二节　我国技术标准文献检索

一、我国技术标准的类型与代号

（一）我国标准类型

按照标准的适用范围，我国将标准分为国家标准、行业标准、地方标准和企业标准四个级别。

（1）国家标准。由国务院标准化行政主管部门国家质量技术监督总局与国家标准化管理委员会（属于国家质量技术监督检验检疫总局管理）指定（编制计划、组织起草、统一审批、编号、发布）。国家标准在全国范围内适用，其他各级别标准不得与国家标准相抵触。

（2）行业标准。由国务院有关行政主管部门制定。

（3）地方标准。地方标准是指在某个省、自治区、直辖市范围内需要统一的标准。《标准化法》规定：“没有国家标准和行业标准而又需要在省、自治区、直辖市范围内统一的工业产品的安全卫生要求，可以制定地方标准。地方标准由省、自治区、直辖市标准化行政主管部门制定；并报国务院标准化行政主管部门和国务院有关行政部门备案。在公布国家标准或者行业标准之后，该项地方标准即行废止。”

（4）企业标准。没有国家标准、行业标准和地方标准的产品，企业应当制定相应的企业标准，企业标准应报当地政府标准化行政主管部门和有关行政主管部门备案。企业标准在该企业内部适用。

此外，围绕当前国家技术创新体系的重要组成部分——产业技术创新战略联盟，国标委目前还正在酝酿开展联盟标准试点工作。将通过试点的方式，支持有条件的国家级试点联盟，探索开展联盟标准化与当前标准体系并存互相补充的标准管理方式。

（二）标准代号

根据有关规定，各级标准代号用两个汉语拼音字母表示：国家标准 GB；推荐性国家标准 GB/T（“T”是推荐的意思）；国家标准指导性技术文件 GB/Z；国家职业卫生技术标准 GBZ；国军标代号：GJB，例如：GJB/Z 9001—2001（国防科工委发布）等。

行业标准代号，如化工行业标准（代号为 HG）、石油化工行业标准（代号为 SH）由原国家石油和化学工业局制定，建材行业标准（代号为 JC）由原国家建筑材料工业局制定。行业标准在全国某个行业范围内适用。

根据《地方标准管理办法》的规定，地方标准代号由汉语拼音字母“DB”加上省、自治区、直辖市行政区划代码前两位数字再加斜线，组成强制性地方标准代号。如 DB/T ×××（顺年号）——××（年号）或 DB ×××（顺年号）——××（年号）。

国际标准由国际标准化组织（ISO）理事会审查，ISO 理事会接纳国际标准并由中央秘书处颁布；国家标准在中国由国务院标准化行政主管部门制定，行业标准由国务院有关行政主管部门制定，企业生产的产品没有国家标准和行业标准的，应当制定企业标准，作为组织生产的依据，并报有关部门备案。我国国家标准是我国企业和地方制定标准的基础和参考。

二、我国国家标准分类

1989 年国家标准化部门编制了适合我国国情的标准文献专用的《中国标准文献分类法》，用于除军工标准外的各级标准和有关标准文献的分类。其分类体系结构特点是以专业划分为主，由一级类目和二级类目组成，一级类目下设有 24 个专业类。以人类的基本生产活动排序，其后划分各种工业生产和人类生活需要，大类的序列如下：

A 综合
B 农业、林业
C 医药、卫生、劳动保护
D 矿业
E 石油
F 能源、核技术
G 化工
H 冶金
J 机械
K 电工
L 电子元器件与信息技术
M 通信、广播
N 仪器、仪表
P 工程建设
Q 建材
R 公路、水路运输
S 铁路
T 车辆
U 船舶
V 航空、航天
W 纺织
X 食品
Y 轻工、文化与生活用品
Z 环境保护

三、我国技术标准的检索

（一）手工检索工具检索

我国的技术标准可利用各种书本式目录和标准汇编、年鉴及有关刊物等手工检索工具进行检索。常用的检索工具有以下几种：

（1）《中华人民共和国工业农业产品工程建设国家标准和部标准目录》，1982 年由技术标准出版社出版，收录了截至 1982 年年底正式批准发布的全部国家标准和部标准的目录。

（2）《国家标准目录》，由国家标准局 1988 年 3 月出版，共收录了截至 1987 年年底以前公开发布的工农业、环境保护及卫生方面的10994个国家标准的同时，列出标准的制定日期和最近一次修订日期。该目录由国家目录及索引两部分组成。

(3)《中华人民共和国国家标准》，由技术标准出版社出版，自1972年出版以来，每两年修订一次，收录截至当年年底公开发布的国家标准和部标准。以上三种目录均采用分类法和序号法两种形式编排。检索时若已知要检索的标准号则采用序号途径；若已知要检索的标准所属的类目则采用分类途径进行检索。

(4)《中国标准化年鉴》，由中国标准化出版社出版，自1985年起每年一本。年鉴中的一个重要栏目是按分类编排的国家标准目录，可查出上一年我国批准并发布的国家标准目录。

(5)《中国国家标准汇编》，自1983年起陆续按分册出版，主要汇编了新中国成立以来公开发行的全部现行国家标准原文，可直接查到标准原文。

(6)《中国标准化》月刊，由中国标准化协会编辑出版。凡新发布的国家标准和专业标准，都要在《通讯》上刊登，可查到最新公布的标准信息。

(7)《中国国家标准分类汇编》，该汇编按分类刊载国家标准原文。

(二) 计算机网络和光盘数据库检索

中国标准服务网（CSSN）提供了国家标准（GB）数据共18901个，经过加工处理，包括英文标题、中英文主题词、专业分类等信息；行业标准（HB）数据近50000个，其数据信息基本上与国家标准数据库相同；强制性国家标准（QGB）数据共2507条，是为了便于查询从国家标准数据库提取的全部强制性国标；此外，还有单独建成的建设标准（GBJ）数据共300条左右，其数据内容同国家标准数据库。

国家标准的年限一般为5年，过了年限后国家标准就要被修订和重新制定。此外，随着社会发展，国家需要制定新的标准满足人们生产、生活的需要。因此，标准是一种动态信息。国家标准数据库收集了1998年国家立项制定和修订的标准，共902条。数据包含了标准名称、主管部门、完成年限、采标程度、代替标准号的信息。

中国标准服务网还可以提供当年颁布和实施的最新国家标准以及行业标准，是进行我国标准文献检索以及传递标准化信息的最快捷的工具之一。

第三节 国际标准及其检索

积极采用国际标准是世界各国的发展趋势，也是我国的一项重要技术经济政策。采用国际标准将有利于提高我国产品的质量，增强产品在国际市场上的竞争力，有利于产品升级换代，通用互换，促进企业的设备改造和设备更新，提高经济效益。因此，科技人员在熟悉国标的情况下还应该了解国际标准。

国际标准是由国际标准化组织通过的标准，也包括参与标准化活动的国际团体通过的标准，如国际标准化组织（ISO）标准、国际电工委员会（IEC）标准等。

一、ISO 标准及其检索

(一) ISO 标准

国际标准化组织（简称ISO）是目前世界上最大的、最有权威的国际标准化机构。该机构成立于1947年，目前ISO共有成员国163个，下设226多个技术委员会（TC）。ISO标准包括化工、机械、冶金、农业等类，但不包括电子类。ISO标准分为正式标准（ISO）、推荐标准（ISO/R）、技术报告（ISO/TR）。

国际标准化组织（ISO）的质量管理和质量保证技术委员会（TC176）组织各国质量管理专家，经过十多年的努力和协调工作，研究和总结了世界各国特别是英国、美国和加拿大的质量管理和质量保证理论及经验，于1986年6月正式发布了ISO 8402质量术语标准，1987年3月正式发布了ISO 9000～9004系列标准。经过在世界各国8年的推行，该系列标准发展成ISO 9000族标准，1994年7月正式发布了ISO 9000族标准的修改版，现在，全世界已有249个国家和地区采用ISO 9000族标准。

（1）ISO 9000：质量管理与质量保证标准，是描述基本质量概念并为公司提供有关使用标准的准则。

（2）ISO 9001：质量体系，它包括设计开发、生产、设备和售后服务中的质量保证模型，是最综合全面的达标标准。它包括ISO 9002和ISO 9003的所有内容，还包括设计与售后服务的准则。它典型适用于涉及整个产品周期的公司。

（3）ISO 9002：质量体系，它是生产与设备中的质量保证模型，提出与生产和设备有关问题的预防、发现和纠正。它通常适用于根据客户提供的设计和规格生产的行业。

（4）ISO 9003：质量体系，它是终检和测试中的质量保证模型、达标标准，只提出与检测与测试有关的问题。它通常适用于产品和售后服务较简单（可以靠检验获得充分评价）的公司。

（5）ISO 9004：质量管理和质量体系，它有助于公司为达到ISO 9000标准而建立和落实内部质量体系或者评价现有质量体系。

（二）ISO标准的检索方法

ISO标准的主要检索工具是《国际标准化组织标准目录》（ISO Catalogue），年刊，每年2月出版，报道ISO的现行标准（包括新近批准生效或废止的标准）。该目录用英文、法文对照出版，其报道范围几乎包含所有领域的技术标准。目录分主题索引、分类目录、标准号索引、作废标准目录，国际十进位分类号与ISO技术委员会（TC）编号对照表五个部分。用户可按主题途径，利用“主题索引”查需要的标准；也可按分类途径，利用“分类目录”查找需要的标准；也可按号码途径，根据已知标准号，利用“标准号索引”查到标准的TC号页号，登记页号查检该标准的各项著录。

ISO每隔5年审定一次，因此，在使用时应该注意利用最新版本的ISO标准。也可参照近期中译本，例如《国际标准目录》1990年9月出版。

二、IEC国际电工标准及其检索

（一）IEC国际电工标准

IEC标准是与ISO标准并列的国际标准之一，是由国际电工委员会（International Electrotechnieal Commission，IEC）制定的标准，该标准主要涉及电工和电子技术方面的内容，包括有综合信息基础标准，电工设备标准，电工材料标准，日用电器标准，仪表仪器及工业自动化有关标准，无线电通信标准，电声设备、电子元件、器件标准，专用电器设备标准，各种电器装置造成的无线电干扰测试方法标准，安全标准等。同ISO标准一样，IEC

标准的分类也是按下属技术委员会（或分委员会）的名称进行专业划分，即用TC（或SC）作为分类号。IEC标准号的构成形式一般用“IEC标准号－序号－年号”，如IEC－104－1988。

（二）IEC标准的主要检索工具

《IEC国际电工标准目录》（Catalogue of IEC Publication）创刊于1906年，专门收录国际电工方面的标准，每年出版一期，有英文、法文两种文本。该目录报道IEC 78个技术委员会（TC）、国际无线电干扰特别委员会（C. L. S. P. R.）以及IEC电气设备安全标准合格检验体系（IECEE）制定的标准目录。该目录正文之前有目录表，按TC顺序编排，TC号后列出标准名称和页码，按页码指引即可在正文中找到相应的标准。正文部分是“IEC出版物序号表”，按IEC出版物序号编排。每条标准均列出IEC标准序号、标准名称、所属技术委员会的TC号和内容简介。正文后有“主题索引”，著录有标准号和说明语。读者可按主题途径，利用“主题索引”查出标准号，再利用“IEC出版物序号表”查出标准的名称和内容。

读者还可利用我国出版发行的《国际电工委员会出版物目录》中文译本进行检索。此外，利用中国标准服务网及《世界标准光盘数据库》均能快速检索到ISO标准及IEC标准。

世界主要工业国都编辑出版有本国标准文献，例如美国的《美国国家标准目录》、《标准和规格》数据库，《美国标准光盘数据库》；英国的《英国标准学会出版物目录》、《BS》数据库；日本的《JIS标准总目录》、《JIS标准年鉴》、《日本工业标准目录》、《JIS》数据库；德国的《德国技术规程目录》、《德国标准目录》、《DIN》数据库；法国的《法国标准目录》、《NF》数据库。此外，国际上还有著名的《ASME标准》、《ASTM标准》、《IEEE标准》等，内容涉及机械规范和标准、各种材料的性能试验方法、电器与电子设备、实验方法、元器件、符号、定义以及测试方法等。这些标准的检索与我国标准文献检索或ISO与IEC标准检索大同小异，而且绝大多数主要的标准检索工具在我国都有中译本，这里不再作详细介绍。

思考题

1. 什么是标准文献？
2. 技术标准文献的特点与价值如何？
3. 查阅技术标准的手段有哪几种？
4. ISO 9000系列标准的意义何在？

第七章　计算机信息检索

利用计算机从浩如烟海的文献信息中查找出自己需要的文献或知识信息，已成为文献信息检索现代化的标志。计算机检索极大地拓宽了文献信息检索的范围，也极大地提高了文献信息检索的速度。计算机检索既代表了文献信息检索的方向，也确实具有手工检索所不具备的优势。

第一节　计算机信息检索及其原理

一、计算机信息检索概述

计算机信息检索是指人们在计算机或计算机检索网络的终端机上，使用特定的检索指令、检索词和检索策略，从计算机检索系统的数据库中检索出所需的信息，继而再由终端设备显示和打印的过程。计算机信息检索的成功运用，使人们从费时、耗力的手工检索中解放出来，极大地提高了人们的信息检索效率，加速了信息资源的交流和利用，并对社会经济的发展和人们的科研方式产生了深刻的影响，从而也极大地促进了科技的进步。

计算机信息检索从1954年诞生以来，经历了以下四个主要的发展阶段：

（1）脱机检索（1954～1964年）。据记载，最早的计算机信息检索系统雏形是美国海军军械中心于1954年研制的。随着具有批处理能力的第二代计算机问世，计算机信息检索进入了生产性开发和实际应用的年代。在这一时期，批量检索是计算机信息检索的主要方式。批量检索虽然比手工检索快捷、方便，但用户不能与系统进行实时对话，不能及时修正检索策略，并且，检索结果不能立即得到，必须等待成批处理或定期检索处理。因此，检索效率往往不够理想。但是，脱机检索中的定题服务对于科技人员却非常有用，可使用户随时了解课题的进展情况。值得注意的是当初运用的布尔逻辑等原理至今仍然是最基本的计算机检索系统的基本原理。

（2）联机检索（1965年～20世纪80年代中期）。这个时期，由于计算机分时技术的发展，通信技术的改进，以及计算机网络的初步形成和检索软件包的建立，用户可以通过检索终端设备与检索系统中心计算机进行人机对话，从而实现对远距离之外的数据库进行检索的目的，即实现了联机信息检索。世界上比较著名的联机检索系统有美国OCLC的FirstSearch检索系统、美国洛克希德公司的DIALOG系统、欧洲科技信息联机检索网络EURONET、欧洲空间组织的ESA－IRS系统、日本科技信息中心的JICST系统等。远程实时检索多种数据库是联机检索主要的优点，但是检索费用的昂贵阻碍了国际联机检索的普遍使用。

（3）光盘检索（20世纪80年代中期至今）。20世纪80年代中后期出现了光盘数据库系统，即利用激光在光盘上记录和读取数据库信息，用户以较低的价格购买或租用光盘，不受时间限制地在带有光盘驱动器的计算机上实现信息检索。20 世纪 90 年代出现了以光盘塔和局域网技术为核心的光盘网络，它使多个用户能同时检索同一大型数据库，共享信息资源，检索效率得到了很大的提高。

（4）网络检索（20 世纪 90 年代至今）。进入 20 世纪 90 年代，Internet 的应用从单纯的科学计算与数据传输向社会应用的各个方面扩展，信息中心、图书馆、信息服务机构和科研机构以及一些大的数据库生产商纷纷加入到 Internet 上，为信息需求提供各种各样的信息服务，构成极其丰富的网络信息资源。Internet 的迅速发展和广泛应用，使人们越来越多的从网络中获取所需要的信息，网络已经成为人们工作、生活和交流的不可缺少的工具，通过网络进行检索成为信息检索的主导力量和发展方向。

二、计算机信息检索的类型

（一）按数据库类型划分

（1）文献型检索，即书目型数据库。记录文档内容主要包括原始文献的书目，如书目控制号、作者、文献出处、文摘、关键词、主题、分类等信息，主要用于检索资料的书目性线索、摘要、题录等。

（2）数值型检索。数值型数据库用来存储、检索各种调查数据或统计数据，是一种以自然数值形式表示、计算机可读的数据集合。这些数据可以从文献中分析、概括、提取出来，或从调研、观测及统计工作中直接获得，主要用于检索各种有关的数字、公式等。

（3）词典型检索。词典型数据库主要介绍一些有关公司、机构、团体、名人等名录信息，供用户检索某一事件发生的时间、地点、过程或基本简要信息，如化学物质名称、结构、俗称和化学物质号等指南性信息，故又称为指南型检索。

（4）全文型检索。全文数据库的数据记录主要用于存储原始文献的正文，用户可以直接检索原始文献的全文，而不必进行二次或多次检索，为用户获取原始文献提供便捷且快速的信息交流，从而提高文献信息的利用率。目前全文型检索工具面临的首要问题是版权。如何有效保护、利用知识产权成为全文型检索工具迫切关注的问题；同时，全文型检索工具如何进一步降低检索门槛也成为需要进一步研究和解决的问题；学术中立、信息检索中立、信息检索人文化等需要在实践中探索、发展。

（二）按信息检索的服务方式划分

（1）回溯检索（Retrospective Searching，RS）。回溯检索是指追溯检索过去的文献信息，帮助用户检索过去几年甚至几十年的文献，使用户比较全面地了解某一课题在某一段时期的发展情况。比较适合申请专利时的新颖性检索、科研课题的立项或科技查新、撰写综述性论文，以及编写教材时信息的收集等。

（2）定题检索（Selective Dissemination of Information，SDI）。定题检索服务是用户根据检索课题的需要，一次性输入根据检索策略确定好的检索提问式保存在检索系统中，检索系统根据数据库更新周期，定期地对保存的检索提问式进行检索，将检索出的最新文献信息提供给用户。定题检索服务的特点是定期性、新颖性和批处理，即每隔一定时间就某个主题在检索系统中检索一次，检索范围为近期的最新数据，采用批处理方式处理检索提问。

三、计算机信息检索的基本原理

计算机检索与手工检索的原理基本相同，主要包括文献信息存储与文献信息检索两个过程。在计算机检索中，信息检索的本质没有变，但信息的表示方式、存储结构和匹配方法发生了变化。既要用计算机可以识别的代码来表示信息，也要用便于计算机快速存取的方式存储信息，因此，计算机检索原理就是表示用户检索提交的字符串与存储在计算机中的大量字符串相匹配的过程。若两者一致或部分一致并符合给定的逻辑运算条件，即为检索命中，然后将命中的信息输出给用户。在计算机检索的过程中，计算机一方面接受文献记录（即文献款目及其标识)，另一方面接受信息提问（即检索提问表达式)，然后进行两者之间的匹配，以找出符合检索要求的文献。检索的过程上实际上是一个比较、匹配的过程。

综上所述，计算机信息检索的原理可以归纳为：将检索提问标识与计算机系统中的存储文献的特征标识进行比较，并输出命中文献，即字符串匹配和逻辑运算的过程。计算机信息检索原理如图 7－1 所示。

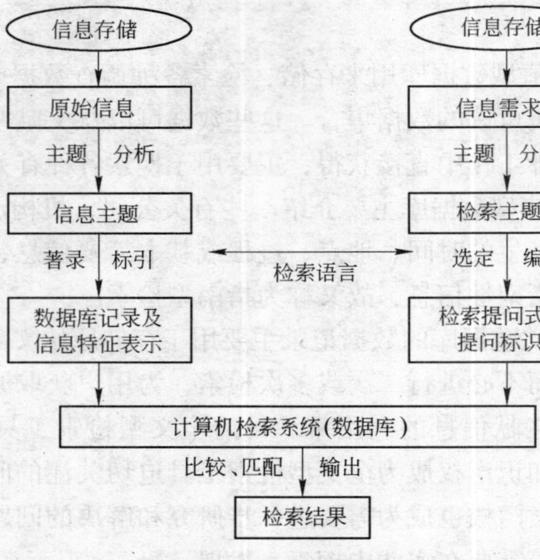

图 7－1 计算机信息检索原理图

四、计算机信息检索系统的组成

计算机信息检索系统主要由计算机、通信网络、检索终端设备和数据库组成。

（1）计算机。计算机是检索系统的核心部分，它包括硬件和软件。通过一定的检索软件，它们能够进行信息的存储、处理、检索以及运行和管理整个系统，相对地说，硬件部分决定了系统的检索速度和存储容量，而软件部分则是充分发挥硬件的功能，确定检索方法。

（2）通信网络。通信网络是沟通检索终端与计算机的桥梁，其作用是确保信息传递的畅通。国际上大型联机检索系统的主机都与本地区数据通信网络相连，在网络上有端口，检索用户通过公用电话线路或专用线路与本地的数据通信网络相连，然后按拨号，通过卫星通信与主机联机。

（3）检索终端设备。检索终端设备是实现用户与检索系统传递信息进行“人机对话”的装置，主要有电传终端、数传终端和微机终端几种。现在基本上都使用微机终端，由计算机、打印机、调制解调器组成。调制解调器的作用主要是在计算机和通信网络之间进行模拟信号和数字信号转换。

（4）数据库。数据库是计算机检索系统的核心，它主要作用是存储用户所需的信息，是用户检索的信息源。根据数据库所含信息内容的不同，数据库可以分为参考数据库、源数据库和混合型数据库三类数据库。

五、计算机信息检索技术

（一）布尔检索

布尔检索是现代信息检索系统中最常用的一种方法。用逻辑算符将检索词组构成检索提问式，计算机将根据提问式与系统中的记录进行匹配，当两者相符时则命中，并自动输出该文献记录。常用的布尔逻辑算符主要有逻辑与“AND”（＊）、逻辑或“OR”（＋）和逻辑非“NOT”（－）。

下面以“锡”和“复合材料”两个词来解释三种逻辑算符的含义：

（1）“锡”AND“复合材料”，表示查找文献内容中既含有“锡”又含有“复合材料”词的文献。

（2）“锡”OR“复合材料”，表示查找文献内容中含有“锡”或含有“复合材料”以及两词都包含的文献。

（3）“锡”NOT“复合材料”，表示查找文献内容中含有“锡”而不含有“复合材料”的那部分文献。

在计算机检索中对逻辑运算符使用的技巧决定检索结果的满意程度。用布尔逻辑表达检索要求，除要掌握检索课题的相关因素外，还应在布尔运算符对检索结果的影响方面引起注意。另外，对同一个布尔逻辑提问式来说，不同的运算次序会有不同的检索结果，通常规定优先处理算符“（ ）”内的运算，如多校区 and（图书馆 or 电子资源 or 馆藏文献）and（信息资源整合 or 信息组织）。

（二）截词检索

截词检索就是用截断的词的一个局部进行的检索，并认为凡满足这个词局部中的所有字符（串）的文献，都为命中的文献。按截断的位置来分，截词有后截断、前截断、中截断三种类型。

不同系统所用的截词符也不同，常用的有“?”、“＊”等。分为有限截词（即一个截词符只代表一个字符）和无限截词（一个截词符可代表多个字符）。下面以无限截词举例说明：

（1）后截断，前方一致。如 comput? 可以表示 computer，computers，computing 等。

（2）前截断，后方一致。如? computer 可以表示 minicomputer，microcomputer 等。

（3）中截断，中间一致。如? comput? 可以表示 minicomputer，microcomputers 等。

截词检索也是一种常用的检索技术，是防止漏检的有效工具，尤其在国外检索中，更是广泛应用。截词技术可以作为扩大检索范围的手段，具有方便用户、增强检索效果的特点，但一定要合理使用，否则会造成误检。

（三）原文检索

“原文”是指数据库中的原始记录，原文检索可以说是一种不依赖叙词表而直接使用自由词的检索方法。

原文检索的运算方式，不同的检索系统有不同的规定，其差别是：规定的运算符不同，运算符的职能和使用范围不同。原文检索的运算符可以通称为位置运算符。从RECON、ORBIT和STAIRS三大软件对原文检索的规定，可以看出其运算符主要是以下四个级别：

（1）记录级检索，要求检索词出现在同一记录中；

（2）字段级检索，要求检索词出现在同一字段中；

（3）子字段或自然句级检索，要求检索词出现在同一子字段或同一自然句中；

（4）词位置检索，要求检索词之间的相互位置满足某些条件。

原文检索可以弥补布尔逻辑检索、截词方法检索的一些不足。运用原文检索方法，可以增强选词的灵活性，部分解决布尔检索不能解决的问题，从而提高文献检索的水平和筛选能力。但是，原文检索的能力是有限的。从逻辑形式上看，它仅是更高级的布尔系统，因此存在着布尔逻辑本身的缺陷。

（四）加权检索

加权检索同布尔检索、截词检索等一样，也是文献检索的一个基本检索手段，但与它们不同的是，加权检索的侧重点不在于判定检索词或字符串是不是在数据库中存在、与别的检索词或字符串是什么关系，而是在于判定检索词或字符串在满足检索逻辑后对文献命中与否的影响程度。加权检索的基本方法是：在每个提问词后面给定一个数值表示其重要程度，这个数值称为权，在检索时，先查找这些检索词在数据库记录中是否存在，然后计算存在的检索词的权值总和。权值之和达到或超过预先给定的阈值，该记录即为命中记录。

统计学认为，在统计中计算平均数等指标时，对各个变量值具有权衡轻重作用的数值就称为权数。

如求下列数串的平均数：3，4，3，3，3，2，4，4，3，3。一般求法为 $(3+4+3+3+3+2+4+4+3+3)/10=3.2$。加权求法为 $(3\times6+4\times3+2\times1)/10=3.2$。其中3出现6次，4出现3次，2出现1次，6，3，1就叫权数，这种方法就叫加权法。一般说的平均数，就是把所有的数加起来，再除以这些数的总个数，表示为 $(p_1+p_2+p_3+\cdots+p_n)/n$；但有的数据记录中有一些相同的数据，在计算的时候，那一个数有几个相同数，就把这个数乘上几，这个几，就叫权，加权，就是乘上几后再加。加权平均的公式是：$(p_1\times k_1+p_2\times k_2+p_3\times k_3+\cdots p_n\times k_n)/n$。

运用加权检索可以命中核心概念文献，因此它是一种缩小检索范围，提高检准率的有效方法。但并不是所有系统都能提供加权检索这种检索技术，而能提供加权检索的系统，对权的定义、加权方式、权值计算和检索结果的判定等方面，又有不同的技术规范。

（五）聚类检索

聚类检索是在对文献进行自动标引的基础上，构造文献的形式化表示——文献向量，然后通过一定的聚类方法，计算出文献与文献之间的相似度，并把相似度较高的文献集中在一起，形成一个个的文献类的检索技术。根据不同的聚类水平的要求，可以形成不同聚类层次的类目体系。在这样的类目体系中，主题相近、内容相关的文献便聚在一起，而相异的则被区分开。

聚类检索的出现，为文献检索尤其是计算机化的信息检索开辟了一个新的天地。文献自动聚类检索系统能够兼有主题检索系统和分类检索系统的优点，同时具备族性检索和特性检索的功能。因此，这种检索方式将有可能在未来的信息检索中大有用武之地。

六、计算机信息检索的方式

计算机检索方式按用户界面与操作方式可分为命令检索、菜单检索和超文本检索三类。

（1）命令检索。命令检索是使用一些特定的操作命令（包括指令）来实施检索。命令检索适应于有经验的检索人员，一般终端用户使用命令检索则需要经过专门的培训。不同的系统一般有不同的检索命令表示方式。各种命令的综合应用可以精确地表达检索提问，灵活地进行各种方式的检索命令，可以简捷、快速地得到比较理想的检索效果。一些大型的检索系统都有命令检索方式。

（2）菜单检索。菜单检索是一种简单易用的检索方式。普通用户只需要根据菜单的指引，通过适当的选项和功能键便能一步步地完成检索。光盘检索大多采用菜单检索方式，其缺点是操作步骤繁多，检索时间较长，检索功能和精确度也不如命令方式。

（3）超文本检索。超文本检索可以向用户提供更加友好的人机界面，其更多的是通过Web形式来实现。操作时用鼠标去点击相关的文本或图像链接，即可进行检索。这种检索方式常用在多媒体电子出版物中，这类出版物不光采用超文本，而且常采用超媒体提供文本和图形接口。如Internet上的“www”为超文本链接之一。

七、计算机信息检索的步骤与方法

计算机信息检索是一项实践性很强的活动，它要求我们善于思考，并通过经常性的实践，逐步掌握信息检索的规律，从而迅速、准确地获取所需文献信息。一般来说，可分为以下步骤：

（1）课题分析，明确查找目的与要求。分析研究课题，明确要解决的实质问题。了解检索的具体要求（如学科范围、年代范围、出版类型、语种、数量等），分析检索信息的特点及检索信息内容的主题概念。

（2）选择适用的数据库。数据库一般按学科或年代分为几个子数据库。根据课题分析的结果，检索者根据需要选择子数据库。一般要看是否易于获取原文，二是要根据课题的文献需要量，三是要看数据库的收录年限。

（3）确定检索词及检索途径。在准确理解检索课题内容的基础上，提炼出能够确切反映课题内容的主题词，并选择出合适的检索词（关键词）。选择检索词应注意选择同义词和相关词，并适当控制检索词的内涵和外延。确定了检索词后就意味着选择了检索路径，数据库所设的检索路径多少不一，较为常用的有分类、题名、主题或关键词、作者等，选择不同的检索路径可以实现文献的不同角度归类检索。

（4）编制检索提问式。检索提问式是计算机信息检索中用来表达用户检索提问的逻辑表达式，由检索词和各种布尔逻辑算符、位置运算符及系统规定的其他组配连接符号组成，是用来表达用户信息需求和检索策略的具体体现，也是决定检索策略的质量和检索效果的重要因素。因此，在编制检索提问式时，准确、合理地运用逻辑运算的方法是编制检索式、提高检索效果的基本要求。例如，使用“与”检索时，把出现频率低的检索词放在前面，可以缩短检索时间；使用“或”检索时，把出现频率高的检索词放在前面，可以提高检索速度；同时使用“与”和“或”检索时，应把“或”运算排在“与”运算的前面；同时使用位置符“W（with）”和“F（field）”时，“W”算符应排在“F”算符的前面。

（5）调整检索策略。在计算机信息检索中，常常出现文献信息过少甚至为零，或文献信息过多的情况。作为检索人员，应及时重新调整检索策略，使信息检索达到令人满意的效果。例如检索出的信息太多，就需要调整检索式或进行字段限制、概念限制；反之，检索出的信息太少，应采取放宽检索范围，尽可能多查一些相关文献，通过增加同义词，使用截词算符或尽量少用逻辑“与”的组配方式或检索全记录等方式，以期检索出相关的参考文献信息。

第二节 计算机联机检索与光盘检索

一、计算机联机检索

联机检索是指用户利用计算机终端设备，通过通信线路，从信息中心的计算机（主机）数据库中检索出所需要的信息的过程。它允许用户以人机对话、联机会话这样交互的方式直接访问系统及数据库，检索是实时、在线进行的。用户的提问一旦传到主机被接收后，机器便立刻执行检索运算，很快将检索结果传送到用户终端，用户可反复修改检索式，最后获得较满意的检索结果。联机检索系统按地域及检索系统可分为国际联机检索系统和国内联机检索系统。

（一）国外主要的联机检索系统

（1）美国 DIALOG 系统。美国 DIALOG 系统是当今世界上最大的国际联机检索系统，它拥有近 900 个大型专业数据库，内容涉及 40 多个语种和占世界发行总量 60% 的 6 万多种期刊，学科范围包括综合性科学、自然科学、应用科学和工艺学、社会科学和人文科学、时事报道和商业经济等，是一个综合性的检索系统。其数据库类型主要有书目型、全文型、名录型、数值型和混合型。用户只需使用简单的命令语言就可从 DIALOG 数据库中检索出所需的信息。

（2）美国 OCLC 系统。OCLC 全名为 Online Computer Library Center，即图书馆联机计算机中心，是世界上最大的提供文献信息服务的机构之一。FirstSearch 是 OCLC 提供的基于 Web 的联机信息检索系统，通过 OCLC FirstSearch 可检索到 80 个数据库。这些数据库多数由一些美国的国家机关、联合会、研究院、图书馆和大公司等单位提供。数据库中收录的文献类型有图书、期刊、报纸、计算机软件、音频资料、乐谱等。OCLC 在全球建立分中心、代理、镜像系统，从 1999 年开始，CALIS（中国高等教育文献保障系统）全国工程中心订购了其中的基本组数据库，提供给“211”工程的院校免费检索。CALIS 可免费检索 WorldCat、ECO、GPO 等 13 个数据库。

（3）STN 系统。STN 系统创建于 1979 年，由美国化学文摘社（CAS）、德国卡尔斯鲁厄专业情报中心（FIZkarlsruhe）和日本科技情报中心（JICST）共同开发研建，是世界上第一个由多个国家合作开发的国际联机检索系统，其全称是国际科技信息网络（STN International，The Scientific and Technical Information Network）。该系统目前有 220 多个（不断增加的）数据库，涉及化学、工程、生命科学、生物技术、专利、数学、物理、商业等各基础学科领域和综合技术应用领域，每个数据库都是本专业领域的权威数据库，如美国化学文摘（CA）、金属文摘（MEDTADEX）、英国科学文摘 INSPEC、日本科技速报（JICST）、世界专利索引（DERWENT）等。数据库类型涵盖文献型、事实型和数值型以及全文数据库，数据记录包括论文、期刊、报告、标准、专利、商情等多种类型。

（二）国内主要的联机检索系统

（1）中国知网（CNKI）。CNKI 工程是以实现全社会知识资源传播共享与增值利用为目标的信息化建设项目，由清华大学、清华同方发起，始建于 1999 年 6 月。采用自主开发并具有国际领先水平的数字图书馆技术，建成了世界上信息量规模最大的"CNKI 数字图书馆"，并正式启动建设《中国知识资源总库》及 CNKI 网格资源共享平台，通过产业化运作，为全社会知识资源高效共享提供最丰富的知识信息资源和最有效的知识传播与数字化学习平台。通过与期刊界、出版界及各内容提供商达成合作，中国知网已经发展成为集期刊杂志、博士论文、硕士论文、会议论文、报纸、工具书、年鉴、专利、标准、国学、海外文献资源为一体的、具有国际领先水平的网络出版平台。中心网站的日更新文献量达 5 万篇以上。

（2）中国化工信息中心 CHOICE 联机检索系统。该系统是由化工部情报所于 1991 年开发成功并投入运行的，1994 年 4 月成为独立经营的商业性信息服务机构。该系统以化工文献为特色。

（3）中国科技信息研究所联机检索系统 ISTIC – EISS。该系统是国内最大的联机检索系统之一。1992 年开始向公众提供联机服务，有数据库数百个，文献量达数百万篇，内容包括科技期刊论文、中文期刊联合目录、科技报告、成果、国家标准、公司企业产品等。它除向用户提供自建数据库的联机检索服务外，还提供与世界上九大联机检索系统的联网及用户管理服务、Internet 联网服务与电子公告服务。

二、计算机光盘检索

光盘是新一代的存储介质和传播媒介，光盘技术是集激光技术、计算机技术以及数字通信技术于一体的一种新兴的综合技术。特别是它与计算机相结合，给人们提供了一种新的检索环境和系统模式。光盘检索又称为光盘数据库检索，即采用计算机作为手段，以光盘作为信息存储载体和检索对象进行的信息检索，是目前应用较为广泛的一种计算机信息检索。光盘数据库检索系统由于信息存储量大，简单易用，得到了迅速发展。在单机光盘数据库检索系统的基础上，20 世纪 90 年代又开发了光盘塔和光盘网络软件，使光盘数据库检索系统向网络化发展。光盘检索所使用的主要设备包括光盘、光盘驱动器、检索软件和相关的软硬件设备。目前国内外主要的光盘数据库有：

《中国人民大学复印报刊资料全文数据库》、《中国学术期刊（光盘版）》（CAJ – CD）、

《中文科技期刊数据库光盘》、《中文报刊资料索引》光盘数据库、《全国报刊索引数据库》、《中国科学引文》光盘数据库、《中国专利文献数据库》光盘版、《中国科技文献》光盘数据库、美国《工程索引》光盘数据库 EI（The Engineering Index）、英国《科学文摘》光盘数据库 INSPEC（Information Service in Physics，Electro－Technology，Computer and Control）、美国化学文摘光盘数据库 CA（Chemical Abstract）、科学引文索引光盘数据库 SCI（Science Citation Index）、博士硕士论文光盘数据库 PQDD（ProQuest Digital Dissertation）。

第三节 网络信息检索

网络信息检索一般是指因特网（Internet）检索，通过网络接口软件，用户可以在任一终端查询各地上网的信息资源。这一类检索系统都是基于互联网的分布式特点开发和应用的，即数据分布式存储，大量的数据可以分散存储在不同的服务器上；用户分布式检索，任何地方的终端用户都可以访问存储数据；数据分布式处理，任何数据都可以在网上的任何地方进行处理。网络信息检索与联机信息检索最根本的不同在于网络信息检索是基于客户机和服务器的网络支撑环境的，客户机和服务器是等同关系，而联机检索系统的主机和用户终端是主从关系。在客户机和服务器模式下，一个服务器可以被多个客户访问，一个客户也可以访问多个服务器。因特网就是该系统的典型，网上的主机既可以作为用户的主机里的信息，又可以作为信息源被其他终端访问。

一、Internet 中的几个基本概念和术语

（1）因特网（Internet）。因特网（Internet）专指由美国阿帕网发展而成的全球最大的、开放的、由众多网络相互连接而成的计算机网络，是一个特定网络的专有名词。

（2）广域网与局域网。网络按其规模大体可分为局域网（LAN）和广域网（WAN）两大类。局域网是局部区域的计算机网络，规模较小；广域网一般跨两个或多个地理区域。

（3）万维网（WWW）。WWW 是环球信息网（World Wide Web）的缩写，也可简称为 Web。WWW 是一个基于超文本方式的信息检索服务工具，它允许用户在一台计算机上通过 Internet 存取另一台计算机上的信息。从技术角度上说，WWW 是一种软件，是 Internet 上那些支持 WWW 协议和超文本传送协议（Hypertext Transport Protocol，HTTP）客户机与服务器的集合。也就是说，因特网（Internet）指的是一个硬件的网络，全球的所有电脑通过网络连接后便形成了因特网（Internet），而万维网（WWW）更倾向于一种浏览网页的功能。

（4）超文本传送协议（HTTP）。HTTP 是超文本传送协议（Hypertext Transport Protocol）的缩写。所谓超文本（Hypertext），是将网上相关文本信息有机地编织在一起的信息组织方式。它可以帮助用户在阅读某一文本的信息时，迅速浏览与之相关的其他文本信息。HTTP 就是一种详细规定了浏览器和万维网服务器之间互相通信的规则，通过因特网传送万维网文档的数据传送协议。

（5）超文本标识语言（HTML）。HTML 是超文本标识语言（Hypertext Markup Language）的缩写，是用于描述网页文档的一种标记语言。它可嵌入图像、声音、视频剪辑等，可通过超链接无缝引用其他 WWW 网址资源。从功能上可以把 HTML 看做一种排版语言。用 HTML 组织起来的信息文档称为页面，由浏览器进行解释、执行和显示输出。

（6）统一资源定位器（URL）。URL 是统一资源定位器又称统一资源定位符（Uniform Resource Locator）的缩写，是用于完整地描述 Internet 上网页和其他资源的地址的一种标识方法。Internet 上的每一个网页都具有一个唯一的名称标识，通常称之为 URL 地址，这种地址可以是本地磁盘，也可以是局域网上的某一台计算机，更多的是 Internet 上的站点。简单地说，URL 就是 Web 地址，通常称为网页地址。URL 由协议类型、主机域名、路径和文件名三部分组成。

（7）IP 地址。IP 是英文 Internet Protocol 的缩写，意思是“网络之间互连的协议”，也就是为计算机网络相互连接进行通信而设计的协议。所谓 IP 地址就是给每个连接在 Internet 上的主机分配的一个 32 位地址。按照 TCP/IP 协议规定，IP 地址一般用 32 位的二进制表示；而在读写时，为便于用户记忆，通常将 32 位分成四段，用“.”作分隔符，并且将二进制转换成十进制的数字表示，每段数字取值范围为 0 ~ 255。IP 地址通常由 Internet 服务机构从 Internet 网络信息中心（InterNIC）注册申请。

（8）域名。由于 IP 是用数字来表示主机地址的，不便记忆，于是 Internet 建立了域名管理系统（Domain Name System，DNS），作为标识 Internet 上特定主机的助记名称。根据 DNS 和 IP 相对应的规定，Internet 中每台计算机的域名结构为：主机名．机构名．网络名．最高层域名。域名是分层次管理和命名的。在 Internet 的域名系统中，最高层域名有三类。第一类由两个字母组成的国别域名，如 . cn（中国）、. us（美国）等；第二类为国际域名，现只有一个“. INT”代表国际组织；第三类是通用域名，目前用到的有 13 个，如 . com（商业机构）、. net（网络服务机构）等。我国的域名注册由中国互联网信息中心（CNNIC）负责办理。

（9）网址。网址是指因特网上计算机的地址。在 Internet 上的每一台计算机都有一个固定的、唯一的地址即网址，它用 IP 地址和域名两种方式表达。

（10）主页（HOMEPAGE）。HOMEPAGE 是 WWW 服务的起始信息页，是 WWW 客户可视的第一信息界面。

（11）通信协议（TCP/IP 协议）。TCP/IP（Transmission Control Protocol/Internet Protocol）即传输控制协议/因特网互联协议，又名网络通信协议，是 Internet 最基本的协议，是一个标准协议集合，由传输层的 TCP 协议和网络层的 IP 协议组成。通俗地讲，TCP 负责传输问题，一有问题就发出信号，要求重新传输，直到所有数据安全正确地传输到目的地。而 IP 是给因特网的每一台电脑规定一个地址，以保证数据到达指定地点。Internet 实际上就是靠这些协议维持运行的，任何联入 Internet 的计算机都必须遵循这些协议。

二、Internet 的信息服务方式

Internet 为用户提供了丰富的信息资源和先进的信息交流手段，同时也为用户提供了多样化的信息服务，包括信息浏览服务、电子邮件（E - mail）、远程登录（Telnet）、文件传输（FTP）、网络新闻等。

（一）电子邮件服务（E－mail）

电子邮件（Electronic Mail）亦称E－mail。它是用户或用户组之间通过计算机网络收发信息的服务。目前电子邮件已成为网络用户之间快速、简便、可靠且成本低廉的现代通信手段，是Internet上最受欢迎、最普遍的应用之一。

电子邮件具有应用范围广泛、通信效率高、使用方便等主要特点。其工作方式为：电子邮件系统使用的协议是SMTP和POP3，并采用"存储—转发"的工作方式，在这种工作方式下，当用户向对方发送邮件时，邮件从该用户的计算机发出，通过网络中的发送服务器及多台路由器中转，最后到达目的服务器，并把该邮件存储在对方的邮箱中，当对方启用电子邮件软件进行联机接收时，邮件再从其邮箱中转发到他的计算机中。电子邮件除普通文本外，还可以传递非文本的文件。通过在发信端将数据编码为文本格式后寄往收信端，再由收信端将其解码成原来的文件。如此即可传送图文、声像、视频等多种形式的数据。如果是支持MIME（Multipurpose Internet Mail Extensions）的电子邮件软件，非文本文件无需编码即可传送。

电子邮件与普通邮件一样，也必须按地址发送。电子邮件地址标识邮箱在网络中的位置，其格式为：用户名@邮箱所在的电子邮件服务器的域名。

（二）远程登录服务（Telnet）

远程登录是因特网上较早提供的信息服务。远程登录是在网络通信协议Telnet的支持下，用户通过该命令使自己的计算机暂时成为远程计算机的终端，直接调用远程计算机的资源和服务。使用Telnet时，需给出远程主机名或地址，然后根据系统提示正确输入用户名和口令，有时还需输入终端仿真类型。

（三）文件传输服务（FTP）

文件传输是指计算机网络上主机之间传送文件，它是在网络通信协议FTP（File Transfer Protocol）的支持下进行的。使用文件传输服务，通常要求用户在FTP服务器上有注册账号。但是，Internet可提供匿名的FTP服务，要进入这种服务，通常以anonymous为用户名，以用户的E－mail地址作口令。出于安全考虑，大部分匿名服务器只允许匿名FTP用户下载文件，而不允许上传文件。FTP与Telnet一样，是一种实时联机服务，在传送之前需登录到远程机上；与Telnet不同的是，FTP登录后只能进行与文件搜索和文件传送有关的操作，而Telnet登录后可使用远程主机的所有操作。

（四）万维网服务（WWW）

信息浏览与查询是Internet提供的独具特色和最富有吸引力的服务。目前，使用最为广泛和最方便的是基于超文本方式的、可提供交互式信息服务的WWW（World Wide Web）。它提供这样一种友好的信息查询接口：用户仅需提出查询要求，而到什么地方查询及如何查询则由WWW自动完成。只要操纵计算机的鼠标，就可以通过Internet从全世界任何地方调来所希望得到的文本、图像和声音等多媒体信息。另外，WWW仍可为用户提供"传统的"Internet服务——Telnet、FTP、Gopher和Usenet News。WWW与传统的Internet信息检索Gopher和WAIS的最大区别是，它展示给用户的是一篇篇文章，而不是那种时常令人费解的菜单说明。因此，用它查询信息具有很强的直观性。

（五）新闻组服务（Usenet）

新闻组（Usenet）也被称为Newsgroup，是Users network的简称。它是具有共同爱好的Internet用户相互交换意见的一种无形的用户交流网络，类似于一个全球范围的电子公告牌系统。网络新闻是按不同的专题组织的，目前有计算机科学、网络新闻、娱乐、科技、社会科学、专题辩论、杂类及候补组等八个大的专题组，志趣相同的用户借助网络上一些被称为新闻服务器的计算机开展各种类型的专题讨论。只要用户计算机运行一个叫做“新闻阅读器”的客户软件，就可通过Internet随时阅读新闻服务器提供的分门别类的消息，并可以将用户的见解提供给新闻服务器以便作为一条消息发送出去。一般来说，一个用户所能读到的新闻的专题种类取决于用户访问的新闻服务器。

（六）信息查询服务（Gopher）

Gopher是基于菜单驱动的Internet信息查询工具。Gopher的菜单项可以是一个文件或一个目录，分别标以相应的标记。对于目录可以继续跟踪进入下一级菜单，如果是文件则可以通过多种方式获取，如邮寄、存储、打印等。在逐级菜单的指引下，用户通过选取自己感兴趣的条目，对Internet网上远程联机信息系统进行实时访问。对于不熟悉网络资源、网络地址和网络查询命令的用户来说这是十分方便的。Gopher内部集成了Telnet、FTP等工具，可以直接取出文件，而无需知道文件所在及文件获取工具等细节，是一种深受用户欢迎的Internet信息查询工具。通过Gopher可以进行文本文件信息查询、电话簿查询、多媒体信息查询、专有格式的文件查询等。

（七）文档检索服务（WAIS）

WAIS是一种基于关键词的文档检索工具。WAIS的含义为广域信息服务器（Wide Area Information Servers），是供用户查询发布在Internet上的各类文本文件和专业数据库的一个通用接口软件。通过将网络上的文献、数据做成索引，用户只要在WAIS给出的信息资源列表中用光标选取希望查询的信息资源名称并键入查询关键词，系统就能自动进行远程查询。

三、网络检索工具

（一）网络检索工具的分类

随着互联网的普及与信息科技的进步，人类正在构建一个虚拟的没有国界的信息世界，整个网络逐步成为一个前所未有的超级大数据库。在这浩如烟海的信息空间里，为使用户能方便地从Internet上获取有用信息，就必须使用有效的信息检索工具，目前Internet上已有许多信息检索工具，归纳起来大致可以分为以下三大类型：

（1）字典型查询工具。字典型查询工具可用于在网络中查询用户名、E－mail、URL、服务器地址等。此类工具有White Pages Directory（白页目录）、Internet Yellow Pages（互联网黄页）、Whois（名目项）、DejaNews、FAQ Archive（常见问题档案）等。

（2）索引型查询工具。索引型查询工具可为网上的信息资源建立索引，如FTP资源的索引是Archive；Gopher资源的索引是Verronica、Jughead；网上服务器的索引是Wais等。

（3）交互式查询工具。交互式查询工具提供类似商用联机检索的网络信息查询服务，包括Gopher和WWW两类。

（二）搜索引擎

搜索引擎（Search Engine）是查找因特网上信息资源的工具，对网络信息资源进行搜集、筛选、鉴别、标引、加工，建成数据库，并提供网上信息资源的导航和检索。自1994年第一个Web搜索引擎问世至今，搜索引擎已成为人们查找网络信息资源必不可少的工具。

1. 搜索引擎的原理

搜索引擎并不真正搜索因特网，它搜索的实际上是预先整理好的网页索引数据库。真正意义上的搜索引擎，通常指的是收集了因特网上几千万到几十亿个网页，并对网页中的每一个词（即关键词）进行索引，建立索引数据库的全文搜索引擎。当用户查找某个关键词的时候，所有在页面内容中包含了该关键词的网页都将作为搜索结果被搜出来，在经过复杂的算法进行排序后，这些结果将按照与搜索关键词的相关度高低，依次排列。根据自己的优化程度，获得相应的名次。

搜索引擎的原理，可以看作三步：从因特网上抓取网页→建立索引数据库→在索引数据库中搜索排序。

2. 搜索引擎的类型

搜索引擎按其工作方式和原理的不同，主要分为以下三种类型：

（1）全文搜索引擎。全文搜索引擎是真正的搜索引擎，它处理的对象是因特网上所有网站中的网页。当用户向检索服务器提交检索内容后，它们在从因特网上提取的各个网站的信息而建立的数据库中，检索与用户查询条件匹配的相关记录，然后按一定的排列顺序将结果返回给用户。全文搜索引擎代表性的有Google、百度、Altavista等。

（2）目录索引类搜索引擎。目录索引顾名思义就是将网站分门别类地存放在相应的目录中，因此用户在查询信息时，可选择关键词搜索，也可按分类目录逐层查找。目录索引中最具代表性的有Yahoo、搜狐、新浪、网易搜索等，网上的一些导航站点也可以归为原始的分类目录索引。

（3）元搜索引擎。元搜索引擎没有自己的“spider”或“robot”，也没有独立的索引数据库，它就是通过一个统一的用户界面帮助用户在多个搜索引擎中选择和利用合适的（甚至是同时利用若干个）搜索引擎来实现检索操作，是对分布于网络的多种检索工具的全局控制机制。著名的元搜索引擎有InfoSpace、Dogpile、搜星搜索引擎、搜魅网等。

3. 中外主要搜索引擎介绍

Google是目前最优秀的支持多语种包括中文简体、繁体、英语等35个国家和地区的语言的搜索引擎之一，提供网站、图像、新闻组等多种资源的查询。Google搜索引擎与大多数其他搜索引擎的区别在于：Google显示相关的网页，受其他无关结果烦扰较少；Google按照关键词的接近度搜索结果的先后次序，优先考虑关键词较为接近的结果。

Yahoo是世界上最著名的目录搜索引擎，在全球共有24个网站，12种语言版本，其中雅虎中国网站是雅虎在全球的第20个网站。中文Yahoo的站点目录分为14个大类，每一个大类下面又分为若干子类，用户可以轻松搜索到政治、经济、文化、科技、房地产、教育、艺术、娱乐、体育等各方面的信息。该站点连接速度快，包含范围广，数据容量大，简便易用，查询各种信息十分方便。

百度是目前全球最优秀的中文信息检索与传递技术供应商。目前中国所有提供搜索引擎的门户网站中，超过80%以上都由百度提供搜索引擎技术支持，百度拥有目前世界上最大的中文信息库。百度的搜索范围涵盖了中国、新加坡等华语地区以及北美、欧洲的部分站点。百度提供网页快照、网页预览和预览全部网页、相关搜索词、错别字纠正提示、新闻搜索、Flash 搜索、信息快递搜索、百度搜霸、搜索援助中心等功能。

Lycos（莱科思）是一个多功能搜索引擎，提供类目、网站、图像及声音文件等多种检索功能。目录分类细致，类目设置较好，网站归类较准确，提要简明扼要，搜索结果精确度较高，尤其是搜索图像和声音文件上的功能很强。Lycos 中国可以对网站、网页、新闻、电子图书、产品、FTP、MP3、多媒体等多种资源进行查询，并可以对上述资源作综合查询，具备多媒体和文学作品搜索引擎功能。Lycos 中国搜索引擎拥有全球最大的 FTP 和多媒体搜索库，可以在 0.5 秒内搜索全球超过 15 亿的页面内近 6 亿的文字文件（其中包括 1800 万的中文文件），1.25 亿 FTP 文件，200 万 MP3 文件。

新浪是面向全球华人的网上资源查询系统，也是中国第一家可对多个数据库查询的综合搜索引擎，设大类目录 18 个，子目一万多个，提供网站、中英文网页、新闻、汉英辞典、软件、沪深行情、游戏等多种资源的查询，主要提供分类和关键词两种检索方式。

搜狐是中国影响力最大的分类搜索引擎。搜狐将所有的网页分为地区类、工商经济类、计算机与因特网、教育、艺术、科学与技术等 18 个类别，18 个大类下再细分为若干小类。提供分类查询和关键词检索方式。搜狐的目录导航式搜索引擎完全是由人工加工而成，具有很高的精确性、系统性和科学性，利用目录导航系统可以很方便地查找到一类相关信息。

有道搜索是网易公司搜索服务，在网易结束与谷歌的合作后，网易公司自行研发的有道搜索成为其搜索服务的内核。2007 年 7 月，网易搜索正式由网易自主研发的“有道搜索”提供服务，有道目前提供的搜索服务有：网页搜索、实时搜索、图片搜索、热闻、音乐、博客、地图、视频、购物等。

（三）搜索引擎的使用技巧

1. 选择正确的搜索引擎

搜索引擎分几种，工作方式也不同，因而导致了信息覆盖范围方面的差异。我们平常搜索仅集中于某一家搜索引擎是不明智的，因为再好的搜索引擎也有局限性，所以，用户在进行检索之前应该根据具体要求选择不同的引擎。一般规则是，如果用户在找什么特殊的内容或文件，那么使用全文检索型搜索引擎如 Google，如果用户想从总体上或比较全面的了解一个主题，那么使用网站分类目录如 Yahoo。对于特殊类型的信息考虑使用特殊的搜索工具，比如搜索 Mp3 或图片，那么使用专业的 Mp3 或图片搜索网站就可以取得事半功倍的效果。

2. 提炼搜索关键词

关键词代表着要搜索资料的特征，如果找不到所需的信息，大部分情况是因为在关键词的选择方向上发生了偏移。所以，选择正确的关键词是一切的开始。学会从复杂意图中提炼出最具代表性和指示性的关键词对提高信息查询效率至关重要，这方面的技巧是所有搜索技巧之母。

（1）避免输入错误及逻辑关系错误。首先要避免输入的关键字中有错别字，以及其他错误的操作。不同的搜索网站往往都有各自的特点，在某些搜索网站上，可以使用

"Where can I find software" 这样的自然语言进行搜索；但在某些搜索网站上，甚至不能成功地使用单个汉字作为关键词进行搜索。另外，在使用多关键词通过"与"、"或"、"非"逻辑关系进行搜索时，不同的搜索网站所采用的逻辑关系表示符号也可能有所不同。所以有必要针对不同的搜索网站选择不同的关键词，并在首次使用一个搜索网站时，花一点时间阅读搜索网站的帮助文档，这是非常有必要的。

（2）使用具体的关键词。如果想要搜索以鸟为主题的 Web 站点，可以在搜索引擎中输入关键词"bird"，但是，搜索引擎会因此返回大量无关信息，如谈论羽毛球的"小鸟球（birdie）"或烹饪 game birds 不同方法的 Web 站点。为了避免这种问题的出现，请使用更为具体的关键词，如"ornithology"（鸟类学，动物学的一个分支）。所提供的关键字越具体，搜索引擎返回无关 Web 站点的可能性就越小。

（3）使用组合搜索关键词。对于大部分的搜索任务来说，一般都能够通过搜索网站找到需要的网页，但是如果不细心选择关键词，搜索网站可能会返回很多并不需要的结果。此时，如果将另外一个跟搜索目标相关的关键词加在一起搜索，返回的结果就会少很多，也更加准确。所以，用户要养成使用多个关键词搜索的习惯，当然，大多数情况下使用两个关键词搜索已经足够，关键词之间用空格隔开，好的搜索请求应该包含多个能限制搜索范围的关键词。例如搜索"火箭 NBA"就可以获得火箭队的更多信息，搜索"火箭 航天"就可以获得航空航天领域和火箭相关的信息。

3. 用好逻辑命令

搜索逻辑命令通常是指布尔命令"AND"、"OR"、"NOT"及与之对应的"*"、"+"、"-"逻辑符号命令。用好这些命令可使我们日常搜索应用达到事半功倍的效果。例如，用户要寻找与"火箭"相关的航空航天信息，输入"火箭"进行检索后，会发现很多 NBA 休斯敦火箭队及篮球的信息，在发现这些信息的共同特征是"NBA"后，输入"火箭 - NBA"来搜索，就可以去除与检索目的不相关的篮球信息。

4. 培养有效的搜索习惯

搜索也是一种需要通过大量实践才能发展的技能。多多练习那些能带给用户有效搜索结果的搜索技巧，这是非常重要的一点。

5. 改进自己的搜索提问

很多用户经常在一次搜索，没有返回自己想要的结果时，就放弃了继续搜索下去的想法，而不是去改进自己的提问。当搜索失败的时候，用户要检查上面的搜索策略，重新设定关键词搜索方法。一个看上去毫无希望的搜索，很有可能在用户检讨自己的搜索策略后获得成功。

搜索引擎为用户在 Internet 中查找和获取信息提供了极大的方便，只要使用正确的搜索方法，经过不断的搜索实践，积累经验，就可以提高搜索的效率和功率。

四、常用数据库介绍

（一）CNKI 中国期刊全文数据库

中国期刊全文数据库是目前国内最大的连续动态更新的综合性学术期刊数据库，收录 1994 年至今（部分刊物回溯至创刊）国内公开出版的 6600 余种核心期刊与专业特色期刊的题录、摘要以及5000多种期刊的全文。积累全文文献800万篇，题录1500余万条，分九大专辑，126个专题文献数据库。内容涉及理工A（数理化天地生）、理工B（化学化工能源与材料）、理工C（工业技术）、农业、医药卫生、文史哲、经济政治与法律、教育与社会科学、电子技术与信息科学。

（二）重庆维普中文期刊数据库

中文期刊数据库是目前国内最大的综合性文献数据库，收录了1989年至今的9246种国内出版的数学、经济、化学、生物、农业、环保、地理、矿业、机械、无线电、轻工、航空、建筑、情报、医学及综合性期刊和港台核心期刊，其中社科数据暂回溯到2000年。数据库中的所有文献分八大专辑36个专题分类，核心期刊覆盖率达95%。

（三）万方数据资源系统

万方数据资源系统分为科技信息、商务信息和数字化期刊三大子系统，包括120多个数据库，内容涉及自然科学、社会科学和商务信息等各个领域，收录范围包括期刊、学术会议、报告、学位论文、标准、专利和工具书等。

（1）科技信息子系统主要有学位论文类、会议论文类、科技成果类、专利技术类、中外标准类、政策法规类、科技文献类、论文统计类、工具类等数据库。其中，中国学位论文全文数据库是我国收录数量最多的学位论文全文库。该库是由国家法定学位论文收藏机构——中国科技信息研究所提供，并委托万方数据加工建库，收录了自1980年以来我国自然科学和社会科学领域的博士、博士后及硕士研究生论文，总计110余万篇，每年稳定新增15余万篇，内容包括论文题名、作者、专业、授予学位、导师姓名、授予学位单位、馆藏号、分类号、论文页数、出版时间、主题词、文摘等字段信息。

（2）数字化期刊子系统包括数字化期刊全文数据库、数字化期刊知识链接数据库、数字化期刊刊名数据库等内容。其中“数字化期刊全文数据库”收录理、工、农、医、哲学、人文、社会科学、经济管理与教科文艺8大类100多个类目近5500余种各学科领域核心期刊，实现全文上网，论文引文关联检索和指标统计。从2001年开始，数字化期刊已经囊括我国所有科技统计期刊和重要社科类核心期刊。

（3）商务信息子系统包括工商资讯、经贸信息、成果专利、咨询服务等内容，其主要产品《中国企业、公司及产品数据库》收录96个行业近20万家企业的详细信息。

（四）龙源期刊网

龙源期刊网是全球最大的中文人文社科类期刊专业网站。自1998年推出《当代》、《十月》、《新华文摘》等十大知名期刊以来，目前拥有全文电子版知名人文期刊品种已近3000种，内容涵盖时政、党建、管理、财经、文学、艺术、哲学、历史、社会、科普、军事、教育、家庭、体育、休闲、健康、时尚等领域。

（五）CALIS重点学科导航库

CALIS重点学科导航库是“211工程”立项高校图书馆共建项目。其目的是建立Internet网上导航库，收集整理有关重点学科的网络资源，比较集中、更深层次地揭示各高校收集的富有学科特色的文献，比较系统全面地围绕某个专题进行综合报道。形式多样，有多媒体、全文、文摘等，具有学科知识数据库的特点。

重点学科专题数据库于1999年1月正式启动，由CALIS华东南地区中心（上海交通大学）牵头负责，全国文理中心协助，共有200多个重点学科导航库。该导航库分别按学校和按分类进行编排，为用户服务。

（六）CALIS联合目录数据库

CALIS联合目录数据库是高校图书馆网上书目建设的重要工具数据库，不仅支持图书和期刊的联机合作编目，还支持作为数字图书馆基础的源数据联合目录，已经从一个图书和期刊联合目录数据库转变为包括文字、图片、声音和影像的多媒体联合目录数据库。

CALIS联合目录数据库涵盖印刷型图书和连续出版物、电子期刊和古籍等多种文献类型；覆盖中文、西文和日文等语种；书目内容囊括了教育部颁发的关于高校学科建设的全部71个二级学科，226个三级学科（占全部249个三级学科的90.8%）。CALIS联合目录数据库主要有中文现刊目次、西文期刊目次（CCC）、联合目录（中英日文）、学位论文库、会议论文库等子库。

五、数字图书馆

（一）数字图书馆概述

“数字图书馆”一词，源于1998年由美国国家科学基金会（NSF）、美国国防部尖端研究项目机构（DARPA）、国家航空与太空总署（NASA）联合发起的数字图书馆创始工程（Digital Library Initiative）。以后“数字图书馆”一词迅速被全球计算机学界、图书馆界及其他相关领域所使用。数字图书馆是指建立在内部业务高度自动化基础上的，不仅能使本地和远程用户联机存取信息以查询传统图书馆藏，而且也能使用户通过网络联机存取图书馆内外的其他电子信息资源，实现信息实时更新并且高度共享的现代化图书馆。数字图书馆是采用现代高新技术所支持的数字信息资源系统，是下一代因特网上信息资源的管理模式，将从根本上改变目前因特网上信息分散不便使用的现状。通俗地说，数字图书馆是没有时空限制的、便于使用的、超大规模的知识中心。

（二）数字图书馆使用介绍

1. 中国数字图书馆

中国数字图书馆依托国家图书馆丰富的馆藏资源，收录6000万页的数字化图书，并以每天20万页的速度增长，所有的数字图书均按中图法严格分为22大类，内容覆盖社会科学、自然科学、理工农医等所有类别。其中，WTO资源库、证券多媒体资源库、名家讲坛、民族文化、文化旅游、大众科技、法律法规及音乐与电影资源库等颇受欢迎。

中国数字图书馆的电子图书可以采用网上阅读或镜像方式使用。该数据库中的部分电子图书、资料允许用户网上免费使用。阅读中国数字图书馆的在线电子图书，需先下载并安装中国数字图书馆浏览器，再注册登录，输入用户名和密码即可阅读中国数字图书馆图书。

2. 国家科学数字图书馆（简称CSDL）

中国科学院国家科学数字图书馆CSDL（Chinese National Science Digital Library）提供中外文的电子期刊、会议录、学位论文、专利、科学引文索引和网络信息导航（学科信息门户）等类型的文献数据库128个，内容涉及数学、物理、化学、生命科学、资源环境、工程技术等。

CSDL 目前提供电子期刊集成目录、数据库跨库检索、馆际互借和原文传递、学科信息门户网站、中国科学文献数据库和网络用户参考咨询等服务。利用其文献传递系统与国家科技图书文献中心网络服务系统，用户可在 48 小时内获取 18000 种西文期刊的全文传递服务。CSDL 中的很多资源可以免费使用，如带绿色图标的数据库资源即可免费使用，带黄色图标的数据库资源则需付费后登录使用。

3. 国家科技图书文献中心（简称 NSTL）

国家科技图书文献中心 NSTL（National Science and Technology Library）是国内目前最大的一个虚拟科技信息服务机构。该中心由中国科学院文献情报中心、中国科学技术信息研究所、中国农业科学院图书馆、中国医学科学院图书馆、机械工业信息研究所、冶金工业信息标准研究所、中国化工信息中心等文献情报单位组成，并根据国家科技发展需要，按照“统一采购、规范加工、联合上网、资源共享”的原则，采集、收藏和开发理、工、农、医各学科领域的科技文献资源，面向全国开展科技文献信息服务。

NSTL 网络服务系统拥有丰富的数字化科技文献信息资源，集多语种科技期刊、图书、会议录、科技报告、学位论文、标准、专利、计量规程和工具书等类型文献的文摘、题录、全文于一体，拥有各类中外文印本文献 26000 余种，其中外文科技期刊 17000 余种，外文回忆录等文献 9000 余种。学科范围覆盖自然科学、工程技术、农业科技和医药卫生等四大领域的 100 多个学科和专业。以国家许可、集团购买和支持成员单位订购等方式，购买开通网络版外文现刊近 12000 种，回溯数据库外文期刊 1500 余种，中文电子图书 23 万余册。

文献服务是 NSTL 的一个主要服务项目。具体内容包括：文献检索、全文提供、网络版全文、目次浏览、目录查询等。非注册用户可以免费获得除全文提供以外的各项服务，注册用户同时可以获得全文提供服务（仅收取少量成本费）。申请全文服务的用户则一定要是注册用户（否则系统无法传送全文，也无法结账）。

4. CNKI 数字图书馆

CNKI 是中国知识基础设施工程（China National Knowledge Infrastructure）的简称，是目前国内使用率最高的资源系统。CNKI 目前拥有十多种信息产品，主要资源有中国期刊全文数据库（CJFD）、中国优秀博士硕士论文全文数据库（CDMD）、中国重要报纸全文数据库（CCND）、中国重要会议论文全文数据库（CPCD）、中国年鉴全文数据库（CYFD）。除此之外，CNKI 还有大量专题性的数据库，如中国引文全文数据库、中国专利数据库、中小学多媒体数字图书馆（CMDL）、中国企业知识仓库（CEKD）、中国医院知识仓库（CHKD）等。

CNKI 所有数据库的题录信息可以免费检索，但全文信息需付费获取。目前使用 CNKI 的机构用户一般采用镜像站点或网上包库方式，而个人用户一般采用购买个人卡方式。不管使用哪些方式使用 CNKI 资源，都必须下载安装其专用阅读器 Cajview 或 AdrobReader 后，方可正常下载阅读全文。

5. 超星数字图书馆

超星数字图书馆是目前世界最大的中文在线数字图书馆，设文学、历史、法律、军事、经济、科学、医药、工程、建筑、交通、计算机和环保等几十个专题，拥有数百万册电子图书，500 万篇论文，并且每天仍在不断增加与更新。全部收录图书除按《中国图书馆分类法》进行分类外，还将中国科学院及中国工程院两院院士的专著单独列出。超星数字图书馆已加盟“FirstDRS 图书馆联合参考咨询服务中心”，超星会员以有效期内的用户名、密码成功登录后，还可得到全国多家公共图书馆、高校图书馆联合提供的网上参考咨询和文献远程传递服务。另外，超星推出的“独秀网”约有 200 万册图书供读者使用。

登录超星数字图书馆主页可以免费阅读约 5000 种 PDG 图书，其他图书需付费阅读。用户可以通过镜像站点方式使用，也可购买阅读卡注册会员后使用。不管使用哪种方式使用超星数字图书馆阅读或下载图书时，都必须下载并安装 Sreader 浏览器。

6. 方正 Apabi 数字图书馆

“方正 Apabi（Author Publisher Artery Buyer Internet）数字图书馆”以出版新书为主，力求与纸质图书同步，累计正版电子书近 70 万册，主要是 2002 年以后出版的新书，重点在计算机、经济、外语等方面，并有意收藏出版社推荐图书、特色图书、高校与科研单位图书馆推荐的著作、相关奖项获奖图书、特聘顾问推荐图书等。方正 Apabi 的特色资源主要有：CALIS 高校教参电子书全文数据库、精品学术著作数据库、中国年鉴全文数据库。

凡是购买方正 Apabi 数字图书馆及方正 DESI 的单位，其用户都可使用本单位购买的所有图书。用户必须先下载并安装 Apabi Reader 浏览器并进行用户注册后，方可阅读或借用图书。下载到本地的电子书均有有效期限（本单位设置，一般为 2 周），有效期满后，电子书自动失效，需要续借或到 Apabi 数字图书馆中重新下载借阅。

7. 书生之家数字图书馆

书生之家数字图书馆包括中华图书网、中华报纸网和中华期刊网三个部分。中华图书网可提供图书的作者及出版信息、内容摘要及书评和全文等，目前可提供几十万种图书的全文在线阅读，多数是 2000 年后出版的新书，资源持续更新，内容涉及各学科领域，较侧重教材教参与考试类、文学艺术类、经济金融与工商管理类图书。

书生之家数字图书馆也有网上用户和镜像用户两种方式，具体使用方法，可登录书生之家数字图书馆的主页了解。阅读书生之家的在线电子图书之前，需先下载并安装书生数字信息阅读器，并进行用户注册。

思考题

1. 什么是计算机检索？
2. 简述计算机检索的原理。
3. 计算机信息检索系统的组成及各自的作用。
4. 什么是布尔检索？布尔逻辑算符有哪几种？
5. 简述计算机信息检索的步骤与方法。
6. 什么是计算机联机检索？计算机光盘检索？网络信息检索？
7. Internet 的信息服务方式有哪几种？
8. 什么是搜索引擎？搜索引擎的种类有哪些？各自的特点是什么？
9. 数据和事实检索（本题请使用搜索引擎完成）：

(1) 世界最高的山峰是________，海拔________m。位于北纬________，东经________。面积达________km^2。

使用的搜索引擎是：　　　　　　　　网址：

（2）《波茨坦公告》，又称作________，是________年________月________日在波茨坦会议上由________、________、________联合发表的一份公告。

使用的搜索引擎是：　　　　　　　　网址：

（3）党的十八大于________年________月________日在________召开。大会的主题是：____。

使用的搜索引擎是：　　　　　　　　网址：

10. 使用搜索引擎完成查找本人姓氏的起源。

（1）写出查找的主题词或检索式。

（2）写出检索的具体搜索引擎和网站名称及检索步骤。

（3）根据所查的资料作一个大致介绍。

11. 利用重庆维普中文期刊数据库查找有关“普通卧式车床数控改造”相关资料，并列举其中一篇的篇名、作者、所发表的刊物、年卷期号、文章所在页码，并写出简单的内容摘要。

12. 在超星数字图书馆数据库中查找与你所学专业相关的书籍有多少册，并列举其中三册书籍的书名、著者、出版社、出版日期，并写出简单的内容摘要；写出检索方法和检索步骤（主题词检索请写出主题词，分类检索请写出分类步骤）。

第八章　信息的综合利用

第一节　企业信息工作

一、信息的概念及分类

我国现有国有大中型企业1.4万家，各类企业总数近千万户。这些企业是国民经济的基础，是国家财政收入的主要来源，是我国经济发展的主要增长点。所以企业的成败会直接关系到国家命运、民族的兴衰和巩固社会主义制度的至关重要的问题。如今我国已建立了市场经济机制，广大企业已进入“企业要围着经营转，经营要围着信息转”的时代，企业的信息化已是确立企业竞争优势，使企业持续发展的关键，也是我国经济持续发展的关键，因此搞好企业信息工作具有极其重要的意义。

随着经济体制的改革，企业信息工作的开展，推动了我国经济的迅猛发展。但由于我国长期受计划经济的困扰，企业信息工作开展的不平衡，曾给国家造成过一些无法挽回的经济损失。例如，20世纪80年代末我国某省从德国一跨国公司引进了一条维尼纶生产线，投产仅五年就亏损近7千万元，由于资不抵债而宣告破产，给国家造成重大的经济损失。分析其原因：首先企业在开始决策时，只看到市场上化纤畅销的一面，而没有进行产品销售预测，盲目重复引进，等该企业产品投放市场时，市场早已饱和。第二，引进的关键设备的专利技术，没有进行严格的专利状态检索，使引进费用增加，成本居高不下。加上国内配套设备跟不上，长期只能生产半成品，产品根本没有竞争力。第三，原有职工没有进行上岗前培训，员工素质低下，加上企业管理混乱，使企业不得不走上破产的道路，教训是极为深刻的。例子说明推进企业信息化已是刻不容缓的当务之急。

（一）信息的基本概念

1. 信息的特征

什么叫信息？第一章已有介绍，这里只作简要补充。我们知道“信息”、“物质”和“能源”共同组成社会的三大资源，但物质和能源在使用过程中是消耗的；而信息在其传递和使用过程中却具有自己的特性，它随时间的推移而老化、流失和失值，也可能随着重复使用和再次加工而产生信息增值。因此信息虽然是一种资源，但是它是不同于物质和能源的一种特殊资源，这种资源具有以下一些主要特征：

（1）价值性。信息的价值在于它的知识性和技术性。没有意义的信息是不存在的，存在的信息都有其特定的意义和价值。

（2）可传递性。信息在传递过程中发挥它的价值作用。在传递过程中，信息的占有者不会因传递信息而失去信息，一般来说，也不会因多次使用而改变信息的自身价值。

（3）可存储性。信息依附于各种形式的载体。如果不依附于各种适当的载体，信息就不能传递，其价值也得不到体现。因此，没有载体的信息是不存在的。

（4）可加工性。信息可以压缩、扩充和叠加，也可以变换形态。在流通使用过程中，经过综合、分析、再加工，原始一次信息可以变成二次信息和三次信息。为了有效地交流和传播，借助于先进的信息技术，文本、图像、数字、语言等各种形态的信息均可实现互相转换。

（5）时效性。随着时间的推移，信息会逐渐失去其价值。及时把握有效信息将获得信息的最佳价值。

（6）污染性。目前信息量成指数性增加，也就是人们常说的“信息爆炸”，因而信息的质量也不断降低；加上信息传播过程中失真、各种干扰和破坏，要快速准确地找到正确信息的难度加大，这就是信息污染所致。

2. 企业信息工作

企业是指经营生产或流通业务、向社会提供产品或业务的独立经济单位。通常按从事的经营活动，可区分为工业企业、农业企业和交通运输、商业、建筑、金融以及服务性企业等。我们讨论的企业信息指的主要是工业企业的企业信息，就是针对从事工业产品生产和向社会提供产品的工厂而言。企业信息工作就是：企业根据环境信息和市场需求的变化，在从事科学研究、新产品开发、技术创新、技术改造和生产经营活动中，对所需的信息进行广泛的搜集、整理、加工、传递和应用，最大限度地、最有效地满足企业决策、生存和发展的需要，提高企业的应变能力，从而使企业获得竞争优势的信息活动。

3. 情报和竞争情报

情报就是知识在特定的时间、空间内，传递给用户，且能解决实际问题的部分，或者说是知识通过传递并起作用的部分。情报一词源于时间性和决策性较强的军事领域，随着科学技术的发展，情报具有了广泛的意义。除了军事情报，还出现了经济情报、技术经济情报、科技情报、法规情报、管理情报和市场营销情报等，它是信息的主要的组成部分。

竞争情报一词是20世纪80年代我国情报界从国外引进的新名词，英语是Competitive Intelligence，它的核心是Intelligence，即既有情报的含义，又有经过分析的信息和知识以及谋略的意思。因此竞争情报可定义为：一个组织感知外部环境变化，并作出快速反应，使之更好地适应环境变化的能力，即情报能力和对策能力。实际上竞争情报就是关于竞争环境、竞争对手和竞争策略的信息和研究。它既是一个过程，又是一种产品。过程是指竞争情报的收集和分析；产品，是指由此形成的情报或策略。它是商品国际化和社会信息化高度发展的产物。

情报是信息的一部分，企业竞争情报也是企业信息工作的一部分。因为企业信息工作不仅要有情报能力和对策能力，而且还包括以计算机为核心的信息基础设施，即信息载体网络建设和保障信息工作的顺利进行而制定的规章制度、工作规范、信息知识普及、信息意识和人才培养等信息支撑体系和信息保障体系。

（二）信息分类

（1）根据信息工作内容分为计算机及网络建设发展信息，国际政治经济、国内政策法规、金融财政变化的社会综合信息、经济信息、科技信息、技术经济信息、管理信息和市场营销信息，信息工作规程规范、规章制度以及人才培养信息三大部分内容。

（2）根据信息流通范围及公开性分为隐匿信息和公开信息，其比例为1∶99。

(3) 根据信息来源分为企业内部信息和企业外部信息。

(4) 根据信息载体分为纸质信息、实物信息和网络信息。

(5) 根据信息形式分为数值性信息和非数值性（文字、图形、符号、信号、声像等）信息。

二、企业信息工作的地位、作用及特点

(一) 企业信息工作的地位

1992 年在全国科技情报工作会议上，李鹏总理就曾经强调：每一项重大决定出台之前，信息部门要提供大量信息，供领导决策参考。1998 年国家主席江泽民参观《数字化产业最新成就展览》时高兴地说："在世纪之交，全球信息化进程明显加快，我们要迎接 21 世纪的挑战，就必须重视发展信息产业。"要求各级领导要学习和掌握信息知识，搞好信息工作。他还强调：要注意创新。创新是一个民族进步的灵魂，是国家兴旺发达的不竭动力。不然，我们在国际上就没有真正的竞争力，所以科学研究、技术创新是增强国力的根本。我们知道只有科学研究才有发明创造，而创新是发明的第一次商业化应用，发明又是成功地引进和应用信息的结果。由此可见，信息工作是企业发明、创新，取得竞争优势的条件，是企业得到经济和社会效益的源泉。

(二) 企业信息工作的作用

企业信息工作对企业起到科学预测作用、科学决策作用、新产品开发作用、生产过程控制作用、树立企业良好形象作用和使企业可持续发展的作用等。

(1) 科学预测作用。要使企业产品长盛不衰，永远占领国内外市场，企业要不断进行预测，这就要靠企业信息预警报告系统不断地向企业提供可供预测信息。如新理论、新观点预示的新技术；新技术、新专利预示的创新产品；利用代用原料的新产品；利用新设备、新工艺和新标准生产的高质量新产品和网上市场信息变化量等动态信息提供给企业决策者和有关部门，发布可能出现的市场变化和竞争对手的动向，提高企业的反应能力和应变能力。

(2) 科学决策作用。决策是企业行为的前提，最大的失误莫过于决策失误，特别是宏观决策的失误。现在的市场千变万化，决策的难度和风险性很大。决策者在复杂的、不确定的情况下，要从可供选择的方案中选择最优或最满意的方案，需要占有大量的信息。信息的作用在于它能减少这种不确定性，以提高决策的质量和可靠程度，从而达到预期的经济效果。

(3) 新产品开发作用。新产品从研制开发到成为商品进入市场，是一个信息收集、加工、服务、反馈和提高的全过程。具体说，从前一轮新产品投放市场的第一天起，产品在市场上的竞争能力强弱的信息就会源源不断地反馈回企业；而企业的环境信息也随社会竞争势头的变化而变化；加上竞争对手的研究、开发和技术创新动向，高校科研部门的研究成果信息，企业产品自身销售周期的临近等各种信息，必然要促使企业不得不开发出高起点、高科技含量的创新产品，使企业在不断的新产品开发中前进。

(4) 生产过程控制作用。企业产品、质量、成本、服务和时效是它永恒的主题，是企业效益的五大要素。高效率生产是企业的根本任务，在生产过程中，应随时注意企业内各种反馈信息，及时发现效率低下、浪费严重、成本高和存在事故隐患的环节。应用国内外

先进的科学技术和组织管理信息，对生产过程的关键环节进行技术革新和技术改造，逐步实现生产过程自动化，从而降低成本，提高生产效率，用高效的信息能力来保证企业的高效生产。

（5）树立企业良好形象作用。信息是企业对外树立良好形象，走向市场的主要途径。企业良好的社会形象是企业产品步入市场，参与市场竞争，广泛吸引社会资金投入和人才加入的基础。所以企业除了生产出高科技、高质量、高效率和低成本的名牌产品外，应投入一定的人力物力，通过网络和广告等与外部环境之间进行广泛的信息交流，使企业产品深入人心，扩大企业在社会上的影响力。

（6）使企业持续发展的作用。社会发展的现实告诉我们，现代企业的一切活动，已无法离开企业信息工作。如新产品投入市场，需要产品信息的交流与传播；新产品进入市场后必须及时反馈产品的优劣和竞争地位的信息；要改造老产品，就必须掌握企业自身的能力信息和国内外科技发展信息；要孕育新一代的创新产品，更离不开环境信息、技术进步信息和竞争对手的信息。可以说，企业从制定竞争策略，进行战略决策，新产品研制、开发，创新产品设计，生产试制到再度投放市场等一系列循环活动都要围着信息转。有了快速、准确的信息，企业才有快速应变的能力，才能确立市场上的竞争优势，才有持续发展的可能，让企业永远立于不败之地。

（三）企业信息工作的特点

企业信息工作与专门从事信息服务机构的信息工作相比，有如下几个方面的不同特点：

（1）专业性。随着科学技术的飞速发展，各种专业领域的新技术、新工艺、新成果、新产品不断出现，信息资料的数量浩如烟海。但企业信息工作针对本单位的专业，它们熟悉本单位的专业技术；通晓与本企业有关的企业生产经营、工业、经济、社会、管理与信息；与国内外本系统、本行业，特别是竞争对手和与本企业有关的科研院所、高等院校有广泛而深入的联系；信息来源比较专业，针对性强，搜集来的信息容易满足本企业各类用户的信息需求。

（2）实用性。现在社会环境的信息不仅量大，而且污染严重，所以要求企业信息工作者，向企业提供的信息应具体、实用、具有可操作性。如企业环境信息和内部信息的数据变化量；国家和地方政府的法律法规政策变化情况；竞争对手的竞争策略、专利技术、秘密技术；新产品设计方案图纸、专家报告、发表的论文、报纸、简报、管理层讲话；产品样本、广告、财务分析、企业情况报告；产品鉴定会、订货会信息；产品成本、原材料价格、产品综合价格、管理、证券分析和营销策略等信息都非常实用而具有可操作性。

（3）预见性。预见性是由企业的预警系统来完成的。联合国工业发展组织认为："对于一个企业来说，外部环境中的任何变化，包括技术的、经济的以及政治因素，都可以对企业的利益乃至生存产生重大影响。如果能阅读早期的预警信号，发现并预知这些可能的变化，就可以利用可剩时间，预先采取相应措施，避开威胁，寻求新的发展机遇，这种能力在当今社会中变得越来越重要了。"美国竞争情报专家协会现任主席认为："竞争情报专家的职责就是帮助企业领导洞悉未来，赢得未来，因为仅对当前环境的快速反应并不能造就胜于未来的公司。"它阐明了早期预见性的重要性。

（4）灵活性。企业的信息工作机构由本企业直接领导，企业信息工作，可根据本单位的人力、物力、财力和企业规模等实际情况，建立企业信息机构，开展企业信息服务工作。我国约有近千万个企业，在这么多企业中，企业的性质和类型各异，规模大小也不一，需要解决的问题也各不相同。因此，企业信息化不可能也决不能用一个统一的模式，多样化和灵活性乃是必然的选择。尽管信息网络建设在技术上应有统一的标准，但建设什么样的信息网络仍应视企业本身的条件、需求和力量而定。在这一点上，务必实事求是，从实际出发，采取灵活的方法。

（5）政策性。企业信息工作必须紧紧围绕着国民经济建设和科学技术的发展规划；随时掌握国家宏观调控政策；遵守国家、所属部门、地方制定的一切方针政策；及时了解国内外各种法律法规、标准、知识产权和进口贸易政策等，保证企业得以正常运行。

（6）时效性。在企业信息万变的今天，企业不能及时研制开发创新产品，不能根据市场的变化及时调整企业生产，不能及时调控生产流程中存在的问题，不能及时向客户供货或者售后服务不及时、不讲时效，企业就不可能有丰硕的经济效益。这也是企业信息工作的一大特点。

（7）对抗性。企业信息工作是以知己知彼、克敌制胜的目的开展工作的。在科技、经济和商品国际化的今天，每个国家和它们的公司、企业，为了取得竞争优势，改变公司形象和企业地位，在激烈的市场竞争中，以竞争对手分析为核心，以竞争策略研究为手段，以市场竞争为内容，不择手段地侦察竞争对手的秘密信息、隐蔽信息和知音信息；为改善竞争环境而研究对方法律法规信息、综合公开信息和扩散战略信息，去占领市场，从而获得最好的经济效益和最大的利润来战胜对方。所以企业信息工作具有强烈的对抗性。

（8）保密性。因为企业信息工作是以竞争情报为核心的信息研究工作，它以竞争对手和竞争策略为主要内容，不能为竞争对手和第三方所共享。

（9）智能性。企业信息工作是一项高智能活动，是企业信息机构、企划部门、营销部门和智囊机构智慧的结晶。

（10）增值性。企业信息系统搜集到的信息，经过分析和智化后形成的策略是增值了的知识产品，能为企业带来巨大的社会经济效益。所谓一条信息救活一个企业，一种思路使一个企业腾飞就是这个道理。

当然，企业信息工作还有针对性、系统性和连续性等特点，这里不再一一论述。

三、企业信息工作的内容

企业信息工作的内容主要包括：建好信息支撑体系和信息保障体系；做好企业信息服务工作。

（一）建立信息支撑体系

进入20世纪90年代，随着计算机技术、通信技术和网络技术的高速发展，Internet在全球的普及，全球信息服务手段向计算机化、数据库化和网络化的方向发展。企业的信息工作就必须根据当前业务及可预见的发展，做出快速反应，以提高应变能力。因此，需要构建以计算机系统、通信网络、数据库和支持软件所组成的良好的信息环境，用先进的手段来开展信息服务工作。

现代信息的传输、信息交换的频度和范围不断增加，数据形式也从简单字符发展到包括图形、图像、声音的多媒体数据，甚至出现了时态数据、过程数据和动态数据。所以数据库和数据库系统的建设相当重要，它是企业网络建设的基础，企业建网必须从建好内部数据库开始，即企业产品数据库、科技档案数据库、图书资料数据库、能源消耗数据库、设备数据库、原辅材料数据库、成品半成品数据库、财政金融数据库、科技成果数据库、市场营销数据库、有关专利和商标数据库、人才数据库和竞争企业数据库等的建设。在条件成熟后逐步联成网络，应用 Internet 网络技术建设和开发企业内部的 Intranet 技术网络。

企业信息系统不仅要通过 Intranet 网络充分搜集和利用企业内部的信息资源，而且应该外联 Internet 网络，跟踪捕捉全球信息，并向全球发布企业信息，宣传企业，树立企业的良好形象，使企业持续发展，这是企业信息系统发展的必然。但要注意防止外部的非法进入，应采用防火墙等技术将 Intranet 与 Internet 分隔开来。

有条件的企业还可以增设国际联机检索终端，可以快速、准确地检索到可靠、实用、规模化、规范化和专业化的信息内容。再加上行业网络等，就可以建成较为系统的企业信息支撑体系。

在建立信息支撑体系时，应采取量力而行、循序渐进、尽力而为、协力而干的原则，建好企业信息支撑体系，成为企业领导管理、经营、科学决策的有效辅助工具和得力助手。

（二）健全信息服务体系

建设和健全信息服务体系，主要是指利用各种信息资源进行信息服务，这是企业信息工作的出发点和归宿，是信息工作的主要内容。

那么企业需要哪些信息服务呢？那就首先要看企业的信息需求，按信息的来源需求分为企业内部信息和企业外部信息；按企业的人员层次可分为决策层、管理层和执行层；按部门信息需求可分为科技信息、技术创新信息、政策法规信息、技术引进信息、国际贸易信息、金融信息、管理信息、企业营销信息、市场信息和企业竞争信息等。下面就根据企业信息需求分述企业信息服务内容。

1. 对决策层的信息服务

为了适应市场的变化，确定企业发展的方向，做出科学决策已成为企业经营管理的中心环节。要做到这一点，要求决策层必须全面、及时、准确、系统地掌握各种信息。从某种意义上讲，决策成功与否，在很大程度上依赖于企业信息工作的水平和质量、提供各种决策信息的及时性和准确性。决策者在复杂的、不确定的情况下，从许多可供选择的方案中选择最优和最满意的方案，需要占有大量的信息。企业信息系统向决策层提供信息时，为了保证正确的宏观“战略”决策，应提供一些带全局性、战略性和预测性的信息，特别应提供经过认真分析、综合的专题信息和综合信息，当然还应提供一些关键技术的战术性信息。提供信息时要实事求是，不能迎合领导的思想倾向、报喜不报忧和任意夸大或缩小事实，造成人为失真，给管理决策带来偏差。

根据领导决策的信息需求，可用六句话来概括决策程序过程的情报服务内容，即：情报是发现问题的向导，是决定企业目标的基础，是制订实施方案的原料，是评价和选择方案的依据，是控制决策实施的链条，是检验决策正确与否的标准。具体内容如下：

（1）问题的提出。企业在不断的市场竞争中前进，新产品刚投入市场，又开始了新一轮的竞争。所以企业信息系统应及时投入下一轮的工作，不断观察环境信息、供应商信息、顾客信息和竞争对手信息。这当中首先需要关注环境信息，包括社会、政治、经济、人口、环境保护政策及其他政策和法规等因素，使企业及时顺应环境的变化，把握自己与环境的正确关系，保证战略决策的正确性。根据环境的变化，企业面临的状况，结合企业自身的优势和不足，提出各种问题，让企业领导做出继续进行新产品开发、技术创新、技术引进或是转产等各种战略决策。

(2) 决策目标的选择。选择的决策目标是否准确合理，是正确决策的前提。企业的决策目标多种多样，要在需求与可能的基础上，分清主要目标与次要目标，战略目标与具体目标，近期目标与长远目标，必达目标与期望目标。应该在保证战略目标决策的基础上逐步进行战术目标的决策，在保证实现必达目标的基础上争取实现期望目标。目标要明确具体，尽量做到量化，以便在拟定和选择方案时进行分析对比。

(3) 可行性方案的拟订。拟订方案的过程，就是发现、探索、分析和筛选做出科学判断的过程。在这个阶段除了要把握好环境信息和企业内部信息外，要特别注意同类产品的发展趋势，新材料、新技术、新设备、新工艺、新标准及其动向，专利情报以及市场经济动态等。有了丰富的情报资料，加上科学分析，精心设计，就能制定出若干可供选择的方案。

(4) 方案的选优与评价。首先对每一方案的可行性进行充分的论证，在论证的基础上做出综合评价。选择方案时要比较方案在技术上的先进性、经济上的合理性、实现方案的可能性和实现该方案的环境条件。还应认真估计方案执行中可能出现的问题和产品经营形势的变化情况，进行定性和定量的分析对比，选出最优方案。

(5) 决策的实施及反馈。选出方案不等于决策过程的结束。因为决策正确与否还要用实施的结果来判断。选好方案后，接着要制订实施计划，在执行过程中每一局部过程和每一环节的战术决策、工作质量、时效性等都要有明确的要求，责任要层层落实到人。在决策的执行过程中，要建立信息反馈网络及反馈制度，将每一局部过程的实施结果与预期目标进行比较，如发现差异，应及时查明原因，采取措施进行调整，以确保决策目标的实现。

在决策实施过程中，信息反馈非常重要。我们在信息反馈中，特别要注意负反馈（正反馈不能消除控制过程出现的偏差），以便保证管理目标的实现。反馈的信息，应通过企业的 Internet 网络及时反馈给最高决策层和有关部门，及时发现问题，尽快作出修正，达到理想的决策效果，顺利达到决策目标。

2. 向经理及管理部门提供信息服务

现代企业的发展，需要三分技术七分管理，它强调了管理的重要性。我们知道无论是企业的战略目标或战术目标、长远目标或是近期目标、必达目标或是期望目标，都要通过管理体系（生产管理、质量管理、科技管理、人事管理、财务管理、设备管理、成本管理、营销管理等目标管理体系）去完成，部门经理是这个管理体系中的骨干，向他们提供企业内外先进的管理情报，进行经营型管理，有其特殊的意义。有的企业把它叫做目标管理层，管理目标具体可分为进度管理、成本管理、质量管理和销售管理。这个管理层根据企业信息系统提供的各种先进管理信息，做出具体决策，把各种目标再分解到基层，落实到人。所以，企业信息系统还必须帮助企业生产部门掌握竞争对手的详细情况（包括先进技术、先进管理经验的应用和借鉴程度等），同时通过企业 Intranet 网，随时了解企业自身的各种信息，做到知己知彼，保证在激烈的市场竞争中应付自如，调整好自己的生产，生产出“新、优、特、廉”的名牌产品，使企业处于长期的竞争优势之中。

3. 科学研究中的信息服务

科学研究是一个企业极其重要的科技活动，科学研究的水平可以衡量一个企业的科技水平、经济实力和竞争优势，也是新产品开发、技术创新的前期工作。因此企业科研中的信息服务工作具有非常重要的意义。

科学研究大概可分为定题、制定技术方案、方案论证、实施研究和总结鉴定五个阶段。

（1）科研定题阶段。选题或定题是科研工作的起点，它必须建立在丰富的环境信息和企业内部信息，特别是科技情报基础之上，成为科研定题的决策依据。现在企业单位为顺应市场竞争，其选题原则是市场、技术和效益，三者缺一不可，没有很好的市场前景和可观的经济效益，技术再高的项目也不可能立项。若没有高技术含量，只求短暂的效益，那么企业的长远利益也会受到严重的损害，在产品高新技术密集型的时代中，总有一天在激烈的市场竞争中要败下阵来。

这一阶段应着重提供专利情报、进展中的科研项目情报和行业综述、评述等情报资料，就可以基本保证研究课题的新颖性、创造性和实用性。

（2）制定技术方案及方案论证阶段。科学研究要想取得新的突破或进展，研究的起点要新和高，提供高新起点的情报资料，如最新研究报告、专利技术和同类名特产品所使用的新技术、新工艺、新材料、新设备和动态技术性资料，结合主体条件，制定出若干技术方案，再用企业定题三原则进行方案论证、比较，选出先进、可靠和可能的技术路线。

（3）科研实施阶段。随着科学技术的深入发展，学科间的交叉现象越来越突出，使科研难度加大。在科研实施阶段常常会遇到一些意想不到的问题，如实验设备的选择配套、参数的设定、物理化学数据、实验方法的设计、材料的选择、实验数据的采集与处理、结果的异常等，每个环节都可能出现与原来的方案设想不符合的情况，甚至会发生一些突发性的问题，这在科研过程中是很正常的现象。为了解决这些难题，信息系统应及时通过科研报告、专利文献和新产品研制中，对同类问题采取的手段、方法成功的资料和思路来激发、启迪科研人员的创造灵感，获得解决问题的新思路和新方法，攻克难点，求得科研的顺利进行。

（4）科研总结鉴定阶段。科研成果的评价可分为两个阶段。首先要对科研成果进行“科技成果查新”，对国内外同类课题进行系统的检索、分析对比，在已有的文献报道中确实没有与该成果完全相同的文献报道，该成果才能被证实为新颖性、创造性和实用性成果，它是申请专利和成果奖的重要依据。其次，科学研究的成果应及时转入新产品开发，并进行试制生产投入市场。所以说企业科研与新产品开发二者是互动的关系，科研以新产品开发需要的实用技术为对象，而新产品开发又以科学研究为基础。同时科研、新产品开发、规模生产又紧密联系在一起，是连动的关系，这样科研很快转化为生产力，这就是企业科研的根本目的。

4. 新产品开发中的信息服务

新产品开发（技术创新）是一个民族进步的灵魂，是国家兴旺发达的不竭动力，这说明新产品开发在企业生产中的地位和作用。新产品主要指采用新原理、新原料、新技术、新结构设计，具有新功能、新用途的产品。新产品又分为全新新产品、换代新产品、改进新产品、新用途新产品和仿制新产品五种。

企业新产品开发的方式主要有创新、翻新和引进三种。用技术创新的方式开发全新或换代新产品适用于大、中型企业，而其他方式大、中、小型均可采用，各有其优缺点，主要要看企业的经济实力、技术力量和企业信息工作的能力。企业新产品开发的风险性较大，国内外有关统计数字证明，一般成功率只有25%，就是信息工作做得最好的日本，成功率也只能达到40%。所以新产品的开发工作，企业信息服务起到非常关键的作用。

下面从新产品开发的五个阶段，即创意产生与筛选、开发决策、设计、试制与鉴定、市场开发对信息的需求来说明。

(1) 创意产生与筛选阶段。创意来自于企业内部信息、国家政策法规变化信息、国内外经济变化信息、国家宏观调控信息、科技发展动态信息、市场变化信息和竞争对手的信息。信息系统对这些信息进行加工、整理，经过去粗取精，去伪存真，从而提出若干创意性方案。

(2) 开发决策阶段。这是全面论证新产品试制方案的重要阶段，应提供以下信息内容，即原材料供应商及价格信息、同类产品的市场价格信息、市场销售周期信息，各国试制同类产品所需时间信息，副产品使用价值信息，环境污染的全部数据及解决方法的情报资料，劳动力数量及素质，各种能源水、电、气的消耗量及供应能力，投资金额、利润数量和投资回收期，研究成败的信息，安全生产资料，市场销售前景及用户量，当前最新技术信息，竞争对手的新产品开发动态，是否涉及产权问题（专利及商标）及国家政策变动趋势信息等。

(3) 设计阶段。新产品方案确定后，就要进行方案设计、技术设计和工作图设计。此阶段是把设想变成现实的阶段，需要提供：产品外观设计信息；结构设计信息；产品性能信息、规格标准信息；同类产品的最新技术、最新设计及最新生产工艺资料；最新材料及代用材料的资料；市场上正在销售的同类最新产品的标准信息、图纸和专用图纸信息；国家科学研究部门、高等院校应用技术研究的成果信息及最新专利信息等。

(4) 试制与鉴定阶段。

(5) 市场开发阶段。这阶段的信息服务工作，首先要进行避免侵权的专利文献检索，产品投放市场后，应确切了解新产品是否适合市场需求，适合程度，用户有什么新的建议及要求等全方位调查，为创新及改进下一代新产品，进一步提高新产品的试制水平提供科学依据。

5. 技术引进的信息服务

前面讲过，要重视企业的科学研究、新产品开发和技术创新来提高民族工业的自主创新能力，增强国力，这是相当重要的。但是，现今世界上任何国家都不可能完全凭借自己的力量，创造或占有所有的先进技术。据统计，即使是科学技术最发达的国家，它可能提供的反映这些先进技术的新知识，最多也不会超过世界最新知识的25%。也就是说起码有75%的新知识是国外占有的。因此，技术引进是国际技术贸易的普遍现象。

我国从党的十一届三中全会以来，进行了广泛的技术引进（引进资金、设备和人才）工作，它不仅促进了我国企业产品创新（生产出知识密集型产品），工艺创新（它是提高产品质量的关键因素）和管理创新（它是企业经营、竞争和效益的决定因素），而且节省了大量的时间及研究资金，快速缩小了与世界先进国家的差距，同时在消化引进技术的基础上，积累了大量现代化技术诀窍来发展全国经济，而且把技术引进作为我国一项基本的经济政策是非常及时和卓有远见的。但多年来的众多事实告诉我们，在技术引进过程中，因为没有信息服务作保证，给国家造成不可弥补的经济损失，教训极为深刻。所以在技术引进中必须搞好信息服务，保证技术引进的质量。

（1）承办技术引进双方企业的基本情况。如被引进技术的企业是新建、改建或是扩建的；厂址的自然经济状况和交通运输等情况；企业现有的生产能力和技术水平。

（2）产品情况。如产品名称、规格、标准、技术性能与用途；产品市场需求情况；市场销售价格及销售周期。

（3）与产品、工艺过程有关的原材料、主要部件、配件和半成品的来源。

（4）燃料、电力、交通运输的需求情况及协作配套环境和使用技术标准情况。

（5）专利技术状况信息。如引进技术中专利件数，分清公开专利、公告专利、批准专利、过期专利和行将失效的专利，是否含有技术秘密和专利权变化情况，商标注册情况等。

（6）项目基金的估价与来源。如项目外汇总额及来源（是国家拨付现汇或延期付款，利用外资贷款、补偿贸易或自筹外汇等）；国家和企业的投资额和还贷比例；国内费用的估计及资金来源。

（7）搜集与引进技术有关的一切法律文件。

搜集的信息资料应按时间、国家、厂商，按主题及分类法，对内容认真分析、鉴别和加工整理，及时提供给有关决策部门，保证技术引进工作的顺利进行。

6. 市场调研的信息服务

在市场经济社会里，市场既是企业产品的终点，同时又是企业创新产品的起点，市场就是企业产品的一面镜子，所以企业应通过产品售前咨询系统、售后服务系统和销售中的顾客数据库，积极开展市场调研和信息服务工作，以市场为导向，将消费者的未来需求发展趋势，经过调查、分析和判断，及时传递给企业决策者，再次推出科技含量更高的新一轮产品，取得更大的社会效益和经济效益。

下面简单介绍市场调研的信息服务内容。

（1）向顾客了解新产品质量、功能、价格用途、包装、安全性和造型等意见和建议；

（2）向产品使用单位、修配行业、配件经销商、保险公司、公安部门和消费者协会了解产品的质量、功能、价格、用途、可靠性、安全性、损坏周期、产品造型、体积、色彩、包装以及易损部件、部位的信息；

（3）向推销商了解产品品种、质量、成本、服务和时效等市场竞争能力、退换率及返修率、易损部件的供应情况及顾客的意见；

（4）顾客对售后服务的要求，如服务项目、服务周期、方便程度、服务态度、服务质量、承诺的兑现及产品说明书等；

（5）顾客群的分类，购买该产品的意向、目的、使用的环境和条件，影响购买力的因素及应采取的营销对策；

（6）企业内部信息。原材料或半成品的供应、价格波动情况及市场走向趋势、波动后的销售成本核算、库存产品统计信息、产品销售与生产速率、销售周期预测；

（7）调查公开和潜在竞争对手产品销售的一切信息资料。

市场调研首先要注意国内外社会、经济的变化，国家法规政策的变化；要向产品使用密集层和有影响、有地位的顾客调查，向各行业各层次的客户调查。同时要注意向本企业职工及亲友调查。调查要细致，对调研来的信息要认真分析，抓着信息的本质，信息才有增值的价值。如，英美两国信息员到某岛进行调研，了解该岛使用皮鞋产品的情况。到该岛后，英方信息员回电：该岛无人穿鞋，明日乘班机回厂。而美方信息员则回电：该岛无人穿鞋，市场潜力很大，我将驻地推销。他抓着了信息的本质，后来美方企业就取得了良好的经济效益。这个事例说明，搜集的信息必须进行加工、整理分析，要去粗取精、去伪存真，向企业提供反映客观本质的信息，才能使信息产生增值的效果。

7. 向企业提供竞争情报

竞争情报是根据企业的特定需要，进行信息的采集、评价、分析和综合等系列化加工，为科学决策服务的一种智能活动。也就是竞争环境、竞争对手和竞争策略的信息和研究。

竞争情况除了一般情报的特征以外，它还具有对抗性、保密性、智能性和增值性四大突出特征，所以竞争情报的搜集、分析并形成战略性产品是件非常不容易的工作。但只要我们明确搜集的内容，讲究搜集方法，仍然可以顺利完成企业的竞争情报服务工作。

（1）企业内部的竞争情报内容及获取方法。企业竞争情报内容包括：自身的经营战略、目标和政策；关键产品的生产线、工艺及设备；价格、市场营销；原材料的来源及劳动力状况；成本地位；研究能力和组织结构等。

竞争情报的搜集，首先应立足于企业内部的全体职工。因为企业职工熟悉专业知识，有丰富的实践经验，又有广泛的业务能力和社会关系，还具有浓厚的竞争意识，它是个非常宝贵的信息源。他们除了可及时提供企业内自己岗位的信息内容外，还可以提供各环节对比性情报信息、特别是竞争企业的情报。因此，企业应设立企业员工提供信息的制度，如激励员工提供信息的制度，信息反馈制度，提供必要的通信手段和设施，以及具体的实施办法，建立起企业的内部信息网络，获得从外部信息源难以得到的竞争情报。

（2）竞争对手的信息及获取方法。要了解竞争对手的情报，关键要抓住五大要素，即未来目标、现行战略、自我评价、企业实力和反应评估。具体就是企业未来的总目标、质量目标、服务目标、价格目标、市场营销目标、成本目标及人事管理目标等；对于现行竞争策略是产品策略、营销策略、生产策略或是财务策略，竞争对手对这些目标及战略是否满意和它的战略应变能力；它们对竞争对手及自己的评价情况等来评估竞争企业的实力。

根据需要了解的竞争企业情报的内容，要抓竞争对手的信息交流，如宣传材料（产品目录、产品样本）、广告、年度报告、财务汇报、企业刊物、专利文献、会议资料；宣传成果的会议，如鉴定会、订货会、交易会、展览会等也是从实物和口头信息中获取竞争对手信息的极好机会。

（3）通过竞争环境信息获取竞争情报。竞争环境信息主要包括市场需求、政府政策、供应商、科技发展动态、价格成本、银行贷款利率、证券市场及竞争对手变化等信息。这部分信息主要通过公开及未公开出版物中获取，其信息源有国家各部委的统计资料、报刊及其统计资料、年鉴、企业名录、特种文献、法律法规、综述和述评、剪报等，通过国际互联网 Internet 和国际联机检索终端即可获取。

（4）结合企业特点从商情数据中获取竞争情报。由于商情信息是高附加值信息，也是企业急需和常用的信息，因此这类数据库占的比重较大。世界上经济发达国家这类数据库的比例都在50%以上，而且越来越多。据《中国数据库大全》报道，在我国可供服务的1038个数据库中，可作为竞争情报信息源的数据库并不多，但竞争情报的数据库也在急剧增加。竞争者可以从网上数据库得到国内外大量竞争情报。这在商品国际化的今天尤为重要。

（5）从第三方获取竞争情报（见表8－1）。

表8－1 从第三方获取的竞争情报内容

第三方	可获取的竞争情报
广告商	竞争对手的广告费用、市场战略、新产品开发情况
银行	竞争对手与银行的交往、贷款、经营情况、发展预测
咨询机构	竞争对手面临的问题
用户	产品反馈意见、市场需求、购买力、购买投向及潜力
销售商（主要指批发）	竞争产品的分销渠道、市场细分化情况、产品的主要缺陷、用户要求的改进
金融、股票分析者	金融和产品或市场战略，对企业效益的分析
律师	竞争法规条文的解释、案例分析
专利代理人	了解竞争产品、专利及其优缺点
前雇员	竞争者的内部情况
供应商	供货价格、质量、品种、对手的品质要求，采办重点
行业协会	同行业企业实力比较、竞争结构、竞争态势
消费者组织	竞争产品的状况、质量，在用户心目中的形象
会计事务所	竞争对手的财务情况
仓储公司	竞争对手的库存数量、种类、返修情况
复制、印刷者	竞争对手在外打字、复印、印刷过程中泄露的商业秘密
原材料供应商	从原材料供应商处了解竞争对手对原材料的供应需求量
新闻记者	竞争对手在被采访过程中泄露的有用信息

（三）建立信息保障体系

信息保障体系主要指：为了信息工作顺利进行而提供保障的一系列规章制度、工作规范以及信息知识的普及和人才的培养等，这是企业信息工作体系建设成功的保障。其具体内容包括以下几点：

（1）依据国家法律法规以及行业内的有关规定，制定企业内部的信息工作的有关规章制度。

（2）提高标准化水平。信息系统的标准化水平如何，直接影响到系统质量和功能的发挥。企业要针对信息技术标准化，在信息系统的研制过程中，对代码设计、数据库设计、设备的选配要特别注意，致使信息系统的硬件、软件的兼容性，数据库的通用性，能与国内、国际的权威计算机网络联网，共享信息资源，提高信息服务水平。

（3）培养高素质“复合型”信息人才。培养信息化人才可以分为三个层次：首先对企业决策层和管理层进行信息化教育，使他们能从高度、深度、广度上加强对信息工作的理解，以便从全局上驾驭信息，适应市场竞争的需要；其次要提高企业全体员工的信息化技能和全体成员的信息化意识教育，激励全体员工参与信息资源的管理和开发；更重要的是要培养一批质量好、素质高、结构合理专门从事企业信息工作的人才队伍，这是企业腾飞的重要前提。这支队伍不仅要有从事信息采集、经济预算分析、数据处理、软件开发、硬件运行服务、通信保障、系统分析和管理等方面的专门技术知识，而且要通晓信息理论与技术，善于经营服务。

（4）以体制改革及与其相匹配为前提。这是保障体系中最根本、也是最重要的一条。我国是一个转轨经济的国家，占主体地位的国有企业正在经历一场深刻的体制改革。企业的体制改革将促进企业的信息化工作，反过来企业的信息技术可改造企业，改进管理，这是相辅相成的，但企业的体制改革是首位的，应该先行，才能保证企业信息工作的实现。

企业还应设信息主管 CIO（Chief Information officer），CIO 是一个企业负责信息技术和信息系统的高级主管，不仅要向企业提供信息，而且还要参与到整个业务的核心层和经营决策层之中，从而具体体现企业信息系统在企业管理决策中的地位和作用。另外从本企业的安全、保密和了解企业专业技术、了解信息需求等诸多因素出发，应积极造就本企业的 CIO，加之参与企业的管理和决策，可同企业的生存与发展融合在一起。

四、企业信息素材的加工整理与分析研究

企业信息系统除了要向基层的广大生产者、技术和科研人员提供具体性、现实性的信息外，对目标管理和企业管理决策层均需提供全面的数据变化量和战略性的信息，并应通过认真分析研究、综合，以专题信息和综合信息的形式提供给管理决策者。下面就对搜集到的信息素材如何加工整理和分析研究作些简要介绍。

（一）信息素材的加工与整理

前面已介绍了企业信息调研课题的来源、课题内容的搜集方法等，下面进一步介绍信息的加工与整理。

1. 信息素材的整理

信息系统搜集到的素材，数量大、内容杂，又是全体职工搜集，因此有重复现象，为此对素材必须进行整理，方可使用。整理的主要任务是分类筛选，可将信息分为企业内部信息、企业环境信息、竞争对手的详细信息。企业内部信息又分为资源信息（人力、财力、设备、物资资料、市场，即成本、质量和性能）和能力信息（企业计划、组织、管理、人事、文化，即集中为管理水平和促销手段及效果）。

信息的分类与筛选，在实际工作中怎么分，分多少类，怎么筛选，要根据课题的大小，是综合性题目还是单一题目等进行细分，材料才便于去粗取精、去伪存真、方便使用。

2. 信息素材的阅读

阅读贯穿于信息资源的搜集、构思、研究和撰写报告等全过程。阅读可分为初读、通读和精读三个过程。

（1）初读。此段主要读书名、文献标题、章节目录、文摘、前言和结论等。

（2）通读。初读筛选出来的全部有用信息素材都是通读的内容。重要文献要全文阅读，次要内容和文字浩繁的图书资料只作重点阅读与课题有关的章节。所以此阶段要边阅

读边摘录和摘译，做出文摘卡、节录卡和提要卡，分类排序后排入目录盒或进行计算机存储。

（3）精读。通读后筛选出来的文献要逐句逐段阅读，要反复阅读文献的观点、论点、实验基础、理论依据、推论过程以及最新结论，实验和试验的最新工艺材料、技术、设备、方法、成果和优缺点等。

精读是在研究和撰写专题和综合性战略决策报告阶段，是带着问题来阅读的，应按报告的主干问题来阅读，阅读时既要尊重事实依据又要善于独立思考，抓着事物的本质，避免信息失真、决策失误。

3. 信息素材的鉴定

现在环境社会向企业传递着大量繁杂的、被污染的信息，不能直接应用。因此必须事先判断信息的可靠性、先进性和实用性：

（1）信息研究的可靠性判断。

1）从文章作者的身份判断。有名望的作者一般研究经费多，也深知名望对地位的保障作用，所以写作态度比较严肃认真。这类人有：诺贝尔奖金获得者、著名大学和研究机构的知名教授及研究员、院士、大型公司的高级知名技术人员和资深、望重的高级管理人员。

2）从文献的出版单位判断。是否是著名出版社、著名学术团体创办的学术刊物，是否是全国乃至世界知名的研究机构和大学出版编辑的刊物等。

3）按文献类型判断。机密资料、技术档案、标准文献、专利文献、大型百科全书、国家及各部委办局地方政府的统计资料及年鉴等较为可靠；图书及专业性期刊次之；新闻、广告、学位论文、科技报告等虽然来得快，但可靠性较差。

4）从文献内容判断。为了说明经济发展速度和为某些利益而夸大事实的文献、为争夺优先发明权抢先报道的文献都要小心慎用。

5）从外界反映来判断。实践是检验真理的唯一标准，时间是试金石。一切假的、丑的东西，将在时间和实践过程中淘汰，其可靠性要看文献摘引率是否高，是否已用于生产实践，是否有权威人士评论的肯定和编辑部是否有按语等。

（2）信息先进性的判断。信息的先进性主要从新颖性和创造性来判断，这在第五章中已作介绍。一般还可以从文献的外部特征和内容来判断；从各国或各地区占有的历史、地理、气候、物资等自然资源优势的研究成果来判断，如日本的汽车、造船，澳大利亚的羊毛，IBM公司的电子计算机，西门子公司的电子电气，云南的卷烟工业等。

（3）信息实用性的判断。实用性是指信息可资利用的程度，而信息的实用性则是随机的，它总带有时间性和地域性的色彩，因它受地理环境、气候、自然资源、科技水平、经济能力、文化教育和人员素质等诸多因素的制约，所以信息的实用性主要还要看用户的实际情况而定。例如，尼泊尔从日本大阪精密电机公司进口体积仅1m^3，功率为5kW的发电机与尼泊尔到处都是小溪流的地理环境有关；伊朗用巨资建立现代化农场，但美国管理人员撤走后，现代化农场全部报废，与人员素质有关。用技术兴起的背景判断信息的实用性，如研究磁流体发电的成果，日本为了解决能源短缺，提高电站能量转换功率。其次可以从社会实践效果和专家意见判断，如国际水稻研究所在菲律宾培育出一种高产水稻品种，印度北方寒瘠山区引种后严重减产。我国专家意见是这种水稻品种只能用于我国南方，不适宜于我国北方和贫瘠山区，实践效果完全证明了这种判断。另外可用企业的战略需要来判断。除了课题需要的资料以外，若搜集到的信息与企业的长远目标有关，也应作为重要的信息积累，以备今后应用。

（二）信息研究方法

对搜集到的信息，经新颖性、先进性和适用性的判断以后，还应做认真的分析与研究。其研究方法又与决策科学、管理科学、统计学、概率论、系统论、信息论和控制论等学科内容有着不同程度的联系和交叉。因此，信息研究没有自己独立的方法，它采用的方法是自然科学和社会科学研究方法直接援引或间接借鉴过来的。下面介绍几种常用的方法。

1. 分析、综合法

分析综合是抽象思维的基本方法。

分析法就是通过反映事物属性的数量、性能、结构、过程以及诸因素之间横向和纵向关系，进行定性、定量、历史和阶段的分析，以揭示事物的属性、状态和未来的发展趋势。

综合法是把搜集到的片面、分散、众多的信息进行综合归纳，从错综复杂的现象中，分析其本质及相互间的关系，通观事物发展的全貌和全过程，揭示其中的规律与特点的方法。

分析是综合的基础，没有分析，认识不能深入，对总体的认识只能是抽象的、空洞的。下面介绍几种常用的分析方法。

（1）历史分析法。通过对某学科、某理论或某技术发展史的分析研究，找出其发展的各个阶段、各种因素对发展的制约情况和促进的条件，并进一步分析这些阶段中事物发展变化的特点、规律及经验教训，然后在借鉴的基础上如何发展，在继承的基础上如何创新等提出自己的观点及建议。我国用此方法分析研究了日本的明治维新，它对我国改革开放方针的实施起了很好的推动作用。

（2）典型分析法。这是通过解剖一个典型事例来说明观点的分析方法。通过某一有代表性的事物进行深入的研究去认识同类事物的共性。典型分析法具有鲜明、形象、具体和富有说服力的特点。采用这种方法进行信息研究所得的观点与建议，常会给人留下深刻的印象，容易打动人心，引起各方面的注意。如我国通过大庆石油和邯钢等不同时期的典型分析宣传，有力地推动了国民生产的向前发展。

（3）相关分析法。相关分析法也称天体测航法。这是从观测天象以判断航船方位援引而来的一种分析方法。相关分析法本质上是利用事物内在和现象上的联系，从一种或几种已知事物判断未知事物的方法。人们经验中所谓“山雨欲来风满楼”和“瑞雪兆丰年”等，都是用相关分析法研究的结果。相关分析法一般用于军事技术、专利技术、难以获得的技战术和战略性研究，该分析法分为定性相关分析和定量相关分析法。定性相关分析法使用的是逻辑相关分析法；定量相关分析法用的是数量相关分析法。水果中的苹果梨和椪柑就是相关分析法的研究成果。

（4）统计分析法。统计分析法是人们用来认识事物、具有普遍意义的方法。在信息研究过程中，利用统计分析法对所搜集到的信息进行定量分析，从而揭示在某一特定条件下量的发展过程及相互关系。经常采用的统计分析法有平均数统计法、指数统计法、动态统计法和图表统计法等。利用这种统计方法一目了然地说明问题，便于判断事物发展的现状、水平、规律和趋势等。

（5）系统分析法。系统分析法是一种战略性信息分析研究方法，是一种更高级的信息研究方法。它考虑的因素较多，较为复杂，而且较多的情况需要借助计算机的计算。这种研究方法的主要内容是通过对某一课题的调研，揭示出可能出现的各种情况，并就其经济效益作详尽的定性和定量的分析比较，经综合分析，提供最佳的方法和方案。系统分析法回答干什么项目，为什么干，谁来承担，何时和何地为宜，如何进行，结果如何等。系统分析法的步骤如图 8－1 所示。

确定课题 → 搜集资料 → 建立模型 → 分型 → 鉴定 → 是否满意 → 最佳方案

图 8－1　系统分析法的步骤

我国建设的核电站，就是用系统分析法确立的。

以上各种分析方法，最终都要进行综合，综合必须以分析为基础，分析和综合相互依存、互相渗透，是辩证统一的。分析和综合的统一，也表现在它们的相互转化上。人的认识是一个由现象到本质、由一级本质到二级本质、从具体到抽象的飞跃，是以分析为主的。一旦达到了对事物的本质认识，就要用这个本质来说明原有的现象，就是提出假说，建立理论（或模型）的过程，这个过程就以综合为主。随着认识的推移，当新的事实与原有的理论发生矛盾时，认识又可能在新的层次上转入分析。人们的认识就是在这种“分析—综合—再分析—再综合”的过程中前进。

例如，在技术创新活动中，利用分析综合方法博采众长，赶超世界先进水平的事例屡见不鲜，其中很有代表性的是日本摩托车制造业的腾飞。1968 年日本决策搞摩托车制造工业，当时有人提出按法国某名牌产品，买他们的全部专利，按法国的型号生产。法国也同意在四年之内帮助日本建成投产，年产 600 万辆摩托车。但是日本在选择方案时，选用了博采众长、分析综合、技术创新的方案，即他们从摩托车修理业中选拔 200 名有丰富实践经验、又有一定研究能力的技术人员，分成 12 个小组，花一年时间，走遍世界各国重要的摩托车厂家，搜集了很多信息，丰富了感性知识，并带回 170 多部样车。他们把从各厂买回的两部样车中，一部样车作运行试验，另一部解剖，对每个零件进行分析研究，综合各厂特长，设计生产出一种科技含量更高的、轻便耐用、性能优良、价格便宜的摩托车，产品不到四年就投放国际市场，风靡世界。

在企业情报调研中，对环境信息、竞争对手的同类产品信息，即产品外观、材质、结构、性能和包装等进行搜集分析各项技术参数，然后博采各家之长，结合本企业技术、能源、材料、设备、人员和市场销售潜力、管理水平等进行分析综合研究，提出可行性方案，经过决策开发，生产出科技含量更高的创新产品去占领市场，获得丰厚的社会和经济效益，就可取得竞争优势。

由此可见，企业信息系统向决策部门提供的信息，是要经过分析综合研究的各种可行性成果，不是“复制型”，而是“增值型”的信息服务。

2. 其他方法

（1）对比法。对比法就是对照各个对象，以便揭示它们的异同点的思维方法，就是人们常说的有比较才有鉴别。对比有同类对比和异类对比、定性对比和定量对比、静态对比和动态对比、纵向对比和横向对比、全面对比和局部对比、宏观对比和微观对比等。对比的原则是可比性原则，它又分为无条件和绝对性的可比原则、有条件和相对性的可比原则。菲律宾的优良稻种不适于在我国高山和北方种植，而只宜在南方种植，用的就是有条件可比性原则。

（2）文献计量法。文献计量法是借助文献计量学进行信息研究定量化的发展。它是便于情报人员应用、计量元素好辨别易搜集和其他方法所不能及的一种方法（如引文分析法）。文献计量法有专门论著可作参考，这里不再赘述。

关于信息研究方法还有归纳法、推理法、专家调查法、时间系列法、交叉影响法和目标树法等，但企业信息系统最常用的还是分析综合法、对比法和文献计量法，其余方法不再讨论。

五、企业信息工作的新模式

（一）企业信息工作的现状

过去我国的企业是简单的生产型单位，按国家指令性计划生产产品，以产订销，不需要大量的信息进行决策规划。实行经济体制改革，建立市场经济以来，企业的职能和功能发生了根本性的变化，以市场为导向、生产经营为中心，产品随市场的需求而变化，企业为适应这种变化，随时进行市场调研，搜集大量的主体内外的信息进行决策。我国改革较早、速度较快的沿海地区，开始形成“生产围绕经营转，经营围绕信息转”的大好局面。

但由于长期受计划经济思想的影响，很多企业领导直至员工的信息情报意识淡漠，对信息不够重视，信息机构设置不尽合理，如计算机中心、图书馆、情报资料室、档案馆（技术档案）分开设立、各自为政，信息资源分散；缺乏必要的现代化手段；由于部门之间条块分割，缺乏有机联系，在需要信息时，不知从何处索取；企业尤其缺乏高素质信息人才，信息利用业绩不佳，难有惊人之举，引不起领导和员工的重视，影响了信息工作的开展。

更为严重的是有些中小企业，特别是乡镇企业，不要说企业信息工作，连最基本的图书、资料、技术档案室也没有。有少部分企业领导连什么是情报信息都不知道，生产的产品几乎都是劳动密集型产品，科技含量极低，这部分企业若不重视信息工作，总有一天会走向破产而被社会淘汰。

（二）科技情报工作的转化

1. 转变思想观念

由企业的上级主管部门对企业领导进行轮训，再由企业领导向全体职工进行信息意识教育，并且由有关单位或高校培养企业信息主管，改变过去搞科技情报只设专职情报员，与企业员工关系不大的旧观念，树立在市场经济条件下，企业全体员工必须参与信息工作的新观念，使企业全体员工具有浓厚的信息意识。

2. 由科技情报工作向信息工作的转化

情报工作是信息工作的下位类，是文献基础上的情报活动。过去的情报工作侧重于科技领域，而且企业对外科技文献的收集、加工、存储和传递使用的是专设情报室，企业参与情报活动的人员极少。

企业信息工作不仅包括企业内外各种信息的采集、加工分析、存储和传递利用，而且还包括对信息载体网络、信息技术、信息服务业、信息产业、信息市场、信息经济学、信息社会学以及现代信息的形式和知识产权、信息立法和信息人才培养研究等，现已渗透到自然科学和社会科学的各个领域。严格地说，信息工作是以数据为基础开展工作的，其作用在于传递数据的变化量（即增、减量），数据包括数值型数据和非数值型数据（文字、符号、图形等）。工作由各自相关部门的非专职工作人员兼职完成，如统计、财务、供销、科技、生产、厂长和经理等，统一在信息服务系统内完成。因它分布为点状，必须联网和进行网络建设，而且所有员工都要参与信息工作。

过去企业的情报机构附设在科技或科研部门，属于二级或者是三级机构。而现代信息工作系统应直属企业，信息主管 CIO（Chief Information Officer）既是负责信息技术和信息系统的高级主管，又是企业决策层的要员，而企业培养的信息员应分布在企业管理的各个部门和生产的各个环节，做到组织落实，整个系统就能全面、及时、准确地掌握信息、处理信息。只要企业内外信息稍有变化，系统就有快速应变的能力，做出正确的决策。

（三）现代信息工作模式

企业在改变观念，增加信息工作投入力度，加强数据标准化，完善数据管理，规范管理制度，实行目标管理和企业重组的基础上，建好企业 Internet 网，外联 Internet 网，就可建成现代企业信息工作新模式，如图 8－2 所示。

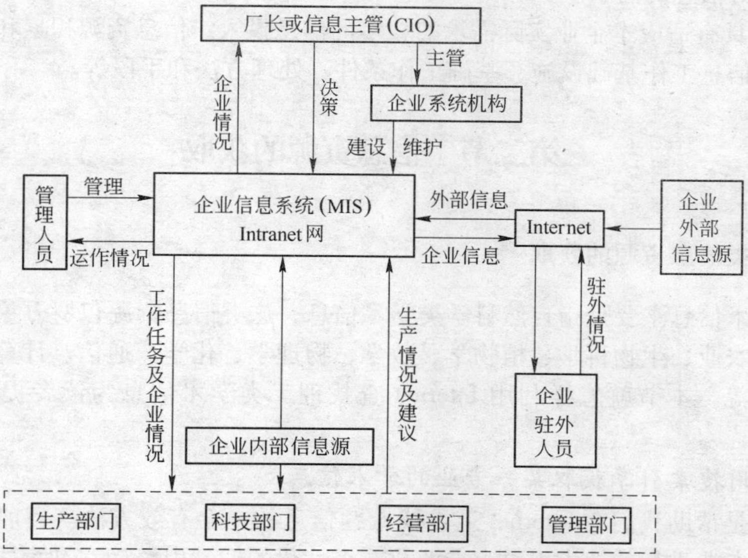

图 8－2　企业信息工作新模式

从图 8－2 可见，现代企业信息工作新模式改变了信息只为少数人服务的局面，只要是企业的一员，不分层次高低均可享用企业信息系统的信息。企业的最高领导层通过系统可以了解企业各个方面的各个细节，通过系统提供的信息进行决策，下达命令，监督工作。企业的一般工作人员通过系统不仅可以向上汇报工作，更重要的是可以通过系统全面地了解企业情况，进行部门间相互交流，而且有义务向系统提供信息，参与企业决策。新的企业信息系统应当更便于利用，可以通过一个界面同时进入多个系统，更方便地利用各类信息，包括图形、图像、声音、文字等多媒体信息。

（四）企业信息工作模式的优化标准

要改善企业的信息工作，既有认识问题，又有方法问题。企业信息能力的强弱，要围绕企业的信息工作的组织管理和企业信息工作的各项主要任务完成情况来衡量。具体说来，它体现在以下几个方面：

（1）是否建立了“一级管理”的企业信息机构。企业信息机构应为企业的一级机构，由企业的首席信息经理（CIO）主管，首席信息主管又是企业的最高决策人之一，也就是说企业整个决策层应亲自管理信息工作，实施企业全面信息化管理。

（2）是否与 Internet 网连接。企业不仅要有企业内部的计算机信息网络，而且要跟踪企业外、系统外的经济、科技、生产、市场和管理动态，为企业技术创新和管理服务。

（3）企业上下是否有较强的信息意识，是否实行了有效的组织领导。

（4）是否形成了一个适合本企业需要的高效运行的信息系统；是否有一支适合企业生产经营需求的信息队伍，人员结构合理，素质较高，并通过实施目标责任管理，按计划完成各项信息工作。

（5）在信息业务管理上是否建立了健全的信息工作制度、明确的岗位责任制和完整的信息传递流程。

（6）在信息搜集、加工、整理过程中，能广辟信息源，最大限度地、及时准确地满足企业各个层次对信息的需求。

（7）是否具有适应本企业实际需求的较多的信息投入、信息资源积累和一定的信息技术基础，包括信息工作基础设施、基础工作条件、处理方法和手段等。

第二节　信息资源的获取

一、理工类信息资源的获取

理工类学术信息主要是指自然科学类学术信息，这类信息资源包罗万象，主要有航空学和宇航学、农业、生物科学、植物学、数学、物理学、化学、通信、计算机、工程、环境和地球科学等。本节就怎样利用 Internet 查找理工类学术信息为读者提供一些有效的方法。

（一）利用搜索引擎获取某一专业的学术信息

搜索引擎是帮助我们在 Internet 上查找专题信息的一个有效方法。目前尚没有专门针对某一学科或专业进行的搜索引擎，专业化、个性化的搜索引擎尚在孕育之中。不过，新一代的提问式搜索引擎已初见端倪。部分搜索引擎（如百度）不仅可用传统的关键词搜索方式，而且可以采用提问式搜索，可以直接通过提出问题的方式搜索你想要找的内容，这样不仅更符合我们平时的习惯，而且准确率更高。

现以著名的 Yahoo 中文搜索引擎为例介绍理工类信息查询方法。读者进入 Yahoo 网站后，可以直接在搜索框中输入所要检索的关键词。读者也可以利用分类目录，如点击“学科”类目下的“地球科学”，下面又分为多个小类目，根据需要点击，获取所需学科信息。这种按目录一层一层点击的方法适用于比较明确的查找目标。

（二）利用虚拟图书馆获取理工类学术信息

虚拟图书馆是一些分布式学科信息系统，它搜索和组织各学科的专题信息按主题等级排列在每个学科主题下，并分为更多的子专题，非常有利于专题信息检索。在国内利用网上虚拟图书馆，用户可以进入高校图书馆网页，目前许多高校图书馆都在做虚拟图书馆。

例如清华大学虚拟图书馆，根据清华大学的专业分类，在资源库中设置了各种研究方向，读者可以方便而迅速地查阅许多专业方向的重要信息。可以在“组织机构”中了解世界上各著名机构组织的研究侧重点和工作进展；可以同各专业方向的研究人员进行学术交流；可以通过电子出版物掌握最新的学术动态和重要成果；可以从“电子通告”中及时得到会议通知；可以在“计算机软件”中查到一些相关的软件和新的仿真结果。总之，读者可以在虚拟图书馆中快捷地获得很多有用的信息。

（三）利用学会或协会站点获取理工类学术信息

专业学会站点是获取专题信息的一个捷径，它除了提供学会介绍和征文启事外，还提供与专题有关的电子出版物、热门话题、标准信息和专业数据库等。

例如，进入中国数学学会站点，就可以了解有关中国数学家、中国的数学组织和数学期刊的介绍和链接等，还可以了解数学年会的相关信息。

查找各类专业协会网址，一般可利用搜索引擎进行。例如，利用3721网络实名进行查找，只需在地址栏中输入“society”，就可以查到各类学会站点，其中包括以下著名的学会站点：

（1）美国电子工程学会，网址：http：//www. ieee. org。

（2）美国物理学会，网址：http：//www. aps. org。

（3）美国数学学会，网址：http：//www. ams. org。

（4）加拿大数学学会，网址：http：//camel. math. ca。

（四）利用电子邮件获取理工类学术信息

利用电子邮件订阅电子期刊是很好的获取专题信息的工具之一。网上有许多免费的电子期刊，可以用电子邮件来订阅。方法一是首先要知道所要订阅的期刊管理员的电子邮件，然后给其发信即可；方法二是先了解哪些网站有免费电子期刊可订阅，然后填写在线订阅表单即可，订阅成功之后，就可以在信箱中定期收到免费的电子期刊了。网上可利用电子邮件免费订阅的电子期刊很多，尤其是计算机类的电子期刊最多，读者平时要注意搜集、汇集有关网址。

（五）利用权威可靠的商业数据库资源及免费数据库

许多高校为了提高本校教职工和学生的科研水平，购买了一些商业数据库，许多数据库以镜像站点的方式提供服务，这些数据库大部分可在校园网上检索。

此外，还有许多公司将某些产品放在校园网上为高校提供免费检索服务，有关信息可查阅各大高校图书馆信息服务专栏。利用商业数据库获取专题信息将是未来发展的趋势。

比较常用的数据库，有中国期刊网、万方数据库、工程索引（EI）及工程信息村（Ei Village）、OCLC系统、剑桥科学文摘（Cambridge Scientific Abstracts，CSA）、美国《科学》杂志（Science Online）、应用科学技术期刊数据库（Applied Science & Technology Plus）、Dialog检索系统、科学文摘数据库（IN－SPEC）、中国专利信息网、美国专利全文数据库。

（六）专题信息网址

在 Internet 上目前还没有一种检索工具或搜索工具能覆盖所有的网络信息。因此，如果想长期利用 Internet 进行某一专题信息检索的用户，一定要养成一个良好的习惯，就是平时注意收集与自己学科或专业有关的网址。网上的专题网址是相当多的，若要形成专业特点，还需读者按需搜集，长期积累。部分推荐专业网址见表 8－2 和表 8－3。

表 8－2　部分理工类专业信息网址

网站名称	网　址	备　注
中科院文献网	http：//www. las. ac. cn	数学、物理、地质学等数据库
中国工程技术信息网	http：//www. cetin. net. cn	国防方面的技术信息
中国智能建筑信息网	http：//www. ib－china. com/	智能建筑知识、标准规范、法律法规
中国土木工程网	http：//www. civil. edu. cn	学会刊物、会议、产业技术信息
中国工程机械信息网	http：//www. 6300. net/	数据库查询，国内科技动态
中国铁路科技与经济信息网	http：//www. rail－info. com. cn	
中国科学院科学数据库	http：//www. csdb. cn/	提供 11 个大类的专业数据库检索
中国物理教育网	http：//www. cpenet. org. cn/	
中国化工学会	http：//www. ciesc. cn/	
中国工程技术信息网	http：//www. cetin. net. cn	

表 8－3　部分科技刊物和报纸的网址

名　称	网　址
自然	http：//www. nature. com
科技导报	http：//www. kjdb. org/cn/dqml. asp
中国科技信息	http：//www. cnkjxx. com/
科技日报	http：//www. stdaily. com
人民日报	http：//www. peopledaily. com. cn
中青在线（中国青年报）	http：//www. cyd. com. cn
光明网（光明日报主办）	http：//www. gmw. cn/
电子产品世界	http：//www. eepw. com. cn/

二、求职信息的获取

互联网的出现和迅速发展，彻底改变了人们的生活方式，网络作为一个新的交流媒介越来越深刻地影响着人们的生活、学习和工作。对于当代大学生特别是毕业生来说，网络提供了一个新的求职平台，越来越多的毕业生通过网络求职，在网络上获取求职信息，利用网络与用人单位沟通交流，推荐自己，获得工作机会。在互联网上求职有以下几种途径：

（1）登录大学、科研机构和信息门户网站。几乎所有高校都建立有专门的毕业生就业平台，平台上发布大量的招聘信息，同时平台又是人才资源储备库，收录了所有毕业生资料。毕业生通过注册成为用户，登陆平台后系统将根据用户资料推送相应的就业信息给用户。另外许多科研机构和图书馆的网站上也发布人才供求和招聘信息。一些门户网站则有专门的类目来汇集有关人才网站的消息，如搜狐、新浪等网站都专门设有“求职类目”。

（2）登录专门的人才市场站点。人才市场站点是将传统的人才市场招聘进行网络虚拟化，供求双方通过互联网这一虚拟平台进行交流沟通。人才市场站点提供动态的人才信息和招聘信息，既方便用人单位检索人才信息，也便于求职者获取需求信息。求职者通过网络可同时将个人简历发往多个用人单位，以增加求职机会，提高求职效率，用人单位再通过网络反馈意见，从而形成双向选择。另外，人才网站同时还发布各种相关的政策、求职动向，提供在线咨询、论坛交流等服务。选择规范、可靠、专业的人才网站进行求职，是求职成功的先决条件。国内主要的人才市场网站，如表 8 - 4 所示。

表 8 - 4　部分国内人才市场站点

名　称	网　址
中国北方人才市场	http：//www. tjrc. com. cn
上海人才市场	http：//www. hrm. sh. cn
深圳人才网	http：//www. szhr. com. cn
西安人才网	http：//www. xajob. com/
浙江人才网	http：//www. zjrc. com
广东人才网	http：//www. gdrc. com/
云南招聘网	http：//www. ynzp. com
云南人才市场网	http：//www. ynrcsc. com
中国就业网	http：//www. china91. com

（3）登录行业和企业网站。毕业生要经常浏览与自身专业相关的行业网站，它们不仅提供丰富的行业前沿知识和行业动态，也提供了本行业目前需求的人才信息及行业对人才的需求。对于一些知名企业，企业网站建设较完善，栏目丰富，有独立的招聘区，常年公布岗位需求信息，对岗位职责和对求职者的要求也描述得比较详尽。因此行业、企业的网站是求职信息的重要来源。

三、学位论文信息的获取

学位是标志被授予者的受教育程度和学术水平达到规定标准的学术称号。经在高等学校或科学研究部门学习和研究，考试合格后，由有关部门授予国家和社会承认的专业知识学习资历。学位制起源于 12 世纪欧洲的意大利，随后风行于法国和英国。现在许多国家都实行了学位制。尽管各国学位的设置不尽相同，但多数国家采用的是三级学位制，即学士（Bachelor）、硕士（Master）和博士（Doctor）制度。

学位论文是高等院校或研究机构的学生为取得学位资格而撰写的学术性研究论文，是一种具有较高学术价值的文献信息源，尤其是博士生学位论文。学位论文多数不公开发表，只在授予学位的院校或研究机构的图书馆或按国家规定接受呈缴本的图书馆保存有副本，给检索带来不便。学位论文在欧洲国家多称为“Thesis”，美国称为“Dissertation”。

学位论文不公开出版，因此其收集和使用都比较困难，一般只能通过复制来获取。但随着互联网的普及和发展，许多学位授予单位都将学位论文放在了自己的网站上，互联网成为查询学位论文的重要途径。

（一）利用检索工具获取学位论文

国内外学位论文的检索工具主要有以下几种：

（1）《国际学位论文摘要》。《国际学位论文摘要》（Dissertation Abstracts International, DAI）于1938年创刊，原名《缩微胶卷摘要》（Microfilm Abstracts），1952年改为《学位论文摘要》（Dissertation Abstracts），1969年起改为《国际学位论文摘要》。DAI由大学缩微品国际出版公司出版，主要摘录美国、加拿大的450多所及与之协作的300所其他国家（包括英、法、比利时、荷兰、澳大利亚、德国、南非、芬兰、埃及、以色列等）高等院校的学位论文，年文摘量约18000篇。

（2）《学位论文综合索引》。《学位论文综合索引》（Comprehensive Dissertation Index, CDI）包括累积本和年度补编，由美国大学缩微品公司出版。累积本出版于1972年，共37卷，收录了美国340所大学和加拿大22所大学在1861~1972年间授予的所有博士学位的论文，共417000篇。从1973年起，每年出一册年度补编（Comprehensive Dissertation Index Annual Supplement），有书本式、缩微胶卷和机读数据库三种出版形式。

（3）《国际硕士学位论文文摘》。《国际硕士学位论文文摘》（Master Abstracts International, MAI）为双月刊，收录美国及少数其他国家100余所大学的硕士学位论文，1991年增加报道研究成果，有著者期索引和年度累积索引。

（4）《美国博士学位论文》。《美国博士学位论文》（American Doctoral Dissert）为年刊，以题录形式报道美国和加拿大各大学一年中发表的博士论文，是DAI的一种重要补充性工具，覆盖面较DAI宽，但由于没有文摘，其使用效果受到一定局限，内容与DAI有部分重复。

（5）《英国和爱尔兰大学及国家学术奖评判委员会学位论文索引》。其为年刊，1950~1951年创刊，伦敦Aslib编辑出版，英文名称为“Index to Theses Accepted for Hishe in the Universities of Great Britain and Ireland and the Council for National Academic Auards”。它是摘录英国和爱尔兰的高级学位（包括硕士、哲学博士和高级博士）的学位论文的一种检索工具。

（6）《德国高等学校出版物目录》（Jahresverzeichnis der Deutschen Hochschul - Schriften）。其为年刊，1985年创刊，是德国的博士论文通报，按分类编排，同一类下按大学名称编排。著录有著者姓名、论文名称、学位授予时间、页数、开本等。附有著者索引和主题索引。

（7）《法国高等院校博士论文目录》（Catalogue des Thesede Doctoral Soutenues Devant les Univerties Francaises）。其为年刊，1884年创刊，主要通报法国各大学和研究机构的博士论文，先按学科编排，同一学科内再按各大学的论文作者字顺排。著录有著者姓名、论文名称、出版地、出版社、学位授予时间、开本、页数等。附有著者索引和主题索引。

（8）《中国学位论文通报》。其为双月刊，1985年创刊，由中国科技情报所主办，科技文献出版社出版。主要报道该所收藏的博士、硕士学位论文，学科范围包括经济学、文化科学、数理科学和化学、天文学、地球科学、生物科学、医药卫生、农业科学、工业技术、交通运输、航空、航天、环境科学等。采用文摘、简介或题录等报道形式，正文按《中国图书资料分类法》编排，每年的累积索引放在下一年的第1期上。本刊自1993年起停止出版印刷本，改为发行《中国学位论文书目数据库》代之。

(9)《中国博士学位论文提要》。由北京图书馆（现国家图书馆）学位学术论文收藏中心编，书目文献出版社（现国家图书馆出版社）1992年开始出版。它是目前检索中国博士学位论文的最全面的工具书。

（二）利用数据库获取学位论文

(1) PQDD博硕士论文数据库。全称ProQuest Digitat Dissertations，简称PQDD，是美国ProQuest公司出版的博硕士论文数据库，是目前世界上最大、最具权威性、使用最广泛的学位论文数据库之一。收录自1861年起欧美1000余所大学文、理、工、农、医等领域的160多万篇博硕士论文的文摘和索引，在学术研究中具有十分重要的参考价值。

(2) 中国学位论文全文数据库（CDDB）。中国科技信息研究所万方数据公司从1995年起制作光盘版《中国学位论文数据库（CDDB)》，数据来源于各高等院校、研究生院及研究所向中国科技信息研究所送交的我国自然科学领域的硕士、博士和博士后的论文，其专业范围为自然科学领域各个专业。记录的字段有论文题名、作者、专业、授予学位、导师姓名、授予学位单位、馆藏号、分类号、论文页数、出版时间、主题词、文摘等。

(3) 中国优秀博硕士学位论文全文数据库。由同方知网（北京）技术有限公司制作，是中国知网的重要产品之一，是目前国内相关资源最完备、高质量、连续动态更新的中国博士学位论文全文数据库，至2006年12月31日，累积博士学位论文全文文献5万多篇，累积硕士学位论文全文文献37万多篇。

第三节　文献信息检索在论文写作中的应用

一、学术论文的写作

（一）学术论文概述

学术论文是某一学术课题在实验性、理论性或观测性上具有新的科学研究成果或创新见解和知识的科学记录，或是某种已知原理应用于实际中取得新进展的科学总结，用于在学术会议上宣读、交流或讨论，或在学术刊物上发表，或作其他用途的书面文件。学术论文应提供新的科技信息，其内容应有所发现，有所发明，有所创造，有所前进，而不是重复、模仿、抄袭前人的工作。

1. 学术论文的特性

学术论文具有如下特性：

(1) 学术性。学术性是学术论文的根本特征，也是它与一般议论文的根本区别。学术论文是学术成果的载体，以学术问题为论题，把学术成果作为描述对象，以学术见解为内容核心，具有系统性和鲜明性的专业色彩。一般议论文发己思、抒己想、表己意，有较强的思想性、政治性。科学研究的本质则要求学术论文突出其学术意义，不能以思想性代替其学术性，不能简单、机械地混淆学术问题和政治问题的界限。一般议论文有感而发；不求系统性和专门性；学术论文则属于某个专业学科领域，是在进行了系统的学术研究的基础上写作的，着重探讨事物的内在联系和客观规律，反映出作者对所研究课题的了解，把握程度及专业上的素养、功力，具有一定的深度。

（2）科学性。学术论文的科学性体现在能够揭示客观规律，探求真理，用以指导人们的实践活动。一篇学术论文的价值就取决于它在多大程度上揭示和反映了客观规律，这就是学术论文的科学性。这种科学性要求学术论文在立论上必须是正确的、合乎实际的，是从客观实际的深入研究中抽象出来的东西；在论据上必须是充分的、确凿有力的，是经过作者调查、采集、识别、选择而足以用来支持论点的；在论证上必须是严谨的、富有逻辑性的，是经过作者周密思考、精心策划设计的。它的科学性主要表现在论点鲜明，材料真实，论据确凿和论证严密。

（3）理论性。学术论文的理论色彩并非外加的装饰，而是出于论文的内在需求。科学研究离不开理论思维，理论思维的成果反映到论文里，就构成了内在的理论性。学术论文反映的不是一般的现象、事实，不是浅显的经验描述，而是对事物本质和规律的深刻认识，具有理论价值。理论的高度是人类认识发展的标志，论文所能达到的理论高度，是衡量其水平和价值的重要标志之一。这就要求我们在写作中，不能停留在罗列现象、就事论事上，而是要运用科学的方法，分析材料，寻找规律，把自己的发现和认识提升到理论的高度。不仅社会科学论文和理论型的自然科学论文要有理论性，实验型论文也要显示出理论的深度。

（4）创新性。作为学术论文，不管是教授专家写的，还是学生写的，都必须具有独创性，否则，只能称为“学术垃圾”。就是说，在你研究的题目范围内，前人（或同时代人）没有接触过的，或者虽有接触，但语意未尽，你能在他的基础上进一步加以研究，能提出新的观点、新的理论，且论据确凿、言之成理，这就是创新性的体现。

另外，可读性和简洁性也是对科技学术论文的要求，以便节省读者的时间。

2. 学术论文的类型

学术论文根据写作目的的不同可分为以下三种类型：

（1）专题研究论文。专题研究论文是各学科领域中专业人员（也包括从事各个学科专业研究的其他人员）在自己所从事的领域进行科学研究而撰写的专业性论文，它是用来提交给科研等有关部门，或用以提供学术会议上宣读、交流、讨论，或在专门性刊物和报刊上发表的。

（2）学位论文。学位论文是大学生、研究生毕业时为申请学位而提交的学术论文，即提出申请授予相应学位时供评审用的学术论文，也叫毕业论文。学位论文分学士论文、硕士论文、博士论文三级。

（3）研究报告。研究报告是科学工作者和技术工作者用来描述研究过程，报告研究成果的论文。它比较注重于告知。它可以是仅供内部参考的参考资料，又可以公开发表作为学术论文。它不同于简单的实验报告，它有理论，有实践情况的描述。研究报告的内容大都是报告人科学实践的总结。

（二）学术论文的基本格式与写作要求

1. 学术论文的结构

《科学技术报告、学位论文和学术论文的编写格式》规定，学术论文的构成包括三个部分：前置部分包括题名、作者姓名、摘要、关键词，如图 8－3 所示；主体部分包括引言、正文、结论、参考文献；附录部分（必要时）附上论文的补充项目，按附录 A、附录 B 等排列。学术论文的章、条、款、项，采用阿拉伯数字分级编号。

前置部分：
- 封面、封二（学术论文不必要）
- 题名
- 著者及单位名称
- 序或前言（学位论文）
- 摘要
- 关键词
- 目次页（必要时）
- 插图和附表清单（必要时）
- 符号、标志、缩略词、首字母缩写
- 单位、术语、名词等注释表（必要时）

图 8－3　学术论文的前置部分结构

2. 学术论文各个部分的写作要求与写作方法：

（1）题名。题名又称标题，它如同文章的眼睛，用来揭示文章的主题和中心内容，是文章内容的高度概括。题名用最简明的文字告诉读者文章要阐明的是什么问题，使人一目了然，并具有强烈的吸引力。《科学技术报告、学位论文和学术论文的编写格式》（GB 7713—87）规定：题名是以最恰当、最简明的词语反映报告、论文中最重要的特定内容的逻辑组合。按此规定拟定标题，应注意以下几点：

1）要准确地表达出文章的主要内容，实事求是地反映出研究的范围及本研究所达到的深度。

2）语言要精确，要力避含糊不清的词语。科技论文的标题必须使用精练的词语、精练的句式，从而高度概括地表述出论文的深刻内涵。诸如“谈一谈……”，“对……的粗浅认识”等，都不是，也都不应是科技论文的标题所使用的语言。另外，标题要语义明确，那些多义或能引申为他义的含糊不清的词语应该杜绝。

3）要便于信息检索的分类和引证。论文标题应该便于资料人员作索引分类和读者查找引证。有的论文题目很笼统、很模糊，使人分不清它属于什么学科。如遇到这种情况，就应加一个副题名加以说明，以便于分类和引证。

另外需注意，对论文题名的字数，GB 7713—87 也有具体规定：中文题名一般不宜超过 10 个实词。

（2）著者和单位名称。这一项属于论文署名问题。署名一是为了表明文责自负；二是记录作者的劳动成果；三是便于读者与作者的联系及文献检索（作者索引）。论文署名大体分为单个作者论文和多作者论文两种情况。“多作者论文按署名顺序列为第一作者、第二作者……重要的是坚持实事求是的态度，对研究工作与论文撰写实际贡献最大的列为第一作者，贡献次之的列为第二作者，其余类推。”注明作者所在单位同样是为了便于读者与作者的联系。

（3）摘要。论文一般应有摘要，为了国际交流，还应有外文（多用英文）摘要。摘要是论文内容不加注释和评论的简短陈述，具有独立性和自含性。摘要能使读者不用阅读全文，就能获得必要的信息。论文的中文摘要一般宜在200～300字之间，外文一般不超过250个实词。摘要一般应包含以下内容：

1）研究目的和重要性。

2）研究的主要内容，完成了哪些工作。

3）获得的基本结论和研究成果，突出论文的新见解。

4）结论或结果的意义。

（4）关键词。关键词是论文信息最高度的概括，是论文主旨的概括体现。因此，选择关键词必须准确恰当，必须真正反映论文的主旨。选择不当就会影响读者对论文的理解，也影响检索效果。选择关键词的方法是：首先，要认真分析论文主旨，选出与主旨一致、能概括主旨、使读者能大致判断论文研究内容的词或词组；其次，选词要精炼，同义词、近义词不要列为关键词；再次，关键词的用语必须统一规范，要准确体现不同学科的名称和术语；最后，关键词的选择大多从标题中产生，但要注意，如果有的标题并没有提供足以反映论文主旨的关键词，则还要从摘要或论文中选择。GB7713－87规定，关键词是为了文献标引工作，从报告、论文中选取出来用以表示全文主题内容信息款目的单词或术语。同时规定，每篇报告、论文选取3～8个词作为关键词。

（5）前言。前言也叫做引言、导言、绪言或概述等。前言是提出研究的起缘、宗旨或全文的指示，以引导读者便于阅读和理解正文。前言的内容主要包括：提出课题的状况与背景；说明课题研究的目的、意义、目标、范围及要解决的问题；他人研究的已有成果与本课题的关系等。前言不要成为文摘的注释，也不要阐述基本理论、推导基本公式或介绍基本方法；避免重复教科书上众所周知的内容；文字要简练，条理要清晰。

（6）正文。正文是一篇论文的主体，它占据论文的最大篇幅。论文所体现的创造性成果或新的研究结果，都将在这一部分得到充分的反映。因此，要求这一部分内容充实，论据充分、可靠，论证有力，主题明确。为了满足这一系列要求，同时也为了做到层次分明、脉络清晰，常常将正文部分分成几个大的段落。由于学术论文的选题和内容性质差别较大，其分段及其写法均不能作硬性的统一规定，但必须实事求是、客观直接、准确完备、合乎逻辑、层次分明、简练可读。

（7）结论。结论应是该论文的最终的、总体的结论。换句话说，结论应是整篇论文的结论，而不是某一局部问题或某一分支问题的结论，也不是正文中各段的小结的简单重复。结论应当体现作者更深层的认识，而且是从全篇论文的全部材料出发，经过推理、判断、归纳等逻辑分析过程而得到的新的学术总观念、总见解。结论部分的写作内容一般应包括以下几个方面：

1）本文研究结果说明了什么问题，得出了什么规律，解决了什么理论或实际的问题。

2）对前人有关的看法做了哪些修正、补充、发展、证实或否定。

3）本文研究的不足之处或遗留未予解决的问题，以及解决这些问题的可能关键点和方向。

4）结论部分的写作要求是：措辞严谨、逻辑严密、文字具体，像法律条文。对尚不能肯定的内容注意留有余地。

（8）致谢。按照GB 7713—87的规定，致谢语句可以放在正文后，体现对下列方面的致谢：国家科学基金，资助研究工作的奖学金基金，合同单位及提供资助和支持的企业、组织或个人；协助完成研究工作和提供便利条件的组织或个人；在研究工作中提出建议和提供帮助的人；给予转载和引用权的资料、图片、文献、研究思想和设想的所有者；其他应感谢的组织和个人。

（9）参考文献。在学术论文后一般应列出参考文献（表），其作用有三，如下：

1）能够反映出真实的科学依据。

2）体现了严肃的科学态度，既是对前人的科学成果的尊重，又能体现作者的成果。

3）提供了引用资料的出处，扩大了检索范围。《科学技术报告、学位论文和学术论文的编写格式》（GB 7714—87）中“文后参考文献著录规则”对参考文献的标注方法作了规定，指出：专论正文部分引用的文献的标注方法可以采用顺序编码制，也可采用“著者－出版年”制。各类参考文献条目的编排格式如下：

①期刊：[序号] 主要责任者．文献题名．刊名，年，卷（期）：起止页码。

②专著、论文集、学位论文、报告：[序号] 主要责任者．文献题名．出版地：出版者，出版年。起止页码。

③报纸文章：[序号] 主要责任者．文献题名．报纸名，出版期（版次）。

（三）学术论文的写作步骤

学术论文的写作包括选题、材料的收集与整理、拟订写作提纲、撰写成文、修改定稿。

1. 选题

选题就是选定论文研究的范围和方向，是学术论文写作的起点，学术论文的选题决定了其内容是否具有理论及实用价值，是否具有创新意义。学术论文的选题要遵循以下原则：

（1）具有科学性。它应包括亟待解决的课题；科学上的新发现、新创造，学科上短缺或空白的填补，通行说法的纠正；前人理论的补充等。

（2）有利于展开。是指要有浓厚的兴趣，能发挥业务专长，先易后难，大小适中以及资料搜集是否全面等。

（3）课题要合理。选题不但要考虑是否有科学价值，考虑是否切实可行，而且还要看课题本身是否合理。所谓“合理”，就是看其是否合乎事物发展的客观规律。因此，有些科学论文的选题需要进行充分论证。

2. 材料的收集与整理

材料是构成学术论文的一个重要因素，学术论文的质量如何，取决于材料是否充实、准确、可靠。写作前，材料是形成学术论文观点的基础；写作中，材料是表现观点的支柱。所以，材料在学术论文的写作中有着十分重要的作用。

3. 拟订写作提纲

在正式撰写论文前，需要拟订写作提纲。拟订提纲，构架论文层次是对全文进行构思和设计的过程，是对论文的目的和主旨在全文中如何进行贯穿和体现的通盘考虑和安排。对论文的结构进行统一的布局，可以规划出论文的轮廓，显示出论文的条理和层次。对论文的整体进行全面设计。

写作提纲的具体编写步骤如下：

(1) 拟定题目，以最简洁、最鲜明的语言概括论文内容。

(2) 写出主题句，确定全文中心论点。

(3) 考虑全文分几个部分，以什么顺序安排基本论点。

(4) 大的部分安排妥当后，再考虑每个部分的下位观点论点句。

(5) 全面检查写作提纲，作必要的增、删、改。

4. 撰写成文

按照写作提纲，围绕主题写出论文的初稿，是整个写作过程中的核心环节，起草前的各项准备工作都是为这一阶段服务的。起草论文是进行再创作的复杂思维过程，表达方式的选择与使用、段落的组织和衔接以及语言形式的运用，都是这阶段要妥善处理的问题。

初稿的写作方法如下：

(1) 按提纲顺序，分段进行，从头写起，一段段地依次写作。这种写法可以使文章风格前后一致，思路不会中断，衔接紧密自然。

(2) 先写本论部分。学术论文有别于一般的文章，其内容组织安排大都有非常明显的层次，各部分或层次之间既有内在联系，又有各自的相对独立性。在写作时，可以先写提纲中拟定的本论部分，然后再写结论部分或绪论部分，最后统稿时再和其他部分缝合，使其成为一个协调的有机体。

(3) 先易后难，先写提纲中考虑比较成熟、有把握、较为顺手的部分，然后再集中力量钻研难点，最后经过一定的推敲、加工将各个部分完整地组合成文章。

另外，在撰写的过程中，还应注意以下几个问题：

(1) 集中比较完整的时间写作，这样有利于保持完整的思路。

(2) 对照写作提纲，保证论文与提纲不脱节，不偏离主题。

(3) 采用恰当的表达形式，例如说明、记述、论证等。

5. 修改定稿

论文的初稿写成之后，还要再三推敲，反复修改，这是提高论文质量和写作能力的重要环节。论文修改的主要任务是：斟酌论点，检查论证，调整结构，推敲文字。修改论文可以从以下几方面入手：

(1) 主题。修改文稿应站在读者的角度，审视已完成的初稿，考虑所阐述的主题是否明确，是否经得住推敲。

(2) 结构。考虑文章分成这样几个部分是否合理，各部分之间的衔接是否紧密。

(3) 内容。文章的论点是否明确，论据是否充分，论证是否严密，材料是否充实、明确，实验方法及实验数据是否清楚无误地表达了出来。

(4) 文字符号。考查语言文字是否通顺，各种标题在用词上是否准确、简洁、醒目，标点符号是否规范，各种图表是否齐全、科学、美观，标题的序号编排有无重复、遗漏现象，参考文献的著录是否标准齐全等。

经过以上加工处理后，按照论文题目、作者姓名、摘要、正文和参考文献的顺序，按规定标注页码，一篇学术论文的写作就完成了。

二、信息检索运用实例

众所周知，文献资料是构成学术论文的一个重要因素，论文的质量如何取决于文献资料是否充实、准确、可靠。而科学技术的发展具有连续性和继承性，科学技术发展的大量事实证明，继承、借鉴、交流、综合前人的研究成果，是科学技术发展的重要前提。继承、借鉴、交流、综合前人的研究成果，主要是通过详细记载前人研究成果的科技文献来实现的。

另外，对于一个科研人员来说，文献信息检索是科学研究不可缺少的一项工作。因为一项科研课题无论是在立项之前，还是在研究过程中，或是研究课题完成之后对成果的评价，都离不开文献信息检索。如果没有掌握信息检索方法，查阅文献信息的时间会更长。因此，能够掌握科学有效的文献信息检索方法与技能，就会大大缩短科学研究的时间，提高科研效率。

收集与获取文献资料的方法主要有非正式渠道和正式渠道两种形式。非正式渠道收集文献资料是通过实地调研取得文献信息的方法；正式渠道收集文献资料主要是通过文献信息检索查找所需的各种载体类型的文献信息。而科学有效的文献信息检索是根据研究课题的要求，利用各种检索工具及网络信息资源，按照一定的检索方法与步骤来查找文献信息的过程。文献信息检索一般分六个步骤，即：

分析研究课题→选择检索工具→确定检索途径→选择检索方法→查找文献线索→获取原始文献。

下面举一检索实例，介绍如何根据检索课题综合运用各种检索工具，全面、系统地进行文献资料的收集。

【例 8－1】 检索课题：多校区高校的信息资源整合。

（一）分析研究课题

在着手检索之前，首先要明确检索目的，了解检索课题的内容及性质，明确其学科或专业范围等。这些主要通过对研究课题的分析来确定，在此基础上形成检索的主题概念，明确课题主要解决什么问题，需要什么性质和内容的文献，并根据检索目的确定检索范围（包括学科范围、文献类型范围、时间范围）。最后要分析哪些是已知检索线索，了解和掌握有关学科的专家学者以及研究机构等目前研究的有关课题，为检索提供充分而有利的条件。

根据以上研究课题的分析，分析本课题的内容及文献需求。本课题所涉及的是信息学、图书馆学学科领域。随着高校教育体制改革的不断深入，多校区办学成为国内高校办学的一种重要形式，图书馆的多校区办馆也随之成为一种必然。多校区环境下，图书馆面临校区分散导致的资源利用和服务的诸多困难；同时数字化、网络化的发展，在给图书馆信息资源带来新的载体形式和服务方式时，也带来了数据结构不同，检索方式不兼容，图书馆资源维护、管理、服务难度增大，用户有效利用资源困难等问题。为了发挥图书馆信息资源的整体效应，实现多校区信息资源共享和保障服务，图书馆必须探索一条信息资源优化组合的途径，实现信息资源的整合。这是目前高校图书馆急需解决的带有挑战性的重要课题。本课题还涉及系统论、知识组织理论、现代信息技术等领域。

由上可知，多校区高校的信息资源整合涉及的主题概念有：多校区、图书馆、信息资源整合、信息组织、电子资源、馆藏文献。

（二）选择检索工具

选择检索工具恰当与否直接影响研究课题的检索效率及检索结果。应根据检索课题需求，选择综合性或专业性检索工具（数据库）；同时还要考虑检索工具（数据库）的类型、收录的文献内容广泛全面、报道的时差短、提供的检索途径方便有效等因素。

根据对上述课题内容与要求的分析，可选择如下检索工具：

（1）网络数据库。中国学术期刊全文数据库、中国科技期刊数据库（重庆维普数据库）、万方博硕士论文数据库、CNKI 中国优秀博硕士学位论文数据库。

（2）电子图书。包括超星电子图书、超星读书知识库、方正 Apabi 电子图书、中国数字图书馆电子图书、书生之家。

（3）Internet 网络信息资源。

（三）检索途径

采用主题途径进行检索，辅以分类途径。在此基础上利用查出文献的作者及文后的参考文献作进一步的补全检索，以扩大检索范围，提高资料的完整性。

（四）检索策略及部分检索结果

由于各个检索系统的检索功能不同，因而所制订的检索策略也有所不同。对所选用的检索工具及数据库，其检索过程可参见前面介绍的相应检索工具中的检索实例，下面仅列出部分检索工具及数据库的检索结果。

1. 网络数据库检索

（1）中国科技期刊数据库。

检索词：A 多校区（限定在篇名、关键词、摘要字段）

B 图书馆（限定在篇名、关键词、摘要字段）

C 信息资源整合（限定在篇名、关键词、摘要字段）

D 信息组织（全文）

E 电子资源（全文）

F 馆藏文献（全文）

检索策略：A +（B * E * F）+（C * D）

下面列出部分检索结果：

张燕萍．我国信息资源整合研究综述［J］．情报探索，2008，(2)；

何晓萍．基于 OPAC 的图书文献信息资源整合［J］．现代情报，2008，(11)；

牛雪峰，刘恩涛．关于图书馆信息资源整合工具的探讨［J］．科技情报开发与经济，2（X）8，(7)。

（2）CNKI 中国优秀博硕士论文数据库。

1）检索策略：多校区 and（图书馆 or 电子资源 or 馆藏文献）and（信息资源整合 or 信息组织）。

2）部分检索结果：

程希来．多数据库系统数据整合平台设计．信息科技辑，2009（4）；

胡琳．多校区高校图书馆的信息资源建设研究．信息科技辑，2007（3）。

2. 电子图书

利用超星电子图书。

（1）检索策略：多校区 and 图书馆 and 信息资源整合。

（2）部分检索结果：

肖希明．数字信息资源建设与服务研究［M］．武汉：武汉大学出版社，2008；

胡昌平．面向用户的信息资源整合与服务［M］．武汉：武汉大学出版社，2007；

段明莲，沈正华．数字时代的图书馆信息资源组织［M］．北京：北京图书馆出版社，2006。

3. Intranet 网络信息资源

利用搜索引擎搜索。

（五）获取原始文献

至此，文献信息检索过程结束。此后是对所收集到的大量的文献信息资料进行整理（其中包括文献信息的阅读和消化、文献信息可靠性的甄别、文献信息的摘录与组织编排）、分析、综合，为研究课题、撰写学位论文等做好充分的准备工作。

思考题

1. 学习企业信息工作的意义是什么？
2. 企业信息工作有哪些内容？
3. 什么是竞争情报？
4. 如何鉴别信息素材的可靠性、先进性和实用性，常用的信息研究有哪几种方法？
5. 学习企业信息工作课程以后，是否建立了竞争意识？
6. 掌握各类信息资源的分布情况，提高综合利用信息的能力，完成以下上机实习题：

（1）利用相关网站或数据库，查找2012年关于“高校毕业生就业”方面的时事新闻。

（2）结合自己所学专业，搜集网上可利用的信息，总结归纳文献信息资源渠道。

（3）以“重有色金属选冶固体废弃物释放机理”为检索课题，综合运用各种检索工具，全面、系统地进行文献和资料的收集，形成一篇检索报告。

附 录

《中图法》简表

A 马克思主义、列宁主义、毛泽东思想、邓小平理论

A1 马克思、恩格斯著作
A2 列宁著作
A3 斯大林著作
A4 毛泽东著作
A49 邓小平著作
A5 马克思、恩格斯、列宁、斯大林、毛泽东、邓小平著作汇编
A7 马克思、恩格斯、列宁、斯大林、毛泽东、邓小平生平和传记
A8 马克思主义、列宁主义、毛泽东思想、邓小平理论的学习和研究

B 哲学、宗教

B0 哲学理论
B1 世界哲学
B2 中国哲学
B3 亚洲哲学
B4 非洲哲学
B5 欧洲哲学
B6 大洋洲哲学
B7 美洲哲学
B80 思维科学
B81 逻辑学（论理学）
B82 伦理学（道德哲学）
B83 美学
B84 心理学
B9 宗教

C 社会科学总论

C0 社会科学理论与方法论
C1 社会科学概况、现状、进展
C2 社会科学机构、团体、会议
C3 社会科学研究方法
C4 社会科学教育与普及
C5 社会科学丛书、文集、连续性出版物
C6 社会科学参考工具书
[C7] 社会科学文献检索工具书
C79 非书资料、视听资料
C8 统计学
C91 社会学
C92 人口学
C93 管理学
[C94] 系统科学
C95 民族学、文化人类学
C96 人才学
C97 劳动科学

D 政治、法律

D0 政治学、政治理论
D1 国际共产主义运动
D2 中国共产党
D33/37 各国共产党
D4 工人、农民、青年、妇女运动与组织
D5 世界政治
D6 中国政治
D73/77 各国政治
D8 外交、国际关系
D9 法律
DF 法律

E 军事

E0 军事理论
E1 世界军事
E2 中国军事
E3/7 各国军事
E8 战略学、战役学、战术学
E9 军事技术

E99 军事地形学、军事地理学

F 经济

F0 经济学
F1 世界各国经济概况、经济史、经济地理
F2 经济管理
F3 农业经济
F4 工业经济
F49 信息产业经济
F5 交通运输经济
F59 旅游经济
F6 邮电通信经济
F7 贸易经济
F8 财政、金融

G 文化、科学、教育、体育

G0 文化理论
G1 世界各国文化与文化事业
G2 信息与知识传播
G3 科学、科学研究
G4 教育
G8 体育

H 语言、文字

H0 语言学
H1 汉语
H2 中国少数民族语言
H3 常用外国语
H4 汉藏语系
H5 阿尔泰语系（突厥－蒙古－通古斯语系）
H61 南亚语系（澳斯特罗－亚细亚语系）
H62 南印语系（达罗毗荼语系、德拉维达语系）
H63 南岛语系（马来亚－波利尼西亚语系）
H64 东北亚诸语言
H65 高加索语系（伊比利亚－高加索语系）
H66 乌拉尔语系（芬兰－乌戈尔语系）
H67 闪－含语系（阿非罗－亚细亚语系）
H7 印欧语系
H81 非洲诸语言
H83 美洲诸语言
H84 大洋洲诸语言
H9 国际辅助语

I 文学

I0 文学理论
I1 世界文学
I2 中国文学
I3/7 各国文学

J 艺术

J0 艺术理论
J1 世界各国艺术概况
J19 专题艺术与现代边缘艺术
J2 绘画
J29 书法、篆刻
J3 雕塑
J4 摄影艺术
J5 工艺美术
[J59] 建筑艺术
J6 音乐
J7 舞蹈
J8 戏剧、曲艺、杂技艺术
J9 电影、电视艺术

K 历史、地理

K0 史学理论
K1 世界史
K2 中国史
K3 亚洲史
K4 非洲史
K5 欧洲史
K6 大洋洲史
K7 美洲史
K81 传记
K85 文物考古
K89 风俗习惯
K9 地理

N 自然科学总论

N0 自然科学理论与方法论
N1 自然科学概况、现状、进展
N2 自然科学机构、团体、会议
N3 自然科学研究方法
N4 自然科学教育与普及
N5 自然科学丛书、文集、连续性出版物

N6 自然科学参考工具书
[N7] 自然科学文献检索工具
N79 非书资料、视听资料
N8 自然科学调查、考察
N91 自然研究、自然历史
N93 非线性科学
N94 系统科学
[N99] 情报学、情报工作

O 数理科学和化学

O1 数学
O3 力学
O4 物理学
O6 化学
O7 晶体学

P 天文学、地球科学

P1 天文学
P2 测绘学
P3 地球物理学
P4 大气科学（气象学）
P5 地质学
P7 海洋学
P9 自然地理学

Q 生物科学

Q1 普通生物学
Q2 细胞生物学
Q3 遗传学
Q4 生理学
Q5 生物化学
Q6 生物物理学
Q7 分子生物学
Q81 生物工程学（生物技术）
[Q89] 环境生物学
Q91 古生物学
Q93 微生物学
Q94 植物学
Q95 动物学
Q96 昆虫学
Q98 人类学

R 医药、卫生

R1 预防医学、卫生学
R2 中国医学
R3 基础医学
R4 临床医学
R5 内科学
R6 外科学
R71 妇产科学
R72 儿科学
R73 肿瘤学
R74 神经病学与精神病学
R75 皮肤病学与性病学
R76 耳鼻咽喉科学
R77 眼科学
R78 口腔科学
R79 外国民族医学
R8 特种医学
R9 药学

S 农业科学

S1 农业基础科学
S2 农业工程
S3 农学（农艺学）
S4 植物保护
S5 农作物
S6 园艺
S7 林业
S8 畜牧、动物医学、狩猎、蚕、蜂
S9 水产、渔业

T 工业技术

TB 一般工业技术
TD 矿业工程
TE 石油、天然气工业
TF 冶金工业
TG 金属学与金属工艺
TH 机械、仪表工业
TJ 武器工业
TK 能源与动力工程
TL 原子能技术
TM 电工技术
TN 电子技术、通信技术
TP 自动化技术、计算机技术
TQ 化学工业
TS 轻工业、手工业、生活服务业
TU 建筑科学

TV 水利工程

U 交通运输

U1 综合运输
U2 铁路运输
U4 公路运输
U6 水路运输
[U8] 航空运输

V 航空、航天

V1 航空、航天技术的研究与探索
V2 航空
V3 航天（宇宙航行）
[V7] 航空、航天医学

X 环境科学、安全科学

X1 环境科学基础理论
X2 社会与环境
X3 环境保护管理
X4 灾害及其防治
X5 环境污染及其防治
X7 行业污染、废物处理与综合利用
X8 环境质量评价与环境监测
X9 安全科学

Z 综合性图书

Z1 丛书
Z2 百科全书、类书
Z3 辞典
Z4 论文集、全集、选集、杂著
Z5 年鉴、年刊
Z6 期刊、连续性出版物
Z8 图书报刊目录、文摘、索引

参考文献

[1] 和正荣，陈克巧，等．信息检索与利用［M］．重庆：重庆大学出版社，2000.
[2] 穆安民．科技文献检索实用教程［M］．重庆：重庆大学出版社，1996.
[3] 杨云，袁立坚，等．信息资源检索［M］．昆明：云南大学出版社，2011.
[4] 赖茂生，徐克敏，等．科技文献检索［M］．北京：北京大学出版社，1994.
[5] 张自生．知海择珠．文科信息检索述要［M］．北京：线装书局，2010.
[6] 周宁，吴佳鑫．信息组织［M］．武汉：武汉大学出版社，2010.
[7] 司莉．信息组织原理与方法［M］．武汉：武汉大学出版社，2011.
[8] 曹志梅．信息检索问题集萃与实用案例［M］．北京：北京图书馆出版社，2008.
[9] 何华连，方宝花．文献检索教程［M］．上海：上海辞书出版社，2005.
[10] http://www.e-to-china.com.cn/knowledge/ipr/2010/0707/82868.html
[11] http://www.66law.cn/topic2010/zhuanlihao/17971.shtml
[12] http://www.doc88.com/p-907281191738.html.
[13] 李莹，等．计算机信息检索［M］．北京：机械工业出版社，1997.
[14] 张厚生．信息检索［M］．南京：东南大学出版社，1997.
[15] 孙建军．网络信息资源搜集与利用［M］．南京：东南大学出版社，2000.
[16] 郭吉安．信息检索［M］．重庆：重庆大学出版社，2000.
[17] 沈传尧．科技文献检索与利用［M］．西安：陕西科学技术出版社，1998.
[18] 钟哲辉．基于计算机网络的信息检索［M］．北京：电子工业出版社，2007.
[19] 上海图书馆上海科学技术情报研究所．全国报刊索引．上海：《全国报刊索引》编辑部．
[20] 国家图书馆《中国图书馆分类法》编辑委员会．中国图书馆分类法［M］．5版．北京：国家图书馆出版社，2010.